特殊群体社会支持书系

个别化教育的计划与实施

——以仁爱学校数字化实践为例

葛增国　范　里　编著

南京师范大学出版社

图书在版编目(CIP)数据

个别化教育的计划与实施：以仁爱学校数字化实践为例/ 葛增国，范里编著. -- 南京 ：南京师范大学出版社，2020.11

(特殊群体社会支持书系)

ISBN 978-7-5651-3330-5

Ⅰ. ①个… Ⅱ. ①葛… ②范… Ⅲ. ①特殊教育—教学研究 Ⅳ. ①G76

中国版本图书馆 CIP 数据核字(2020)第 217644 号

书　　名	个别化教育的计划与实施——以仁爱学校数字化实践为例
作　　者	葛增国　范　里
责任编辑	彭　茜
执行编辑	阚先婕
出版发行	南京师范大学出版社
地　　址	江苏省南京市玄武区后宰门西村 9 号(邮编:210016)
电　　话	(025)83598919(总编办)　83598412(营销部)　83373872(邮购部)
网　　址	http://press.njnu.edu.cn
电子信箱	nspzbb@njnu.edu.cn
照　　排	南京凯建文化发展有限公司
印　　刷	江阴金马印刷有限公司
开　　本	710 毫米×1000 毫米　1/16
印　　张	17.5
字　　数	296 千
版　　次	2020 年 11 月第 1 版　2020 年 11 月第 1 次印刷
书　　号	ISBN 978-7-5651-3330-5
定　　价	52.00 元
出 版 人	张志刚

编辑委员会

序　一

个别化教育是在面向全体学生的基础上，依据学生个体差异和身心发展的特殊需要，通过系统的课程与教学设计，最大程度地实现每位学生个性发展的教育活动。在特殊教育领域，个别化教育开展的主要抓手是个别化教育计划（Individualized Educational Program，IEP）的制订与实施，因此IEP被称为特殊教育的“灵魂”。《个别化教育的计划与实施——以仁爱学校数字化实践为例》一书集中体现了仁爱学校通过个别化教育管理的信息化、数字化，来推进培智学校以“个别化”为核心的教学改革的过程，努力实现学生的全面发展，具有比较鲜明的仁爱特色。

我有幸在仁爱建校之初就与仁爱的领导、师生相识，也开展了一些合作。虽然仁爱学校建校的时间还不足10年，但是仁爱学校的课程领导力、教师团队的专业化水平、教育的国际化合作意识等使我感到钦佩。特殊教育学校的个别化教育是一项具有复杂性、系统性和发展性的工程。仁爱学校在推进个别化教育的过程中，以IEP为核心，将学校课程发展与教育信息化发展紧密结合，从教育评估、教育决策、个别化课程设计到教学评价，形成了较为系统的数字化教育实践模式。在这个模式中，围绕着个别化教育的信息化，学校根据学生发展的需要，开发了个别化的“仁爱伙伴教育”课程体系，研发了“仁爱发展功能性评估量表”，并申请了国家知识产权。作为一个建校历史不足10年的特殊教育学校，这些教学改革成果值得仁爱全体师生骄傲。

我以为，本书最大的特色是反映了仁爱学校多年探索的重点，即创建并不断完善具有仁爱特色的个别化教育信息系统。多年来，学校致力于把个别化课程与教学同教育的信息化、特色化相结合，注重发展与研究并行，尊重每位学生的个性化与多元化发展需要，进而搭建智能化云平台。众所周知，个别化教育的有效开展，需要足够的资源和良好的运行机制作为保障。譬如，IEP的制订与实施面临着烦琐的手续，而通过数字信息化的手段，可以将这些手续变得简捷、明了和高效。“仁爱 WEB IEP”数字化系统基本涵盖了个别化教育的各个要素，包括操作流程、资源整合、策略拓展与教学方法等，优化了个别化教育的全部过程。平台经过三期工程的迭代开发，在技术上实现了“平台—资源—服务”的整合模式，在功能上实现了门户统一、网络管理、检索方便、数据共享、可视化智能统计等，并与学校所在园区的智慧教育平台的信息数据对接。

仁爱学校的个别化教育在全国特殊教育领域起步早，积累了丰富的理论与实践成果。2017 年，江苏省教育厅在苏州召开了仁爱学校个别化教育模式的理论研讨与成果推广工作会，全省 80 多名专家学者齐聚苏州，对仁爱学校的个别化教育发展建言献策，使得仁爱学校个别化教育的开展有了学术支持，《个别化教育的计划与实施——以仁爱学校数字化实践为例》正是在专家学者指导的基础上，紧密结合数字时代的特殊教育变革，经过多年研究探索形成的系统成果。由于我国各地教育基础及教育资源的差异，以及各地对个别化教育认识和理解不同，个别化教育的开展还没有形成统一的认识，所以本书的出版对我国个别化教育的开展具有现实的借鉴意义。诚如本书作者谦言：《个别化教育的计划与实施——以仁爱学校数字化实践为例》是一块“砖”，由衷希望它能引来更多的“玉”！

盛永进

2020 年 3 月 19 日

序　二

“个别化教育”概念的提出已有近60年的历史，主要任务是接受特殊儿童的能力与需求差异，并以此为出发点，做到因材施教，制订个别化教育计划，通过个别化教学，帮助其开发潜能，补偿缺陷，促进特殊儿童个别化教育发展的高效进行和整体优化。

随着数字时代的到来，“个别化教育”成为促进特殊教育高质量发展的一个重要路径。运用数字化手段来解决我国特殊儿童障碍类型多样、居所分散、需求各异，以及教师课程与教学适性不强、评估欠精准、巡回服务不便等传统教育教学中面临的困境，实现特殊儿童学习行为的有效改善和学习效果的有效提升，是数字时代的个别化教育应有的基本逻辑。

本书体现了两个主要特征：信息支持系统的规范性与教育实施的合理性。信息支持系统的规范性主要表现为“仁爱WEB个别化教育”系统平台是在充分吸收国内外个别化教育典型特征与规范流程的基础上自主研发的，并获得了国家计算机版权证书，系统以“生态评估—课程拟定—教学实施—综合评鉴”四大模块为主体架构，实现了门户统一、网络管理、检索方便、数据共享、可视化智能统计等功能。系统平台为学生找到发展的起点，提供成长的支点，获得全国同行的认可与借鉴，全国现已有13个省80所特教学校使用“仁爱WEB个别化教育”支持系统开展个别化教育。教育实施的合理性是本书的另一个特征，已有的个别化教育往往注重制订计划，而忽略计划的实施。本书全面阐释了数字时代的个别化教育内涵、信息支持系统及其功能、个别化教育计划制订、个别化教育课程设置、个别化教育实施的评鉴，并且提供了丰富的个别化教育案例以供分享。

数字时代是当代人类社会变迁发展的一个重要阶段，教育领域主动拥抱和融入这一时代，必定会带来教育面貌的划时代革新。本书正是此背景下研究与实践个别化教育的优秀作品，展现了苏州工业园区仁爱学校的教育实践与智慧，必将成为特殊教育工作者在新时代开展个别化教育的重要参考用书。

郑权
博士，正高级教师、江苏省特级教师
2020 年 3 月

目 录

第一章　个别化教育概述

第一节　个别化教育历史探源

我国个别化教育起源于3 000多年前的奴隶社会末期；西方个别化教育在19世纪末的欧美工业国家中出现萌芽。

一、国内的个别化教育思想

（一）有教无类，因材施教

教育家孔子（公元前551—前479）的教育思想中已体现个别化教育思想。孔子重视学生的智力差异，提出“生而知之者，上也；学而知之者，次也；困而学之，又其次也；困而不学，民斯为下矣”。① 他善于分析学生的个性差异，并据此为学生的发展方向提出了不同的建议，他指出“子路有治兵之才；冉求有做宰相之才；公西华有外交之才”。② 他还会根据学生的不同情况，采用不同的方法开展教育活动。孔子在教学过程中将弟子们的差异概括为“上智”“中人”“下愚”，他认为，“中人以上，可以语上也；中人以下，不可以语上也”。只有“因材施教”，才能做到“才尽其用”。在孔子“有教无类”“因材施教”的教育思想下，他的学生在各自的领域取得了成就。孔子的教育思想对后世有着深远的影响，这也是个别化教育思想最早在中国教育史上相关论述。

（二）教亦多术，因人而异

孟子（公元前372—前289）是儒家思想的重要传承者和发展者。孟子提

① 金良年.论语译注[M].上海：上海古籍出版社，1995.

② 陈科华.孔子思想研究[M].北京：人民日报出版社，2002.

出，教学方法不能千篇一律，而应该根据情况采用灵活多样的方法。他提出，“君子之所以教者五：有如时雨化之者，有成德者，有达财（材）者，有答问者，有私淑艾者，此五者，君子之所以教也”。孟子所用的教育方式有五种，有像及时雨那样滋润教化的；有成全德行的；有通达才能的；有解答疑问的；有让学生私下拾取以修养自身的。① “教亦多术矣，予不屑之教诲也者，是亦教诲之而已矣。”对学生，有的应成就其德行，有的要发展其才能，有的可答其所问，不能及门者可以间接地进行教育，甚至拒绝教诲本身也是一种教导之法。② 总之，教法很多，要因人而异。

（三）蒙以养正，亹亹继善

我国北宋著名哲学家、教育学家张载（1020—1077）主张“蒙以养正、亹亹继善”。他提出“洪钟未尝有声，由扣乃有声；圣人未尝有知，由问乃有知。有如时雨化之者。当其可，承其间而施之，不待彼有求有为而后教之也”。他反对儒家传统的“扣则鸣，不扣则不鸣”的教学方式，主张积极施教，即教与可教之时、教与可教之机，教育不一定要有固定的程序，但必须要把握最佳的施教时机，因人而异，随时随地而教。同时，要根据学生的不同情况和接受能力，因材施教，满足各类学生的不同需求，从而达到教学目标。其中，“叩其两端法”“扣钟法”“时雨法”“不待讲论法”都是由张载提出的。

（四）知行合一，各得其材

王阳明（1472—1529）是我国明代中期著名的主观唯心主义哲学家和教育家。关于儿童教育，他有自己独到的见解。他提倡要顺导性情、鼓舞兴趣；要循序渐进、量力而施；要因材施教、各成其材。他说：“因人而施之，教也，各成其材矣，而同归于善。”他还说：“胜任教人，不是个束缚他通做一般，只如狂者便从狂处成就他，狷者便从狷处成就他。人之才气，如何同得？”他主张教学随成长期度逐渐增高，因人施教。③ “人的资质不同，施教不可躐等。中人以下的人，便与他说性、说命，他也不省得，也须慢慢琢磨他起来”，教学要按人的资质、能力与才能，慢慢帮他。他又说，譬如良医治病，并不都有一定方剂，不问是何症候，必使人都吃一服药就不行。教学与治病一样，要因人施教，他反对用一个模型去束缚受教育者，而要注意发展人的不同个性。教师教人如医生治病，要辩证实治，“夫良医之治病，随其病之虚实强

① 任俊华，王奕琳. 孟子教育思想探析[J]. 理论学习与探索. 2011(5).

② 王璐颖. 孟子教育思想探微[J]. 社科纵横（新理论版）. 2011(2).

③ 余文武. 王阳明教育思想研究[M]. 成都：西南交通大学出版社. 2008.

弱，寒热内外，而斟酌加减，调理补泄之，要在去病而已”。①

（五）各成其德，顺应学者

王夫之(1619—1692)是明末清初时期伟大的唯物主义思想家，在他的教育思想中，他主张教者必须了解受教育者，必须根据受教育者的特点进行教育。他认为，学生“有刚柔敏钝之异”，因此教育要顺应学生的个性，不能偏高也不能偏低。即：“夫智仁各成其德，则其情特、殊也，其体异也，其效也分也，故教者顺其性智所近以深造之，各如其量而可矣。”他还提出“教思之无穷也，必知其人德性之长而利导之，尤必知其人气质之偏而变化之”。教学要知道人的长处和短处，因势利导，发扬长处，让学生走正确的道路。同时还要“顺其所易，矫其所难，成其美，变其恶，教非一也，理一也，从人者异耳”。教育的真理只有一个，但教育的方法却要因人而异。

（六）助残成材，思想先进

洪仁玕(1822—1864)是太平天国时期领导阶层中对西方见识较广的一位。他在《资政新篇》中列出28条改革措施，其中，第6条涉及了特殊教育，包括特殊教育的对象、机构的设置、特殊教育的课程等方面，并把兴办特殊教育纳入国家的法律纲领，以保障特殊教育的创办与实施，同时也作为特殊教育开展的依据。他认为特殊教育不仅包含“跛盲聋哑”四类人，还包括“鳏寡孤独”者和因家庭贫困而难以养育的儿童。同时，他主张教育和养护相结合。他提出了“兴跛盲聋哑院，有财者自携资斧，无财者善人乐助，请长教以鼓乐书数杂技，不致为废人也”。根据残疾类型将残疾者纳入不同的社会机构。在“跛盲聋哑院”开设鼓乐、书数、杂技等课程，分别对残疾者的音乐、文化知识和谋生手段进行培养，而对纳入“鳏寡孤独”院的特殊需要人群，则“教以诗书各法”来丰富他们的生活内容。

中国古代教育家与个别化教育相关的论述几乎都是给予普通人的教育，对于特殊需要人群的论述则基本集中在盲聋及肢体残疾人群，因此针对智力及精神障碍人群的论述则相对较少。不过可喜的是，早在几千年前我国就已经有个别化教育的思想指引着教育实践，并给予更多人适性的教育，同时也在不断推进着我国特殊教育事业的发展。

① 但瑰丽．洪仁玕的特殊教育思想[J]．华中师范大学研究生学报，2007(14)．

二、西方的个别化教育思想

（一）昆体良

昆体良(Marcus Fabius Quintilianus,约35年—约100年)是古罗马时期著名的律师、教育家,同时也是公元1世纪最有成就的教育家。他继承并进一步发展了柏拉图、亚里士多德“重视人的天性差异”的观点。他认为,人人可以通过教育培养成人,但人的心性不同,所以要重视儿童的天性,适应儿童的倾向和才能,研究和了解儿童的天性,并根据儿童的天赋、倾向、才能进行教育教学。① 在他的雄辩术的教学中,他根据个人的气质和才能来实施不同的训练。比如,有的人宜用文雅的态度演讲;有的人宜用生气勃勃的表情演讲;有的人宜用粗犷的态度演讲。② 这样每个人的才能都得到了充分发挥。他还说过,“教学要能培植个人的天赋特长,要沿着学生的自然倾向最有效地发展他的能力”,“一个高明的教师,当他接受托付给他的儿童时,首先要弄清他的能力和天赋素质”,因此要根据学生的年龄特征、知识水平和接受能力等具体情况,做到因材施教。③ 昆体良对教师提出了一系列要求,他认为教师要深入了解学生的心理特征、个性、才能和倾向,据此有针对性地组织教学。④ 昆体良的思想中出现了班级授课思想的萌芽,他认为,大多数教学可以用同样大小的声音传达给全班学生,但是教师可以根据实践把儿童分成不同的班级,依照他们每个人的能力,指定他们依次发言。

（二）夸美纽斯

夸美纽斯(Comenius Johann Amos,1592—1670)最早从理论上详细阐述班级授课制及相关的学年制和考查、考试制度。⑤ 夸美纽斯是对班级授课制等进行系统、理论的阐述的第一人。他指出班级授课制的具体方法,即根据儿童的年龄特点和知识水平,将儿童分成不同的班级,每个班级有一个专用教室;⑥每个班级有一位教师,面对全班所有学生教学。夸美纽斯强调,

---

① 钱钰,庞亮.儿童教育成人化批判[J],湖北成人教育学院学报,2007(1).

② 张福娟,马红英,杜小新.特殊教育史[M].上海:华东师范大学出版社.2000.

③ 牟映雪.中国特殊教育演进历程及启示[J].中国特殊教育,2006(5).

④ [古罗马]昆体良.昆体良教育论著选[M].任钟印选译.北京:人民教育出版社,1989.

⑤ 王丛.夸美纽斯和他的《大教学论》(上)[J].内蒙古教育,2017(19).

⑥ 田本娜.夸美纽斯《大教学论》述评[J].课程·教学·教法,1981(2):80-85.

为了达到教育的目标，所采用的方法必须适合学生的心理，使学生学起来容易而且感到快乐，他主张愉快的学习才能真正学到知识和本领。夸美纽斯以理论上的卓越思想，奠定了他在教育思想史上的重要地位，也为个别化教育思想提供了重要的理论基础。

（三）洛克

洛克（John Locke，1632—1704）是17世纪英国著名的政治家、哲学家和教育思想家。洛克的教育思想对后世的影响非常大，其著作《教育漫画》是他教育思想的集中体现。洛克认为"每个人的心理都和他的面孔一样，各有特色，能使他与别人区别开来。两个儿童很少能用完全相同的方法去教导"，"只有把学生看成一个个体的人，才能正确进行教育"。他指出，要开发儿童巨大的发展潜能就必须考虑其个体差异性。[①]

（四）依塔德

依塔德（Jean Marc-Gaspard Itard，1774—1838）是19世纪上半期法国著名的医学家及特殊教育专家，也是近代特殊教育的先锋。依塔德是有目的、有系统地教育智力低下与综合残疾儿童的第一人，也是"特殊教育之父"。[②] 他驯化野孩的实验是历史上最早的特殊教育实验。依塔德通过一系列艰苦卓绝的教育实验，成功地向人们证明：智力落后者同样可以接受教育。同时他还形成了一系列独特的特殊教育方法，是一位充分落实个别化教育思想的特殊教育实践者。他的教育实验在特殊教育史上，弥补了特殊教育实验的不足。

（五）蒙特梭利

蒙特梭利（Maria Montessori，1870—1952）是教育史上一位杰出的幼儿教育思想家和改革家，意大利史上第一位学医的女性和医学女博士。蒙特梭利在罗马大学精神病诊所担任助理医师期间，接触到了智力障碍儿童，并开始研究这类人群的治疗和教育问题。她认为："只要以特殊教育方式教导他们，一定能够有效地改善智能障碍的问题。"[③]蒙特梭利有针对性地研制了各式各样的教具。在她的教育之下，两年后，特殊儿童学会了很多被认为不

---

① 贺国庆，于洪波，朱文富．外国教育史[M]．北京：高等教育出版社，2009．

② 杨汉麟，李贤智．近代特殊教育的开路先锋——依塔德驯化野孩教育实验的历史回顾[J]．华中师范大学学报（人文社会科学版），2007(4)．

③ 孙爱青，陈庆．蒙特梭利教育法在特殊教育中的运用研究[J]．中国现代教育装备，2012(2)．

可能完成的事。她在《教育精神》主题演讲中说道:“儿童的智力缺陷主要是教育问题,而不是医学问题。”她呼吁,智力障碍儿童应当与正常儿童一样享有同等权利。蒙特梭利在教育上有着自己独特的思想和方法,她运用自己独创的方法进行教学,取得了惊人的效果。蒙特梭利的教育思想和教育方法也被广泛地运用到了普通儿童的教育教学当中,并取得了良好的效果。

(六)霍华德·加德纳

霍华德·加德纳(Howard Gardner,1943 年—)是世界著名的心理学家,他被誉为“多元智能理论之父”。加德纳认为,每个人有九种与生俱来的智力潜能,而个体间智力的差异就在于这九类智能的不同组合。环境和教育在智能开发过程中起到了重要的作用,如果能够得到恰当的教育,那么每个人都能够在自己擅长的领域取得成功。多元智能理论,改变了以往的学生观,提示我们避免用统一标准来衡量学生,要重视挖掘不同学生的不同潜能,同时根据学生的优劣势来选择不同的教育方法,在教学过程中要善于运用多样化的模式进行教学,尊重学生的个别差异,从而更好地开发学生的潜能。加德纳编制了世界上第一个正规的智力测验表,在全世界产生了广泛的影响。

三、个别化教育历史探源的目的及意义

无论在遥远的西方,还是在拥有五千年历史文明的中国,个别化教育理念都早已出现在很多教育家的思想中,也体现在了他们或者认同其思想的教育实践中。中国古代的教育思想和社会制度都是比较先进的,对残疾人的教育和福利都有一定的倾斜,但是囿于社会生产力,并没有出现真正意义上的特殊教育和特殊学校。受到社会条件和教育发展程度的限制,21 世纪以前,个别化教育始终未能成为现实中的教育模式。

随着时代的推进,个别化教育思想越来越丰富,人们越来越重视教育中人的重要性,重视人的主观能动性。进入 21 世纪,随着经济、科技、文化和社会的高度发展,教育作为国家发展的一项重要内容,在发达国家和一些较好的发展中国家,人们已经不满足于教育上的“整齐划一”,教育开始不断地改革和创新,而个别化教育则顺应了人类的发展规律和时代潮流,走在了教育改革的前列。个别化教育已然从理想逐渐走向了现实。

第二节　个别化教育与个别化教学

一、个别化教育

个别化教育(Individualized Education)是植根在对学生个性的尊重的基础上，将以教材、教师为中心的教育改为以学生为中心、真切关照每个学生潜能开发、个性发展的教育。① 个别化教育是社会经济与文明发展的重要表现，也是社会进步和发展的产物，它真正体现了“以学生为中心”的教育思想和“以人为本”的文化精神。通过个别化教育的定义，我们可以知道，个别化教育关注每个学生，针对每个学生的特点开展教育，强调从学生的全面发展出发，根据学生的身心发展尽心设计，从而开展教学。个别化教育是满足特殊教育需要、实现个性化发展的重要手段和方式，也是特殊教育的重要特征。

(一) 个别化教育的意义

个别化教育旨在尊重特殊需要学生的个性，将教师为中心的教育变为以特殊需要学生为中心，真切地关照每个特殊需要学生的个性化发展。

1. 个别化教育的对象

个别化教育的对象就是特殊需要学生，具体来说，个别化教育针对每个有特殊需要的学生个体，一个个体就是一个教育对象，通过个别化教育计划的拟订和实施完成对个体的教育服务。

2. 建立在评估基础上的个别化教育

个别化教育必须对每个特殊需要学生有全面、系统、可持续的了解，这就要求对每个学生进行前期评估，评估的结果就是教育的依据，评估内容包括对特殊需要学生家庭、生活环境、生长发育情况、身心发展特点及水平、兴趣爱好等，精准的评估能够更好地确保后续教育服务的质量。

---

① 盛永进.个别化教学理念的应然追问[J].中国特殊教育，2005(10).

3. 尊重学生基础上有系统性的个别化教育

尊重每个特殊需要学生的学习起点、学习能力，从而设定不同的学习目标与要求，尊重他们独有的学习速度、学习方式，采取多种教学方法、教学活动设计与实施，从而满足学生的教育需求。个别化教育是务实的、有操作性的、严谨的、完整的教育教学过程。

（二）个别化教育在国内外的发展历程

1. 个别化教育在国外的发展历程

早在18世纪末19世纪初，就有法国医生依塔德对个别化教育进行了深入研究，并制订了一整套训练计划，这个计划可以被理解为最早期的个别化教育计划，但是这个计划并没有得到法律的认可。① 1972年，美国联邦法院特别提出了法律支持下的针对特殊人群的康复计划，这个计划主要就是针对特殊人群的个别化需求。直到1975年以后，在美国，个别化教育为了应对日益发展的成年落后者的康复活动而日益壮大。

从1970年开始，很多被排斥在正常教育体系之外的特殊人群，也慢慢得到了媒体和司法界的重视，他们从各种方式中寻求受教育的权利，他们希望自己能够被足够重视，从而能够享有平等的受教育机会。通过这些人的不断努力，美国在1975年颁布了《所有残疾儿童教育法》，以期使美国的所有残障儿童都能被学校接纳。在随后的很长一段时间内，美国的学校都按照该法案执行相关的教学活动，而美国的司法部门更是不断对该法案进行修正和完善。② 这些从法律层面提出的保障法案，为美国的特殊教育人群接受个别化教育提供了保障。

在20世纪末，美国国会还通过了另外一部非常重要的法案《障碍者教育法》，其中用障碍者代替了残障人士的概念，进一步扩大了服务的被教育者范围。另外，该法案还支持人们对被教育群体进行深入细致的科学研究，通过科学研究了解被教育对象的教育需求和发展规律。1997年通过的《障碍者教育修正案》从特殊教育有效性的角度将特殊教育服务上升到法律层面，就是为了保障为所有特殊的被教育者提供高质量的个别化教育。③

2002年1月8日，美国总统布什签署了《不让一个儿童落后法案》(*No*

---

① 汤广全.特殊教育发端于法国的原因探析[J].南昌师范学院学报.2017(5).

② 孙园园.美国《所有残疾儿童教育法》的出台及其影响.教育观察[J].2018(14).

③ 石茂林.普通班教师参与个别化教育计划的困境与出路——以美国《障碍教育法修正案》实施状况为例[J].现代特殊教育.2013(4).

Child Left Behind Act，以下简称 NCLB)。该法案增加了特殊教育的责任和义务，提高了教育活动的灵活性和可监督性，同时也为家长选择合适自己孩子的个别化教育做出了保障。① 虽然这些评价指标在 NCLBA 中并没有被明确提出，但是这项法案对特殊需要学生的个别化教育的落实起到了严格的督促作用。同时，加拿大和英国也认识到特殊教育中必须采用个别化教育，他们对美国的做法表示赞成，认为通过法律手段来保证特殊教育的发展是极为正确的行为。参考美国的做法，这两个国家也要求本国的特殊教育学校为受教育者提供个别化教育，要求学生必须得到个别化教育，并在多个特殊学校发展融合教育的资源中心。这三个国家的特殊教育政策构成了西方特殊教育模式的主流成分，对全球特殊教育的发展也产生了深远的影响。

2. 个别化教育在国内的发展历程

中国台湾地区首次出现的关于特殊教育的法案是“特殊教育法”，其中就规定特殊教育机构或者个人应该针对被教育者的不同情况，综合考量，提供适合被教育者的个别化教育。在此之后，中国台湾地区还接着颁布了“特殊教育法实施细则”，从细节上指导特殊教育中的各类教学活动，为个别化教育的实施提供法律保障。而在 2011 年初，中国台湾地区又通过了“特殊教育行政支持网络联系及运作办法”，随着信息时代的不断发展，中国台湾地区行政系统的信息化水平也在不断提高，借助信息化的办公手段，可以很好地将被教育者的个别化教育过程通过规范化、无纸化、流程化的方式保留存档。

我国大陆于 20 世纪 80 年代开始逐渐重视在特殊教育领域的个别化教育落实和研究，早期制定的《残疾人教育条例》中指出，对于残障的被教育者，应该核定被教育者的残障水平，并结合特殊教育学校的现有情况，进行合理的分类教学和个别化教学。但是，由于办学条件的限制，个别化教育的发展步伐非常缓慢。2007 年，《培智教育学校义务教育课程设置实验方案》明确提出，特殊教育学校都要推行个别化教育，将日常集体教学和个别化教学相结合，以满足不同层次的学生个性化的发展需求。在 2014 年和 2017 年，国务院分别颁布了第一、二期《特殊教育提升计划》，指出特殊教育学校要加强个别化教育的实施，提高特殊教育服务的有效性。

---

① 申超. 中美基础教育课程改革的政策比较——以《基础教育课程改革纲要(试行)》和《不让一个孩子掉队法》的比较为切入点[J]. 教育学报，2008(4).

二、个别化教学

个别化教学是为了适合个别学生的需要、兴趣、能力和学习进度而设计的教学方法。个别化教学并不意味着独自学习。当同一教材、教法不能针对班级教学中学生的程度差异时，为顾及个别能力、兴趣、需要及可能遭遇的困难，教师须在教学过程中特别设计不同的教学计划。它与“个别教学”不同，个别教学仅是一种“一对一”的教学实施形态，而它可能是个别化教学，也可能不是个别化教学，关键在于其是否是为符合该生能力需要而特别设计的教学方案。

（一）个别化教学的内涵、特征及要素

1. 个别化教学的内涵

美国学者沃尔伯格（Wahlberg）根据个别化教学的含义为个别化教学制订了三个指标：教学活动充分发展每个学生的个性和个别性；在个别化教学中，学生能够根据自己的意愿充分发挥自己的学习主动性；教育目标不变，但可变通教学形式等。

在顾明远主编的《教育大辞典》中，将个别化教学界定为：为满足每个学生的需要、兴趣和能力而设计的教学。其根据学生的个别差异提出一些具体又有效的措施。学生可选择不同的活动达到规定的目标，同时可以自定学习速度与时间，选择个别或者小组的形式学习。①

综上所述，个别化教学采用更为灵活的方式，打破传统的教学模式，适应学生在学习上的个别差异。因此，个别化教学的理论核心由个性、活动、发展三个基本方面组成，并应该遵循以下三个原则：① 保证学生全面的发展；② 个性的形成和发展将受到活动和交际内容性质所制约；③ 对个性的研究应当在个体的生命活动过程中。

2. 个别化教学的特征

个别化教学是根据教学对象的个别差异而进行的有效且具体的教学措施，具有以下几个特征。

在教学内容上：① 学习材料范围广泛，利用现代教育技术拓展学习材料的广度；② 教材有不同的阶段，将教学的直接经验融入其中；③ 重视掌握一

---

① 顾明远. 教育大辞典[M]. 上海：上海教育出版社，1986.

门学科的学习或认识方法。

在学习上：① 学生了解教学目标及成绩评定标准；② 学生可以选择不同的活动达到同样的既定教学目标，并根据自己的速度、兴趣爱好等选择学习科目及完成时间；③ 运用多种形式，如个别或者小组等不同形式进行学习，鼓励学生之间进行相互合作的学习方式。

个别化教学不只关注差异，更关注个别的发展。这种教学形式与其他教学形式相比，有显著的特征：① 学习者能独立学习；② 学习者自定学习速度；③ 学习者有个别指导；④ 学习者拥有个人特性。

3. 个别化教学的要素

个别化教学并不意味着独自学习，当学生面临着同样的教材时，教师不仅要顾及学生的学习能力，还要顾及学生的个别能力、兴趣和需要，为其设计不同的教育计划，采用不同的教学方法来开展教学。个别化教学要满足以下几个要素。

（1）学习能力的个别诊断

要进行个别化教学，先要找到每个学生学习的长处、短处及当前的学习水平，即通过教育评估、教育测量、课程评量、观察交谈、档案查阅等一系列方式来对学生进行基本能力的诊断。为个别化教学提供依据，这是开展个别化教学的一个必不可少的环节。

（2）教材的个别设计与提供

在对学生的学习能力进行个别诊断的基础上，我们会根据学生的特点为其制订个别化教育计划，并进行个别化教材的设计，通过这个环节，正式实施和开展个别化教学。这是个别化教学的核心环节。

（3）个别的成绩评鉴

如果说最开始的个别诊断提供了学生个别能力的起点，那么中期和终期的成绩评鉴则是对个别化教学效果的检验和下一项个别化教学的参考。其中，个别的成绩评鉴应该是过程性的，它存在于个别化教学的每个阶段。

（二）个别化教学的常见模式

随着特殊教育的革新，出现了多种个别化教学模式，如布鲁姆的精熟学习模式、凯勒的个人化学习模式、个别辅导教学模式等。

1. 个别化规定教学(IPI)

根据测验对学生进行教育诊断后，结合学生个人需要开列学习课题，通过学习后测验，进行必要辅导和个别指导，之后再进行测试，若通过则可进入新的课题。

2. 个别指导教学(IGE)

允许每个学生按照自己的学习风格、速度、兴趣等进行学习,个别指导教学着重让学生参与学习上的各种决定,而个别规定教学则由教师来决定。

3. 程序教学

程序教学又称为使用教学,是根据学生的个别差异进行指导的一种教学方式。教学中,首先明确学习目标,再根据目标编制一定的目标序列,分单线型与分叉型两种,最后经程序化的目标进入电脑,从而对学习行为进行控制、评价。①

(三)个别化教学的国内外发展历程

1. 个别化教学的国外发展历程

第二次世界大战前,“个别化教学强调以个别差异为出发点,以儿童兴趣和需要为中心,以班级教学的调试与分化为基本方向,以每个学生的能力和个性的最大发展为目标”。② 道尔顿制是20世纪二三十年代最有影响力的个别化教学案例。到了20世纪六七十年代,个别化教学越来越活跃,在全世界的教育环境中,越来越多的个别化教学方式也逐渐发展起来了,比如,程序教学、个别化试听教学、计算机辅助教学、个别化指导教学、个别化规定教学、按需学习计划等实践模式。这些实践模式都是着眼于学生的学习能力、学习水平及学习步调。可以说,西方的个别化教学起步是很早的。③ 1993年出版的《个别化教学》做出了详细的定义:个别化教学指在教师的指导下,使每门学科的学习过程,按照学生各自的速度来组织。教学是不分年级的,使每个孩子在学习每门学科时,能够根据其能力许可的程度进行。④

西方发达国家的教育一直比较注重个别化教学,在教育组织模式方面最接近个别化教育,其学校教育中也会涵盖较多的个别化教育成分。在西方发达国家,个别化教学开始得较早,发展得比较完善,落实得也较为充分,值得我们认真学习和借鉴。

---

① 张文京.弱智儿童个别化教育与教学[M].重庆:重庆出版社,2005.

② 黄晓琳,包振觅.论个性化培养及教学[J].大周期刊,2012(9).

③ Edward L. Dejnozka and David E. Kapel. American Educators Encyclopedia[M]. Greenwood Press,1982.

④ 邓志伟.策略教学:一种新型个别化教学[J].比较教育研究,1995(6).

2. 个别化教学的国内发展历程

在《中国大百科全书——教育》中提出：在一个屋子里聚集着年龄悬殊、程度不一的学生，教师对每个学生个别施教，教学内容和进度各不相同，教学实践没有统一安排，教学效果一般较差。欧洲中世纪的学校和中国封建时代的私塾的教学就属于这种形式。在20世纪80年代进行分层、分类教学的基础上，我国在20世纪90年代提出了针对集体班级授课制教学弊端的差异教学。差异教学即在班集体教学中，立足学生的个性差异，满足学生不同的学习需要，从而促进每个学生最大限度发展的教学。差异教学最主要的特征是关注个体间的差异，注重学生的全面发展，扬长补短，最终让每个学生实现自我价值。差异教学承认差异、尊重差异、理解差异，同时分析差异、满足差异、提供差异教学策略，促进学生个性的发展。①

在清朝末期，西方先进的教育思想相继传入中国，班级授课制对改革私塾教育，建立科学的学校教学制度起到了不可估量的作用。当时我国的教育家开展了一系列教育实验，其中影响最大的教育实验当属设计教学法和道尔顿制，以及陶行知的"生活教育"和陈鹤琴的儿童教育。这些教育都十分重视学生的个性和个别差异，为我国个别化教学开创了先河。

1949年以后，受一些政治因素影响，同时受苏联教育模式的影响，我国的个别化教学研究和实验被迫长期中断。从20世纪80年代开始，教育领域逐渐恢复了个别化教学的研究和实践，其中影响比较大的有多层次教学和异步教学。20世纪90年代以后，差异教学、分层递进教学和主体性教育也逐渐受到重视。这些个别化教学实验不仅是对学生个别差异认识的不断深化，也是对传统班级授课制的改革，为我国教育改革提供了宝贵经验，极大地丰富了我国的教学模式。

近些年来，我国积极开展教学改革，不少地区以个别化教育理念为指导，采取了小班制教学、分组分层教学、差异教学等教育模式。同时，信息化技术的高速发展也为个别化教学注入了新的活力，提高了个别化教学的效率。此外，我国各级各类教育研究院、教育机构的蓬勃发展也在不断推动个别化教学的发展。

3. 国内文献对比

国内逐步重视对个别化教学的研究，个别化教学的研究资料也越来越

① 中国大百科全书出版社编辑部. 中国大百科全书—教育[M]. 北京：中国大百科全书出版社，1985.

丰富，研究状态平稳且前景广阔。在中国期刊网上以关键词“个别化教学”搜索，得出的论文情况如图 1－1 所示。

1911—1979 年，有 13 条记录。这时期针对个别化教学的研究主要集中在对国外个别化教学模式的介绍。

1980—1989 年，有 12 条记录。这时期除了有部分论文继续对国外个别化教学研究进行介绍外，开始出现从教学组织形式的角度对个别化教学进行详细阐述的论文。

1990—1999 年，有 198 条记录。这时期的研究角度更加多元化。

2000—2009 年，共 373 条记录。这时期出现了个别化教学研究的高潮，个别化教学成为未来教育的主要趋势。

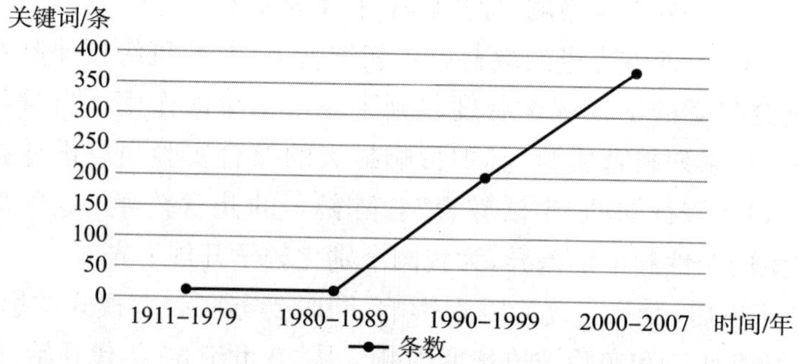

图 1－1　中国期刊网关键词“个别化教学”显示条数

个别化教学已经成为当代特殊教育学校行之有效的教学模式。起点评估、学科目标、组织形式、教学管理和多元评价均体现着个别化特征，是个别化教育的体现。实施有效的个别化教学，才能满足每一个学生的特殊教育需求。

三、个别化教学与个别化教育的关系

个别化教学（Individualized Instruction）与个别化教育有着紧密的联系，均是个别化教育活动，但概念却不相同。个别化教学与个别化教育属于部分与整体的关系，既相互联系，又相互区别。教育是按照一定的目的和要求，对受教育者各方面进行一种有计划的活动。教学则是指教师对受教育者传授知识的过程。因此可以从概念上区分两者：教育包括教学；教学从属于教育，是教育的一个组成部分。同时，个别化教育的范围比个别化教学的范围更为广泛，个别化教学是个别化教育的组成部分，关系如图 1－2 所示。

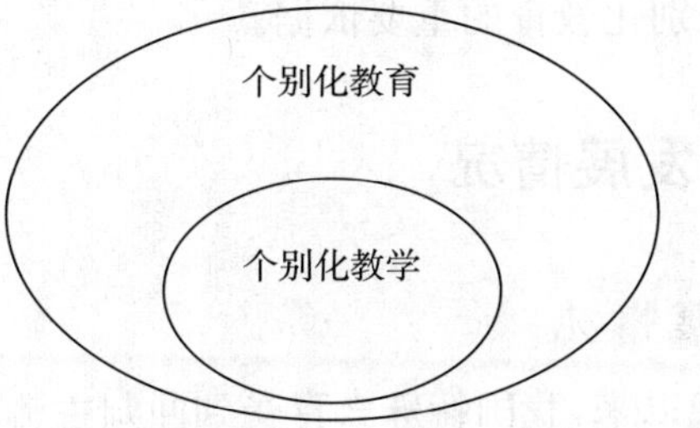

图 1-2　个别化教学与个别化教育关系图

第三节　个别化教育与个别化教育计划

个别化教育是满足特殊教育需要及实现特殊需要学生个性化发展的重要手段和方式，也是特殊教育的主要特征之一。那么，如何能够有效地给每个特殊需要学生实施个别化教育呢？为每一名特殊需要学生量身定制一份合适的方案，指明个别化教育实施的方向，且确保个别化教育的有效性，此方案被称为“个别化教育计划”。从性质上讲，这更是一份具有国家法律效应的，针对特殊需要学生的教育颁布的法律文件，其中涉及的不仅是教学问题，还包括康复、转衔等内容。因此，个别化教育计划不仅限于计划本身，其中的部分教学目标需要通过个别化教育实施和落实。

一、个别化教育计划

个别化教育计划（Individualized Education Program，简称 IEP），是指为接受特殊教育的每一位残疾学生而制订的适应其个人发展需要的教育方案。① 个别化教育计划是指在我国当前的教育条件下，教师为某个学生制订的，旨在有效提高教育教学效果的，用于备课、上课的因材施教计划。简而言之，它是从个别差异出发的、以满足学生的特殊个别教育需要为目的的教育教学措施或者计划。个别化教育计划（IEP）是个别化教育的基石，是根据特殊需要学生的身心发展特点而制订的、符合学生现有能力水平的指导性

① 盛永进．个别化教育计划的撰写[J]．现代特殊教育，2015(3)．

发展文件，是实施个别化教育的重要依据。

二、国内外发展情况

（一）国内发展情况

20世纪80年代以来，我国特殊教育受到回归主流及全纳教育思潮的影响，个别化教育计划也随着全纳教育、正常化原则等理论成为我国特殊教育的主要实践之一，并根据实践经验不断本土化，取得了一定的成果。

1. 全国年鉴中的个别化教育计划

我国在20世纪80年代引进个别化教育计划(IEP)，经过近40年的发展，已经形成了不少理论研究，实践研究也在不断增多。在知网全国年鉴项目中，以“个别化教育计划年鉴”为关键词进行搜索，呈现以下数据，如图1-3所示。

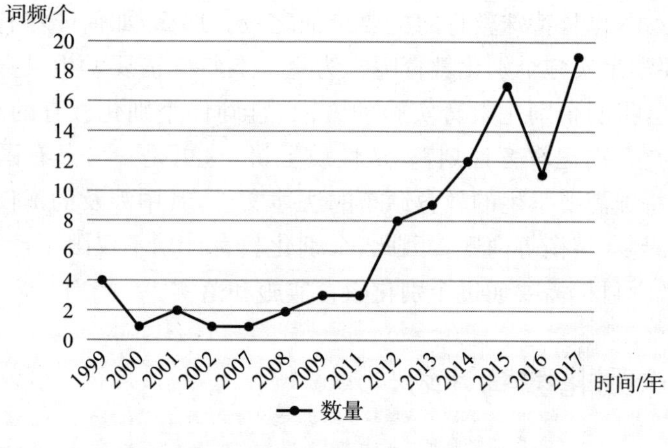

图1-3 个别化教育计划年鉴关键词词频

如图，前10年提到个别化教育计划的论文寥寥无几，且趋势较为平缓，可视作发展进入瓶颈，无较大突破。但是近10年个别化教育计划的词频呈现快速增长的趋势，表示近10年全国各地提出个别化教育计划并逐步落实。

2. 论文主题中的个别化教育计划

随着个别化教育计划的发展，我国特殊教育专家和一线特殊教育教师也开始探究个别化教育计划，包括理论和实践两个层面。在知网中，主题关键词为“个别化教育计划”的具体数据如图1-4所示。

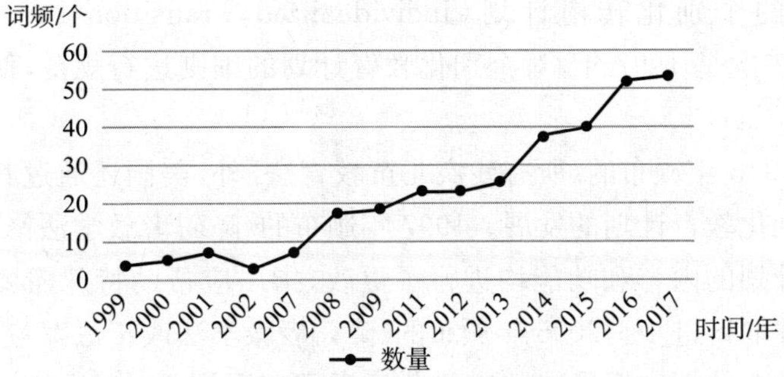

图 1-4　个别化教育计划论文主题词频

如图 1-4 所示，在前 10 年，虽然政府提倡个别化教育计划的力度不够，但是国内学者并没有停下探索的脚步，仍在坚持不懈地研究着个别化教育计划，虽然这个速度相对而言有些缓慢，但总体上还是不断向前。在后 10 年，各地区政策制定和推行的力度加大，让更多专家学者对个别化教育计划的探索更加深入，呈现直线上升的趋势，说明这一时段的发展更为迅速，也代表着特殊教育“春天”的到来。

（二）国外发展情况

18 世纪末 19 世纪初，个别化教育计划(IEP)已出现雏形，法国医生依塔德为“野孩”维克多制订了五年训练计划，这可以看作是早期的个别化教育计划(IEP)。最早被法律承认的个别化教育计划(IEP)是 1975 年美国颁布的《所有残疾儿童教育法》，该法提出为每个接受教育的残疾儿童制订个别化教育计划(IEP)。① 《所有残疾儿童教育法》将个别化教育计划作为特殊设计的教学方案，通过评估特殊需要儿童的特殊需要，设计符合其特点的教学目标，提供特殊教育服务，制订评价标准，建立了“评估—教学—评价”三步骤来实现个别化教育计划。此后，个别化教育计划(IEP)被美国各学校普遍使用。随后，英国、澳大利亚等国家也将为特殊需要学生制订个别化教育计划写入相关法律，并严格执行。

美国将个别化教育计划以法律形式颁布后，又进行了三次重要修改。第一次是在 1986 年，将特殊教育服务对象的年龄从原本的 6—21 岁向下延伸，0—5 岁特殊需要儿童也要制订个别化家庭服务计划(Individualized Family Service Plan，简称 IFSP)。第二次是在 1990 年，增加针对 16 岁特殊

① 孙园园. 美国《所有残疾儿童教育法》的出台及其影响[J]. 教育观察. 2018(14).

需要学生的个别化转衔计划(Individualized Transition Program,简称ITP)。第三次是1997年,对个别化教育计划的细则进行规范,使之更具有实用性。

除了1975年颁布的《所有残疾儿童教育法》外,美国还通过其他法律法规推动个别化教育计划的发展。1997年颁布的《障碍者教学法修正案》对个别化教育计划的内容和功能均进行了更改,指出应帮助特殊需要儿童学习普通课程并取得进步。2005年颁布的《障碍者教学法改正法案》进一步强调了个别化教育计划应促进特殊需要儿童学习普通课程。① 虽然后期均强调要促进特殊需要儿童学习普通课程——主要是从特殊学校的隔离式教育模式转变为融合教育——但也要兼顾特殊需要儿童的其他需要。

三、内涵与特征

(一) 基本内涵

个别化教育计划(IEP)的内涵主要包括5个W,即Whom(为了谁)、Who(谁来做)、What(订什么)、When(何时订)、How(如何订)。

1. Whom(为了谁)——明确服务对象

个别化教育计划(IEP)的服务对象是所有的特殊需要学生。

2. Who(谁来做)——明确制订者

个别化教育计划(IEP)可以由学校行政人员、老师、家长、专业评估师制订,甚至在能力允许时,学生也可以参与制订,还可以邀请相关专家一起参与。

3. What(订什么)——明确内容

① 学生现有能力包括认知能力、沟通能力、情绪行为、生活自理能力等所有相关现状。② 学生的家庭状况,家长从事职业、学历水平,家中是否有兄弟姐妹等。③ 学生障碍具体状况。④ 学生所需要的特殊需要服务或者支持。⑤ 学生的短期阶段性目标和年度教学目标。⑥ 应达到的标准及具体日期。⑦ 学生转衔相关服务。

4. When(何时订)——确定时间

上半学期因接收新生可以推迟至一个月内完成,下半学期均应在半个月内制订完成,并对其进行有效的评鉴。

---

① 黄远静.美国特殊教育立法探究[J].价值工程,2010(15).

5. How(如何订)——团队合作

个别化教育计划(IEP)的具体制订需要所有参与人员合力形成一个互相沟通、有执行力、有明确方向的专业合作团队。

(二) 特征

个别化教育计划(IEP)主要是一份满足特殊需要孩子个别化学习需要的特殊教育及服务的书面计划。这份计划既是对孩子发展的总体构想,又是实施教育及服务的具体方案。根据美国特殊教育的发展特点及社会背景,个别化教育计划(IEP)有以下五个方面的特征。

1. 科学化

以儿童为中心的标准鉴定技术和程序越来越完善。去除主观判断以及经验主义,以《比内—西蒙智力测量量表》为标准,精确地测量儿童的智力,并以此预测成年后心理发展可能达到的水平。个别化教育计划是以科学、精确的测量为基础,根据发展的客观性,借助有效的科学测量工具及严密的鉴定程序来诊断残疾或者障碍的类型与程度,并以此为依据制订有效的教育和干预手段。

2. 程序化

法规中明确规定个别化教育计划必须按照法定的标准化、可操作的程序进行,通常包括以下步骤:① 发现和解决学生问题。② 家长、教师等相关人员的访谈。③ 残疾诊断与鉴定。④ 多方人员共同参加个别化教育计划的会议。⑤ 具体特殊需要的服务与安置措施。⑥ 个别化教育计划的制订与实施。⑦ 个别化教育计划的评鉴及修改等。这些步骤均以立法的方式确定,是实施个别化教育计划必须遵循的标准化操作。

3. 法治化

1975 年,美国通过的联邦公众法律 94 - 142 条款中明确提出:残疾儿童的鉴定、安置、教育、评估等均要通过法律程序进行,否则视为违法,保证保障残疾儿童的诊断与鉴定不因儿童的文化背景、种族差异及经济条件而产生歧视;尤其保障残疾儿童家长参与儿童的鉴定、安置和制订个别化教育计划的途径及权利。个别化教育计划的制订与实施在法律的规定下,成为学校和相关部门不可推卸的义务,从而保障残疾儿童的合法权益。

4. 标准化

虽然个别化教育计划体现着个别化的差异,但是在其制订过程与方法、诊断与评估的标准、形式与结构中,处处体现着标准化操作。标准化的流程与步骤确保个别化教育计划被各个地区或者各个学校按照统一的要求、规范和程序执行，从而确保个别化教育计划的制订效率和质量。对于学生而言，个别化教育计划是异质的、基于个别差异的、根据他们独特的个性而制订的计划。对于制订者而言，个别化教育计划是同质的、基于标准化的流程与步骤的计划。

5. 民主化

个别化教育计划的制订与实施需要多学科专业人员、行政人员、家长等社会多阶层人员共同参与合作，民主协商，最终达成一致。立场不同、背景不同、文化层次不同的人员会带来更多的资源与信息，使个别化教育计划的制订过程更加全面、科学。

总而言之，科学测评是个别化教育计划的基础，法律法规确保每一个残疾儿童享受平等的教育权利，标准化操作确保了个别化教育计划的有效落实与实施。科学和民主是个别化教育计划的内涵，平等和个性是个别化教育计划的本质。

（三）个别化教育计划的作用

① 个别化教育计划是实施个别化教育的总设计，是使特殊需要学生获得合适教育服务的保证。

② 个别化教育计划是教师、学校对特殊需要学生实施教育的承诺，这一承诺将会受到家长、学校、社会的监督和检查。

③ 个别化教育计划沟通了教师、家长、社区人员与特殊需要学生，融合了学生的学校生活、家庭生活、社会生活，让各类参与教育的人能够互相交流、互相配合、互相合作，在明确的目标引导下从不同的角度去实施个别化教育。

④ 个别化教育计划是教师在这一阶段做计划、设计教学活动、安排教学环境、实施教学活动的重要依据，也是对特殊需要学生进行教育评量的重要依据。

四、实施现状与困境

对于个别化教育计划，我国还处于探索阶段，很多特殊学校虽然已经开始尝试制订个别化教育计划，但是在制订与实施的过程中存在诸多问题。

（一）实施现状

1. 特殊教育专家眼中的现状

国内多位特殊教育专家对此进行了相关的研究与分析。

2005年，肖非提出，在拟订个别化教育计划的过程中，存在真实性和科学性的问题。学科目标的制订具有很大的随意性，存在不合理的现象，导致个别化教育计划更倾向经验性与主观性。①

2007年，黄朔希则指出，在个别化教育计划制订过程中参与人员不到位，其中家长、行政人员等参与度较低，主要依靠教师承担拟订工作。②

2009年，刘明清提出，个别化教育计划不够全面和系统。对特殊需要学生的鉴定就存在不专业性，把简单的观察作为依据，没有统一的标准，从而导致教学目标不明确，教学策略不合理，相关特殊支持不到位等现象。③

2010年，邓猛和郭玲提出，个别化教育计划均停留在书面，不能有效地落实，缺少对个别化教育计划的落实进行评鉴与管理的机制。④

2012年，姚向煜对个别化教育计划进行研究后得出，个别化教育计划的转衔服务及长短期目标不完整，导致拟订的个别化教育计划对教育教学的实施并没有起到指导性作用。⑤

2015年，盛永进在个别化教育计划的撰写中提出，国内虽然开始制订个别化教育计划，但在个别化教育计划的撰写中仍有可改进之处，比如对教学目标的描述更加可观察、可量化，在时间跨度上可以更加灵活。⑥

从上述文献中可以看出，我国的个别化教育计划在实施中存在很多问题，但大部分均处于理论层面的研究，对于个别化教育计划的具体落实及后期评鉴的准确性等实践层面的研究较少。

2. 特殊教育教师眼中的现状

对于特殊教育一线的教师来说，在个别化教育计划的制订与实施中，他们虽然抱着乐观积极的态度，但由于系统知识不足，以及其他相关支持太

---

① 肖非.关于个别化教育计划几个问题的思考[J].中国特殊教育，2005(2).

② 黄朔希.台湾个别化教育计划的理念与实践[J].宁德师专学报：哲学社会科学版，2007(4).

③ 刘明清.对特殊儿童个别化教育过程中两个问题的探讨[J].文教资料，2009(7).

④ 邓猛，郭玲.西方个别化教育计划的理论反思及其对我国特殊教育发展的启示[J].中国特殊教育，2010(6).

⑤ 姚向煜.随班就读学生 IEP 制订与实施现状的调查—以南京、常熟为例[J].南京特教学院学报，2012(2)：46－52.

⑥ 盛永进.个别化教育计划的撰写[J].现代特殊教育，2015(3).

少，实施效果不太理想。

2013 年，董瑞雪以某市的特殊教育中心为例，采用自编态度问卷对 39 名特殊教育教师进行了调查。该校的特殊教育教师对个别化教育计划均保持着比较积极的态度，对个别化教育计划的前景充满着期待，也很愿意进一步了解相关知识，但普遍问题是他们对个别化教育计划这个形式感到很陌生。[①] 同年，陈琳在培智学校如何实施个别化教育计划的探究中发现，一线特殊教育教师在实施个别化教育计划中均有良好的态度，但是不具备良好的教育观和技术，导致没有取得较好的效果。[②]

2015 年，袁媛在其硕士毕业论文中研究培智学校个别化教育计划的拟订现状，对 92 名一线特殊教育教师进行问卷调查发现，大部分教师对个别化教育计划都有一定程度的了解，但是不够深入，还有小部分教师居然对此完全不了解。其中没有参与过个别化教育计划拟订的教师居然占近半数，可见培智学校教师参与个别化教育计划拟订的程度很低。三分之二的教师对个别化教育计划拟订流程一点都不熟悉。[③]

从文献研究中可以看出，近几年的研究数据表明现状不容乐观，尤其作为拟订个别化教育计划的不可缺少的一线教师，对个别化教育计划的认识却都停留在浅层次，缺乏专业、深入的了解。

3. 家长眼中的现状

家长对学生有着充分的了解，教育过程中，家长的积极配合对教育成效有很大的帮助。在拟订个别化教育计划过程中，家长可以提供更加详尽的生活资料，为教育教学目标的拟订提供依据，从而制订出更符合学生个体差异的个别化教育计划。目前，大部分家长对个别化教育计划的看法如下。

① 家长缺乏对个别化教育计划的重要性和相关知识的了解，甚至大部分家长从未听过个别化教育计划这项服务。

② 家长认为个别化教育计划是特殊教育老师的事情，自己不懂专业性这么强的事，只需要配合老师签字就可以。

③ 家长只需要一个可以寄放学生的场所，对于个别化教育计划无任何需求。

---

① 董瑞雪.教师对个别化教育计划实施态度的调查研究：以某市特殊教育中心为例[J].南京特教学院学报，2013(3).

② 陈琳.培智学校成果实施个别化教育计划探析[J].绥化学院学报，2013(7)：83－87.

③ 袁媛.培智学校个别化教育计划拟定现状研究[D].沈阳：辽宁师范大学，2015.

④ 家长对个别化教育计划了解甚少，对特殊需要学生教育的参与度很低，很多家长因工作或者其他原因，很少出席个别化教育计划会议。

4. 国际视角

虽然很多欧美国家通过立法保障个别化教育计划的推广与实施，但在过程中也存在着很多问题。

詹弗兰科(Gianfranco)等人提出，在拟订个别化教育计划的过程中，仍然存在诸多问题，如未能准确评估特殊需要儿童现有的能力水平，从而影响后期的目标制订；没有根据学生的实际情况拟订目标；目标不够具体等。

马戈利斯(Margolis)和雷德尔(Truedell)通过对一线特殊教育教师进行问卷调查发现，教师不能按照个别化教育计划拟订的教学方式进行教学，不经常参加学生个别化教育计划的拟订过程，导致个别化教育计划没有发挥出指导性作用。

因此，在普及与推广个别化教育计划的过程中，无论是国内还是国外均有不同的问题有待解决，而这些问题的解决也将会让个别化教育计划被更有效地落实。

(二) 实施困境

我国尚处于探索阶段，对于个别化教育计划的拟订没有统一规定，因此，在拟订过程中存在着多种问题。

1. 制订人员的专业性欠缺

根据之前描述的现状，不难看出，制订个别化教育计划的中坚力量——一线特殊教育教师对个别化教育计划拟订流程不熟悉；或者不能较为客观地制订有效的个别化教育计划；或者由于缺乏科学的认识，导致拟订流程有部分缺失。教师对拟订个别化教育计划没有特别重视，连续性环节的缺失导致制订后的监督力度不足。

2. 家长的配合度有限

很多特殊需要儿童的家庭背景并不是很好，家庭经济基础不佳，家长文化水平不高，因此，即使学校保障家长参与和制订的权益，也不能保证学生的家长参与教学活动的主动性有所提高。相关调查显示，约 82.6%的教师认为家长的配合度不够是拟订个别化教育计划的主要困难。一线特殊教育教师花费大量时间与精力拟订个别化教育计划，但参与的家长少之又少。开展个别化教育计划会议时，家长多以工作或者其他事务为由不参与，即使参与的家长也多以此内容过于专业为由，将所有责任推给教师。制订时如此，后期实施中的配合更是缺少，因此特殊教育学校常有的一个现象就是假期结束后，孩子的能力又回归原点。

3. 现有体制的限制

我国的教育体制为从学前、小学、初中、高中到高等教育均由国家统一领导且根据国家规定的课程标准进行，虽然各学校有自己的教学计划，但是其中的教学目标、课程设置、课程安排等均有统一的标准。

学校主要采取的方式是班级授课制，但是班级授课制的前提是学生发展水平大致相似。在特殊教育学校，即使是同一类型残疾、同一年龄的孩子，发展水平相似的也少之又少，因为每个孩子身上都存在着个体差异。同时，学校基本采取科任制，这是一种由1—2位教师作为班级的班主任来管理班级日常，且由多位教师分担各科教学任务的形式。虽然现有的班级授课和分科教学的方式节省了大量的人力、物力，但也成为推广个别化教育计划实施的最大阻碍。

4. 评估评鉴的缺乏

培智学校在拟订个别化教育计划时缺乏科学的、统一的评估标准及评估工具，评估的准确性还有待提高，从而导致教师无法准确评估学生现有水平，只能以观察为主，这必然会掺杂更多的教师主观性，其结果就是无法全面地、准确地制订符合特殊学生需要的个别化教育计划。

后期的教育评估是一个重要的环节，为判断个别化教育计划是否达到预期结果、应当如何改进或进行下一阶段的教学提供了有力的依据。教育评估应该包含对教师教学、学生活动、教学手段、教学方法的全面评估，具有全面性、客观性、一致性和连续性的特点。

五、解决措施探索

个别化教育计划是提高特殊教育质量的保证，其所承担的功能对特殊教育至关重要，且至今没有其他形式可以有效地替代它。因此，虽然个别化教育计划在制订与实施中仍存在诸多问题，但是可以通过改革或者其他方面的提高与改善，解决问题，进而更好地发挥个别化教育计划在特殊教育中的独特作用。

1. 规范个别化教育计划制订标准

通过政府文件的方式统一、规范地制订个别化教育计划的标准流程，从方向上指导各地、各学校进入常规的个别化教育计划制订，保证了拟订流程的正确性及完整性，从而保证最基本的个别化教育计划的制订。

2. 提高特殊教育教师对个别化教育计划的认识

我国特殊教育起步较晚，从事特殊教育的老师受过的专业教育较少。因此导致很多老师在拟订个别化教育计划时知识储备不足或者专业技能不够，因此可以从教师培训开始，对个别化教育计划相关知识进行系统性的培训，并开展后期的跟踪指导，让教师能够更好地参与个别化教育计划的拟订。与此同时，还需要领导层对个别化教育计划在理念上有所了解，并在观念上提高对个别化教育计划的认识，充分发挥领导导向作用，从上至下重视起来。

3. 提高家长对个别化教育计划的参与度

家长是制订与实施个别化教育计划中不可缺少的重要人员。家长缺乏教育特殊儿童的能力，是导致个别化教育计划不能制订和有效实施的关键原因之一。因此，要提高家长教育特殊儿童的能力，同时也要提高家长对个别化教育计划的认识，使家长了解其重要性。家长经过学习和培训，才能更好地理解学校和教师的工作，更好地参与个别化教育计划的制订与实施。同时，家长还是有效落实个别化教育计划的重要实施者与监督者。

4. 合理减轻个别化教育计划的工作量

制订一份适宜的个别化教育计划是一个很大的工程量，给制订人员带来了沉重的工作负担。因此，减轻个别化教育计划的负担，提高制订效率也是促进个别化教育计划推广与实施的重要步骤之一。第一，将纸质文书变更为电子稿，运用电脑软件来完成多种材料、数据的分析与整理。例如，苏州工业园区仁爱学校研制开发了 IEP 支持系统，减轻了文案工作带来的负担，节省了时间与精力，同时能够更系统性地展示学生在校几年的个别化教育计划，以及相关评鉴数据，为学生的发展提供更为有利、有效的依据。第二，延长个别化教育计划的有效期。进入学校教育康复的特殊儿童的情况越来越严重，可逐步延长个别化教育计划有效期至 3 年。2004 年，美国已经在 15 个州进行了试点实验。

虽然个别化教育计划的重要性受到一致肯定，但在我国的实施现状还是不够理想，推广与普及个别化教育计划的路还是很漫长。不过，在特殊教育专家、学者和特教老师的努力推动下，我国已取得了不少可喜的成绩，让我们看到了无限的希望与光明的前景。

第二章　个别化教育管理支持系统

第一节　个别化教育管理支持系统开发背景

一、我国特殊儿童的教育背景

近年来，我国特殊教育的发展出现了一些新的特点：一是特殊儿童障碍类型不断分化，障碍程度不断加重，多重障碍不断增多；二是特殊教育安置方式发生变化，从以特殊教育学校为主体转变为轻度障碍特殊儿童进入普通学校接受教育，中重度障碍特殊儿童进入特殊教育学校接受教育，确实不能到校就读的重度障碍特殊儿童提供送教上门或远程教育等服务的多种方式并存的局面。①

教育部发布的《2015 年全国教育事业发展统计公报》显示：在特教学校就读的特殊儿童共计 44.22 万人，在普通小学、初中随班就读和附设特教班随班就读的特殊儿童共计 23.96 万人。接受送教上门服务的特殊儿童占比较大。特殊教育区域发展不平衡，中西部地区、农村、牧区特殊教育发展缓慢，水平较低。据统计，至 2015 年，全国仍有 589 个 30 万人口以下的县没有特教学校。②

在我国，特殊儿童群体庞大且安置分散，障碍类型多样且需求各异，这就需要充分考虑不同类型特殊儿童的残疾状况、个性特征、认知能力、学习方式等差异，有针对性地开展个别化远程教育，破解特殊儿童居所分散、教

---

① 教育部，发展改革委，民政部，财政部，人力资源社会保障部，卫生计生委，中国残联．特殊教育提升计划（2014—2016 年）[J]．现代特殊教育，2014(2)．

② 人民出版社．国家中长期教育改革和发展规划纲要[J]．西藏教育，2010(9)：8－12．

师巡回服务不便、课程与教学适性不强、评估欠缺精准性等困境，探索现代远程教育理论与特殊儿童个别化教育时代精神相结合的课程与教学改革，促进特殊儿童学习行为、学习过程和学习效果的有效提升。

二、数字时代我国特殊儿童个别化教育的策略选择

个别化教育最重要的是要接受特殊儿童的个别能力及个别需求差异，并以此为出发点，做到因材施教，制订其个别化教育计划，通过个别教学开发潜能、弥补缺陷，实现特殊儿童个别化教育的高效发展和整体优化。一份优质的特殊儿童个别化教育方案需要由地方教育部门代表、学校负责人、医生、特殊教育学校教师、学生及其家长或监护人等共同制订实施，实现有组织、有效率的教学。

随着信息时代的到来，建设特殊儿童个别化教育支持系统环境，为特殊儿童提供适宜的信息化学习环境，支撑以学习者为中心的学习模式，是特殊教育信息化研究与实践的重点领域。基于教育部发布的《盲、聋和培智三类特殊教育学校义务教育课程标准》及《特殊教育提升计划（2014—2016 年）》中有关特殊儿童个别化教育的相关精神，本研究设计了体现时代内涵的特殊儿童个别化教育系统，该系统由干预前评估、课程、教学、地点、人员与干预后评鉴六部分组成，如图 2 - 1 所示。

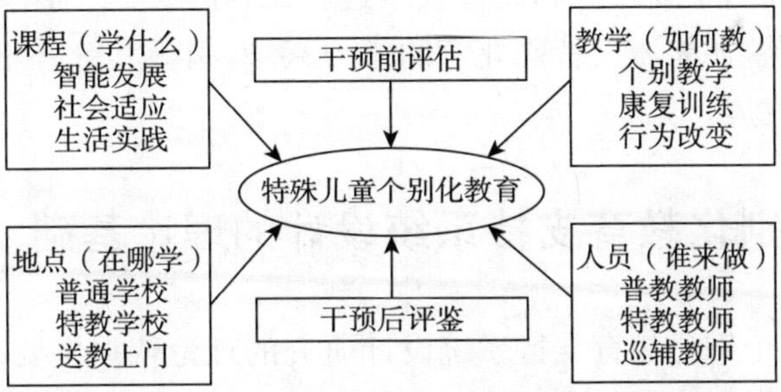

图 2 - 1　特殊儿童个别化教育支持系统组成

干预前评估是指对特殊儿童进行介入前的全面评估，主要从认知能力、沟通能力、行动能力、情绪、人际关系、感官功能、健康状况、生活自理能力①

① 黄瑞珍，等. 优质 IEP——以特教学生需求为本位的设计与目标管理[M]. 台北：心理出版社股份有限公司，2013.

现有水平、特殊取向、兴趣、多元智能等方面进行生态评估，为制订个别化教育课程提供依据。

课程方面，遵循国家特殊教育学校义务教育课程标准要求，针对特殊儿童在智能发展、社会适应与生活实践三个方面进行个别化课程设置。在课程设置中注重一般性课程与个别化课程相结合，一般性课程体现了对特殊儿童素质的基本要求，个别化课程着眼于对特殊儿童优势潜能的开发。

教学方面，为了适应特殊儿童的个别差异，一般采用小步子、多重复、多感官的教学原则。有些特殊儿童除了接受一般性课程教学外，还接受各种训练、治疗或康复，诸如运动疗法（Physical Therapy, PT）、言语疗法（Speech Therapy, ST）、作业疗法（Occupational Therapy,OT）等。

地点方面，为满足特殊儿童需求，尽可能依需要安置，并优先考虑普通学校随班就读方式，再依次考虑普通学校特教资源班、特教学校、上门服务等方式。为了更好地为特殊儿童提供必要的学习和生活便利，还需要加强特殊教育资源教室、无障碍设施等建设。

人员方面，针对特殊儿童的课程设置、教学内容和安置方式，实施特殊儿童个别化教育的教师团队由普教教师、特教教师和巡辅教师组成。其中，特教教师是主要的管理者与沟通者，重点负责受教特殊儿童的教育安置、服务记录、档案管理等工作。

通过干预后评鉴可获得阶段评估、综合研判、可视化分析等资料，能帮助教师发现问题，不断改进和完善教学过程，引导未来个别化教育的迭代设计。干预后评鉴还能激发特殊儿童的学习兴趣，引导其弥补不足，增强自信心，促进身心发展。

三、个别化教育支持系统设计的理论基础

特殊儿童个别化教育支持系统设计研究的理论依据主要来自教育心理学的个别化教育和多元智能理论、教育技术学的远程教育理论。个别化教育理论为立足个体差异、因材施教、“一人一课程”设计提供了学理基础；多元智能理论为依据特殊儿童的优势潜能设计了有针对性的个别化教育，以优势潜能的提升带动其他方面的功能改善，提高学习的有效性的同时提供了设计理念；远程教育理论创设远程教育环境，在一定程度上弥补特殊儿童

生理上的缺陷，减少学习障碍，使其“短板”得以加长，为实现“人人皆学、处处能学、时时可学”提供了可能。

（一）个别化教育理论

人与人之间的个别差异是与生俱来的，人的个别差异表现在多方面，如智力、能力、动机、态度、个性、学习方式等。① 特殊儿童与健全儿童相比，个别差异尤为突出。比如，脑瘫儿童的粗大动作就存在着姿势控制、移动、平衡与协调三个方面的巨大差异；孤独症儿童在言语能力、社会化发展、行为异常、认知障碍等方面存在个别差异；智力障碍儿童在动作的平衡、速度与灵活性方面各不相同。由于特殊儿童身心发展的障碍类型不同，个别能力及个别需求有极大的差异，每一个特殊儿童都有独一无二的特点、兴趣、能力和学习需要，这就需要在个别化教育中因材施教，进行有针对性的个别化教育。随着信息时代的到来，科技的发展及以人为本思想的彰显，特殊儿童个别化远程教育成为特殊教育优质发展的时代需要。

（二）多元智能理论

多元智能理论认为，每个人都拥有相对独立存在、同等重要的最基本的七种智能，包括语言智能、逻辑数理智能、音乐智能、空间智能、身体—动觉智能、人际关系智能、内省智能。② 随着多元智能理论的发展，其智能内涵也不断丰富。多元智能理论在指导特殊教育课程与教学改革中具有重要意义，我国特殊教育课程与教学理念从关注特殊儿童的缺陷补偿转向潜能开发，进而指向更高层次的潜能开发与功能改善相结合，这启示我们在特殊儿童教育中注重开发特殊儿童的优势潜能，以带动其他能力的改善与提升。在特殊教育课程与教学改革中不仅要注重学科知识的教育，还要为特殊儿童提供康复身体功能、提升生活能力、彰显个性特长的个别化教育。

（三）远程教育理论

“远程教育形式可以较大限度地避开由于身体和生理缺陷给残疾人带来的制约，适合残疾人的生理、心理和学习特点，能够为残疾人提供比较灵活、便利的接受高等教育及终身学习的机会。”③因此，远程支持环境是针对

① 陈云英．智力落后心理、教育、康复[M]．北京：高等教育出版社，2017．

② 田友谊．多元智能理论视野中的特殊教育[J]．中国特殊教育，2004(1)：15－18．

③ 严冰等．面向残疾人的远程教育实践探索与思考[J]．中国远程教育(上半月)，2007(10)：5－12．

特殊儿童开展个别化远程教育的重要载体和支撑系统,“远程学习教学交互层次塔”为此提供了较好的理论支撑。“远程学习教学交互层次塔”以互联网为媒介,从具体到抽象,从低级到高级,围绕操作交互、信息交互与概念交互建模。① “远程学习教学交互层次塔”为本研究提供了支持,在指导本研究在设计开发特殊儿童个别化远程教育支持系统时,从功能上满足了个别化教育的教学需要,界面设计上变得简明易用,不仅方便了教师的使用,也考虑到了特殊儿童及其家长对界面的理解与使用能力。

第二节　个别化教育管理支持系统设计功能

一、个别化教育管理支持系统简介

近年来,特殊教育界已经认识到教育信息化可以为智慧教育搭建更为科学的平台。一线学校正努力研究基于信息化的“智慧教育(Smart Education)”。上海华东师范大学李政涛教授说:“智慧教育首先是发现儿童的智慧,发现学生的特殊性、每个人的差异、学生的复杂性。教师要不断提升学生的需要,不断地发现儿童成长的需要。”可以看出,基于信息技术实施的IEP就是对特殊需要儿童实施的“智慧教育”。

通过对特殊儿童个别化教育时代内涵的分析,遵循个别化教育理论、多元智能理论、远程教育理论的核心观点,设计了“特殊儿童个别化远程教育支持系统”平台,构建了以“生态评估→课程拟订→教学实施→综合评鉴”四大模块为主体架构的系统设计,实现了门户统一、网络管理、检索方便、数据共享、可视化智能统计等功能。

每一个模块都是一个半开放的系统结构,可根据教育理念、课程发展、教学方式、评鉴量表等进行添加、查看、修改和删除设置。在本系统中,学生的初始评估、课程、教学及后期评鉴都被系统记录下来,生成的个别化教育计划、课程资源与评鉴分析又可作为后续设计的依据,通过这样的循环

① 陈丽.远程学习中的教学交互原理与策略[J].中国远程教育,2016(9):5-6.

实操，修正、完善个别化教育设计，有效地促进了特殊儿童个别化教育质量的提高。

二、个别化教育管理支持系统功能特点

（一）促进特殊教育数字化课程与教学改革

系统的设计能实现线上线下教育教学与康复训练的互相补充，能根据儿童的需要设计或推送有针对性的课程与资源，通过特殊教育远程化，促进特殊儿童课程与教学改革，探索更有效的干预方式。

（二）创新特殊教育远程教学模式

在施教地点上，突破了普通学校、特殊学校和送教上门等形式中现实环境的限制，形成了特殊儿童个别化教育团队中的普教教师、特教教师、巡辅教师通过远程教育环境开展教学与科研，并分享资源的有效沟通机制，克服了传统教育康复中“沟通难”的问题。

（三）拓宽“送教上门”服务渠道

系统能化解重度障碍特殊儿童到校学习难的困境，能有的放矢地服务于接受“送教上门”的特殊儿童，实现了“巡辅教师”上门施教与远程指导的有机结合，不仅能提高教育教学与康复训练的效益，也能减少巡辅教师的路途奔波。

（四）实现特殊儿童远程教育的可视化评估

系统设计了数据可视化汇聚功能，实现了对特殊儿童的智能发展、社会适应、生活实践能力的可视化分析与评估，进而根据其个别化教育进程进行阶段分析、评鉴结果，及时修正个别化教育方案，形成功能较为完整的特殊儿童远程教育支持系统。

（五）实现高效能协同办公

IEP 支持系统的开发和应用是大数据时代的必然产物。随着科技的发展，信息化成为时代发展的大趋势。有了互联网，用纸记录信息、用书本传递知识的传统已经开始向着更深和更广的方向发展。IEP 支持系统改变了以往纸笔记录的方式，通过线上操作，直接记录学生的情况，为学生进行评估分析，减少了纸张的使用，大大降低了成本，提高了工作效率。

三、个别化教育管理支持系统功能模块结构

1. 设计框架

特殊学生个别化教育管理支持系统的主要服务对象为特殊教育学校，作为基于互联网的信息化系统，其主要作用是为特殊教育学校的教学实施提供高效且可靠的管理手段。根据全面的系统需求分析，该系统的功能主要包含学生状态的多元评估、课程设置、教学实施和系统管理等。不同性质的用户对功能模块具有不同的访问权限，如管理员具有系统最高的权限，能够建立、删除其他用户，教师具有增加、修改、删除和查看课程与学生信息的权限，而家长具有查看学生相关信息的权限等。系统主要功能的设计要求如下。

① 为学校的各类管理提供统一平台。

② 为学生提供状态评估。

③ 为单个学生或班级制订具体课程、目标与实施计划。

④ 对学生课程的实施效果进行评测反馈。

以苏州工业园区仁爱学校为应用试点，特殊学生个别化教育管理系统主要具有多元评估、课程管理、教学实施、系统管理等功能，如表 2－1 所示。

表 2－1 系统功能结构表

登录界面			
评估	课程管理	教学实施	系统管理
指标选择 多元评估 问卷填写 问卷分析	课程评量 评量分析 IEP 会议 课程表 定期评估	集体学科计划 个训学科计划 长短期目标 集体学科教学设计 个训学科教学设计 学业评鉴报告	学校管理 班级管理 用户管理 指标管理 课标管理 课程设置

2. 评估模块设计

评估模块包含指标管理、学生管理、班级管理、问卷填写、问卷分析、生态评量等六个部分，可以对每个学生进行综合评估。

在指标管理中，包含指标总表创建、指标选择、指标删除、指标查询等。

建立系统时，超级管理员将根据特殊学生个性化教育所涉及的评估指标，创建一个总表，包含各类学生可能使用到的评估指标，如学生基本信息、家庭基础信息、医学诊断、专项评估等。总表建立后，使用系统的学校管理员可以通过指标选择功能完成自己学校的评估指标表的建立，如图 2－2 所示。

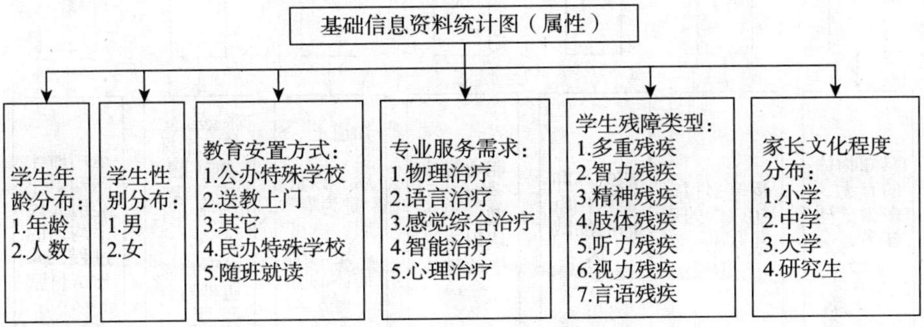

图 2－2　基础信息资料统计图(属性)

学生管理和班级管理的功能主要有新建、修改、删除、查询、打印等。问卷填写主要包含问卷建立、删除、编辑、查询、打印等功能；而问卷分析包含了根据问卷内容的统计图、柱状图，以及查询、打印等功能。

生态评量就是对每个学生，根据选定的指标进行状态评量，以分析学生在各个阶段的状态。生态评量包含医学诊断、家庭基本信息、专项评估等功能。教师可以查看学生的评量结果，并对该学生的课程学习进行评估。

3. 课程管理模块设计

特殊学生个别化教育计划中的课程是指为达到一些教育目的而制订的学习内容、活动与时间计划。课程管理模块是最基本的模块，是教育管理系统中其他模块的基础。课程管理模块主要包含课程设置、课表制订、IEP 会议等三项功能。

课程设置功能通过在创建系统时导入国家教育部门颁布的课程列表构成，目前常用 2016 年版的《培智学校义务教育课程标准》，包含了生活语文、生活数学、生活适应、劳动技能、绘画与手工、运动与保健、信息技术、康复训练、艺术休闲、唱游律动等内容。图 2－3 显示了其中“生活数学学段一”所包含的内容。

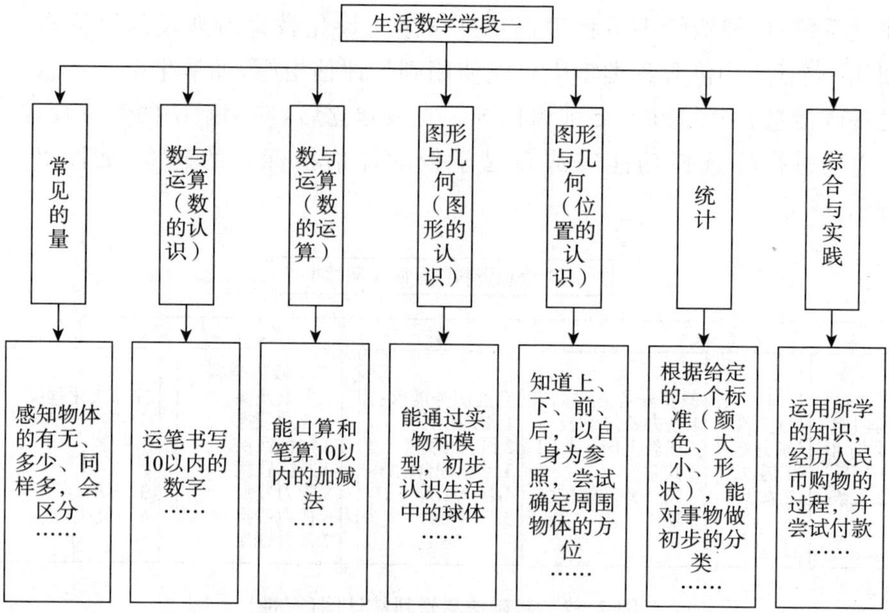

图 2-3 “生活数学学段一”的教学内容

课表制订是指对相关课程进行选择，形成课表，使之具有新建、修改、删除、查询、打印等功能。课表制订后，可以按姓名、学号、班级等参数对课表进行查询。IEP 会议包含会议新建、修改、删除、查询等功能。

4. 教学实施模块设计

教学实施模块包含教学主题、集体学科计划、个训学科计划、集体学科教学、个训学科教学五个部分。

教学主题是指教师根据学校统一制订的教学主题而为学生制订的个别化主题活动目标，此目标需要教师每月修订。每学期末，教师可以根据制订的目标来评估学生的达成情况。

集体学科计划是指教师根据班级现状及教学目标，针对未来一段时间而制订的教学计划。教师制订后，可以通过查询等功能查看具体教学计划。查询条件有学年、学期、班级、学科、任教老师等。新建计划可以根据学年、学期、班级、指定日期、学科、任教老师等条件进行查询。

个训学科计划是指教师根据单个学生的教学目标，针对未来一段时间制订的教学计划，计划制订后可以根据相关条件进行查询，如学年、学期、班级、学生、学科、任教老师、新建计划等。

集体学科教学是一种教学形式，是根据该学科本身的特征属性，如对象、内容、方法、任务等，并融合教学实际情况而制订的。集体学科教学目前主要以班级为单位进行制订，描述某学期某班级各个学科的情况，如任教老师、周次、课程等教学信息。

个训学科教学是指根据每个学生的具体情况制订的个别化教学安排，包含了某学生每学期各个学科的课题、任教老师、时间安排等信息。

5. 系统管理模块设计

系统管理模块分为学校管理、用户管理、指标管理、课标管理四部分。

学校管理子模块下可以新建学校、修改学校信息、查询学校信息和删除学校等。用户管理子模块下可以添加新的用户信息，以及修改用户信息、查询用户、删除用户等。用户信息包含名称、邮箱、电话号码、用户密码、学校、用户类型和权限等。指标管理子模块针对多元评估模块中的指标选择，可以选择添加新的指标，也可以对某个指标进行添加子节点、修改、删除、刷新四种操作。课程管理对应课程课程评量中的指标，可以新增、删除维护指标内容。

第三节　个别化教育管理支持系统操作指南

一、系统登录

（一）系统登录流程总览图

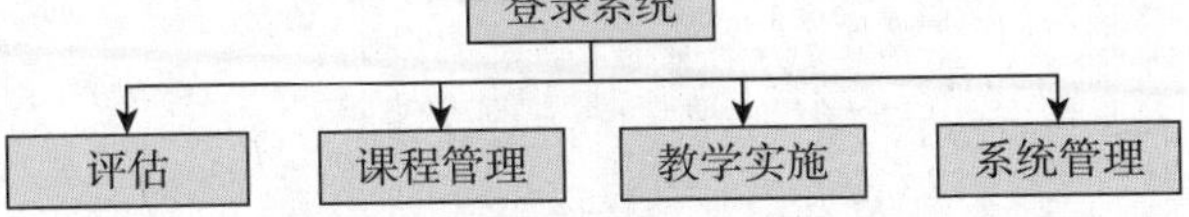

图 2－4　系统登录流程总览图

（二）系统登录操作指南

第一步，打开浏览器，输入平台网址 http://47.110.134.247/integration/进入平台登录界面，如图 2－5 所示。建议使用 Chrome 浏览器或 Firefox 浏览器打开进入。

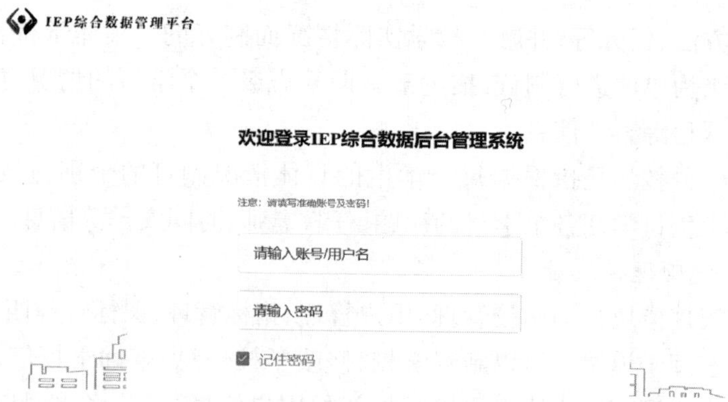

图 2－5　平台登录界面

第二步，输入用户名、密码、验证码信息，点击登录进入平台总览界面，如图2－6 所示。

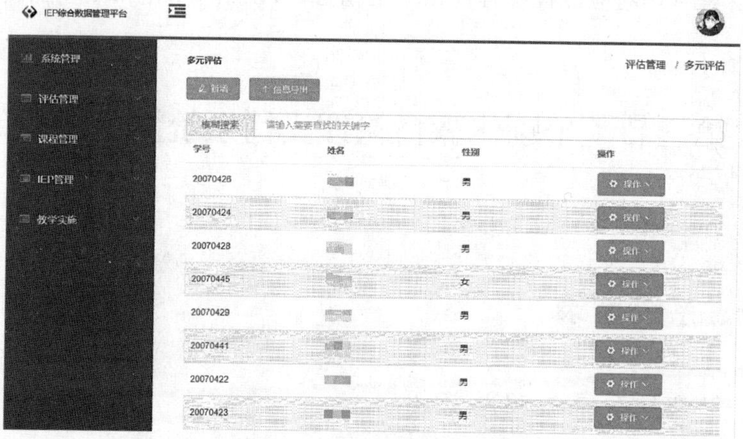

图 2－6　平台总览界面

二、评估

（一）评估总览图

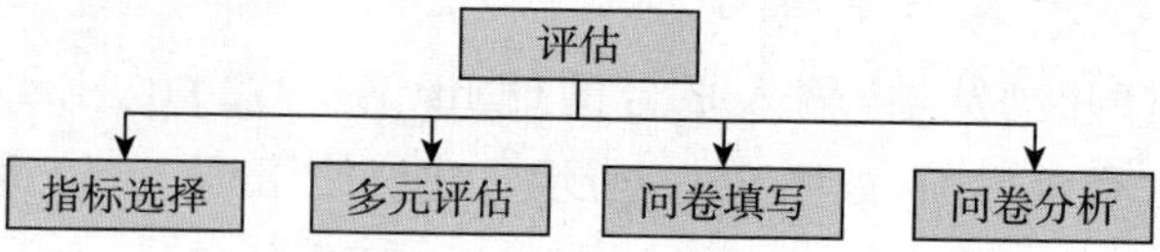

图 2－7　评估总览图

（二）评估操作指南

1. 指标选择操作指南

（1）进入方式

点击侧边栏中【系统管理】→【指标管理】进入本功能，通过超级管理员制订的标准化基本指标表，加上具有本校特色的指标内容和指标选项，来建立自己学校的指标表。每个学校只能拥有一张表，但可以对已经建立的表进行修改，如图 2－8 所示。

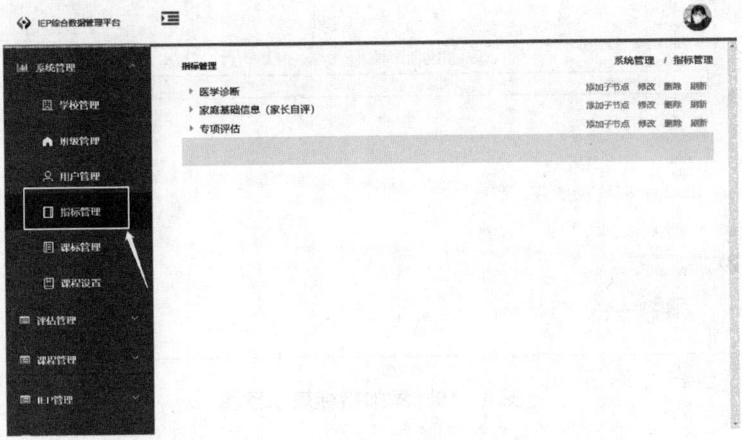

图 2－8　评量指标管理界面

（2）如未制订指标表

若登录的学校尚未制订指标表，则会进入“新建”界面；新建界面展示的是管理员制订好的标准化基本指标表，学校可以根据自己需求勾选需要的指标，辅以具有本校特色的指标和指标选项进行建表，如图 2－9 所示。

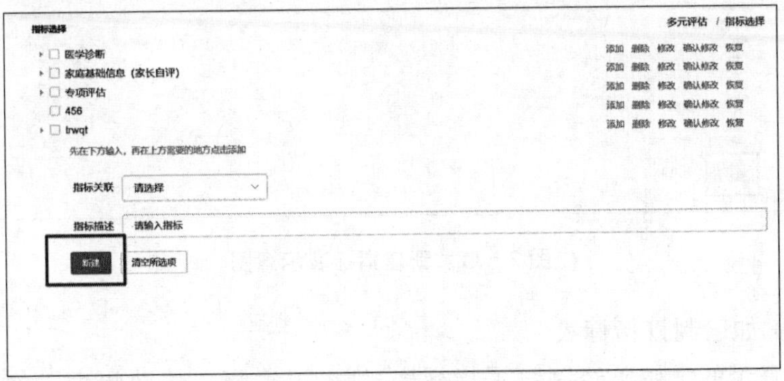

图 2－9　指标新建界面

① 添加指标：管理员可对指标进行添加、删除、修改、恢复等操作，如图 2－10 所示。

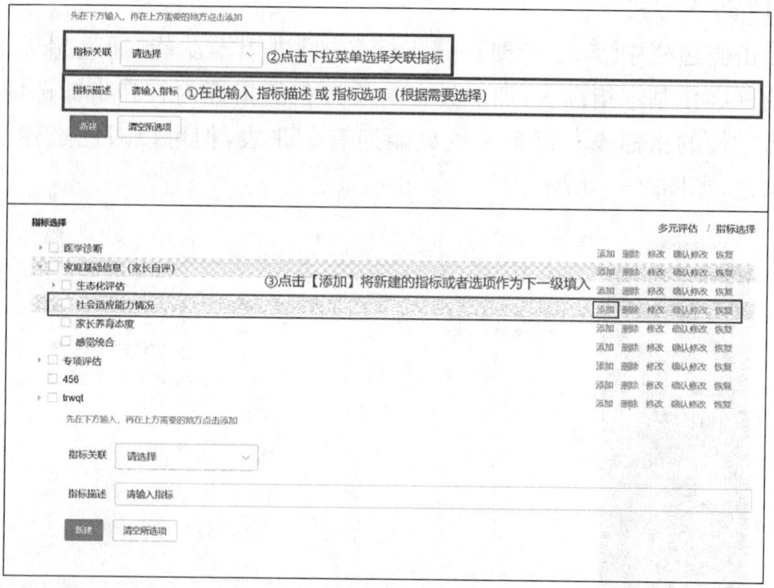

图 2－10　添加指标表示意图

② 新建指标表：点击“新建”保存本次新建的指标表，如图 2－11 所示。

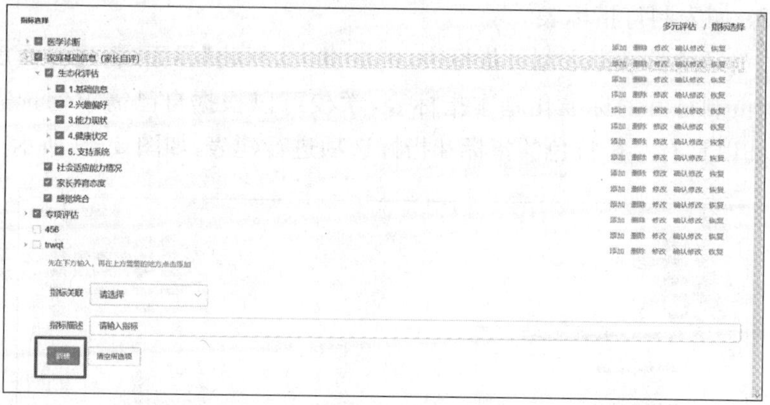

图 2－11　新建指标表示意图

(3) 如已制订指标表

若登录的学校已经制订了指标表，则会进入指标修改界面。修改界面展示的是学校已经选择过的指标表，登录者可以对已有指标表中的指标进行添加、删除、修改、恢复操作，形成新表，如图 2－12 所示。

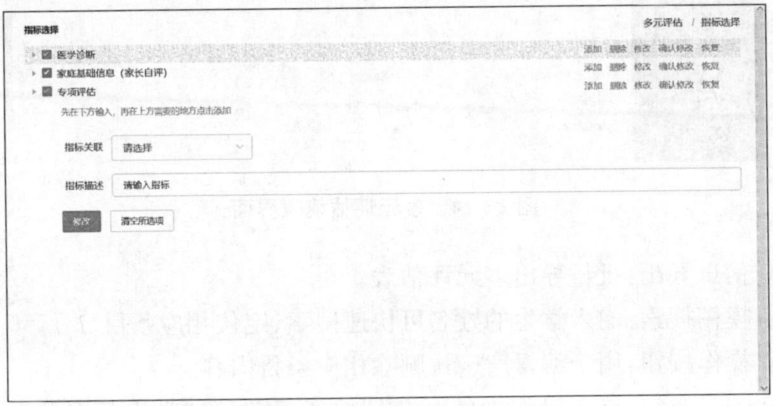

图 2－12　指标修改界面

2. 多元评估操作指南

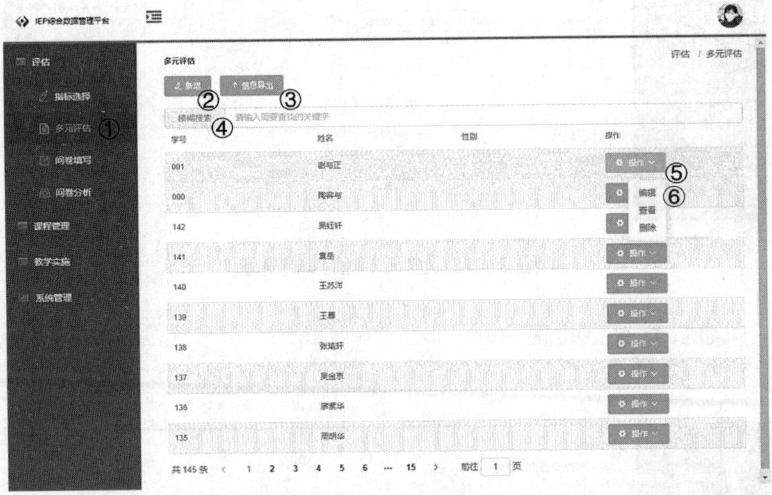

图 2－13　多元评估主界面

① 多元评估：导航栏标题，点击进入“多元评估”主界面。

② 新增：新增“多元评估”表，首次填写需要填“学生基本信息”，填表界面，如图 2－14 所示。

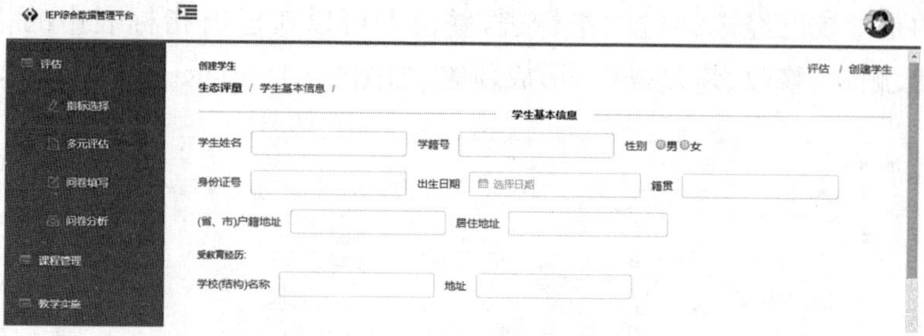

图 2-14　多元评估填表界面

③ 信息导出:批量导出多元评估表。

④ 模糊搜索:输入学生的姓名可快速搜索、定位相应条目。

⑤ 操作按钮:用于编辑、查看、删除相应条目内容。

⑥ 编辑按钮:点击操作中的“编辑”按钮,填写除“学生基本信息”外的“医学诊断”“家长自评”“专项评估”量表,如图 2-15 所示。

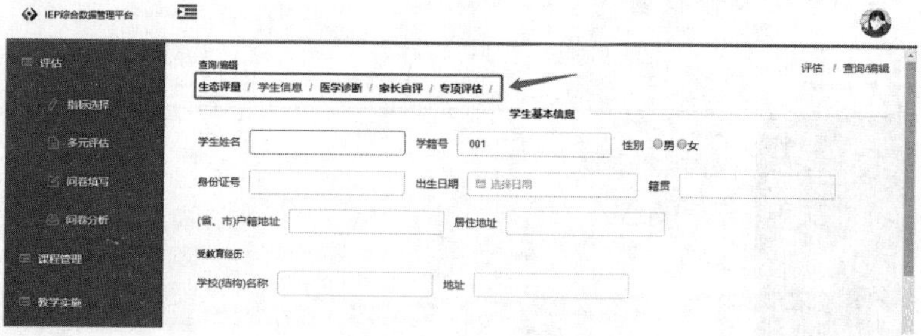

图 2-15　多元评估编辑界面

3. 问卷填写操作指南

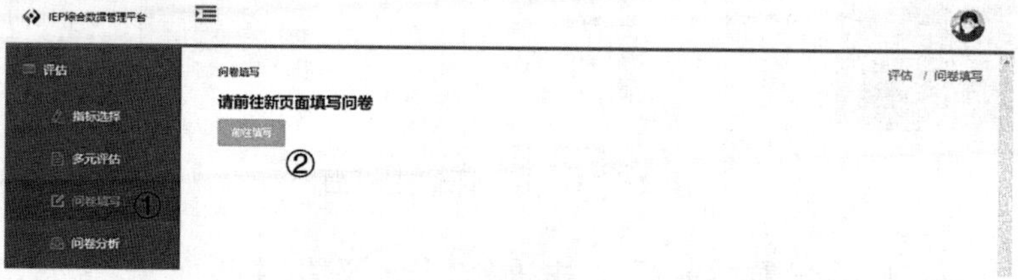

图 2-16　问卷填写主界面

① 问卷填写:导航栏标题,点击进入“问卷填写”主界面,如图 2-16 所示。

② 前往填写：进入“问卷填写”界面，如图 2－17 所示。

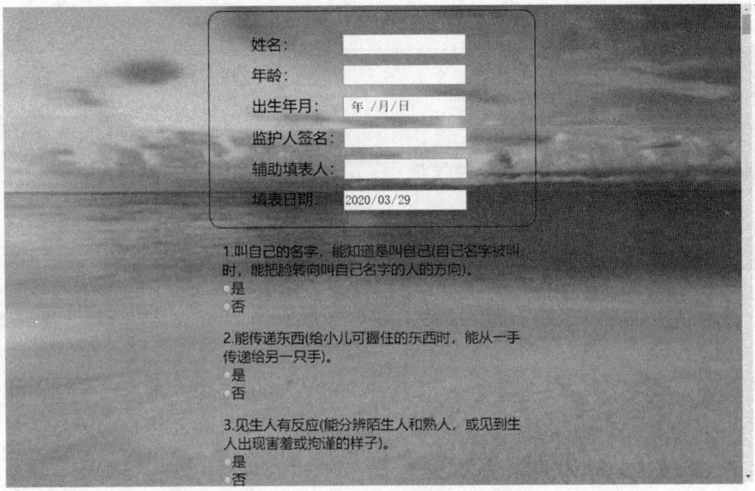

图 2－17　问卷填写界面

4. 问卷分析操作指南

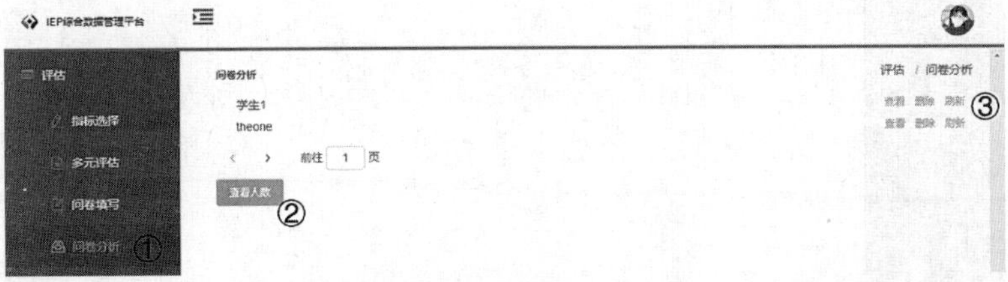

图 2－18　问卷分析主界面

① 问卷分析：导航栏标题，点击进入“问卷分析”主界面，如图 2－18 所示。

② 查看人数：点击查看填写问卷人数。

③ 操作按钮：可查看、删除、刷新已填写的问卷。

三、课程管理

1. 课程管理总览图

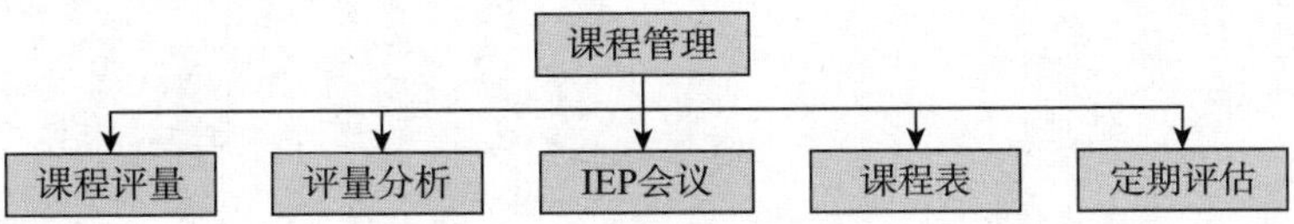

图 2－19　课程管理总览图

2. 课程评量操作指南

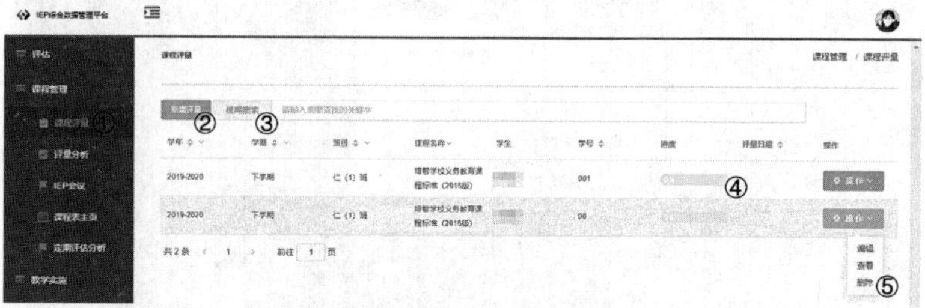

图 2－20　课程评量界面

① 课程评量：导航栏标题，点击进入“课程评量”主界面，如图 2－20 所示。

② 新增评量：点击进入课程评量填表界面，如图 2－21 所示。

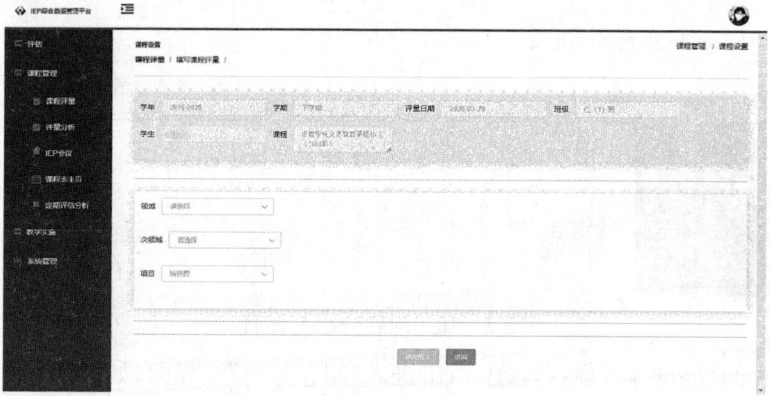

图 2－21　课程评量填表界面

③ 模糊搜索：输入学生的姓名可快速搜索、定位相应条目。

④ 进度条：可查看课程评量进度。

⑤ 操作按钮：可编辑、查看、删除已填写的课程评量表。

3. 评量分析操作指南

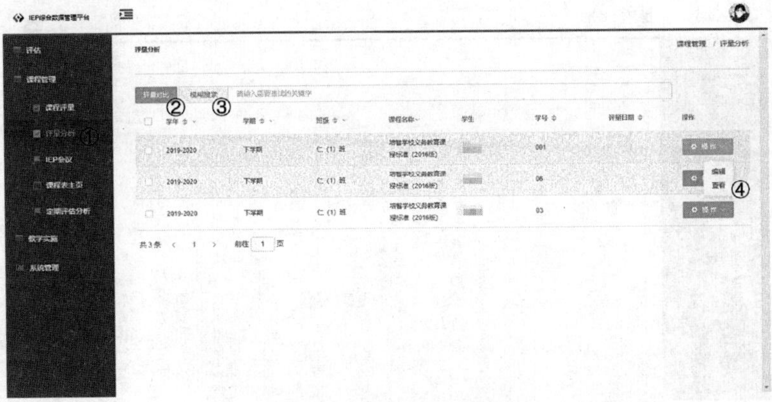

图 2 - 22　评量分析界面

① 评量分析：导航栏标题，点击进入“评量分析”主界面，如图 2 - 22 所示。

② 评量对比：点击进入课程评量对比界面，可对比同一学期的学生的评量结果。

③ 模糊搜索：输入学生的姓名可快速搜索、定位相应条目。

④ 操作按钮：可编辑、查看学生的评量分析表。

4. IEP 会议操作指南

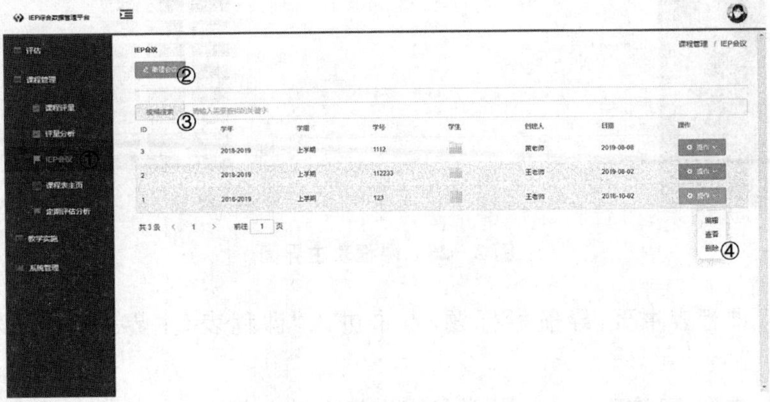

图 2 - 23　IEP 会议主界面

① IEP 会议：导航栏标题，点击进入“IEP 会议”主界面，如图 2 - 23 所示。

② 新建会议:点击进入 IEP 会议会议纪要填写界面,如图 2-24 所示。

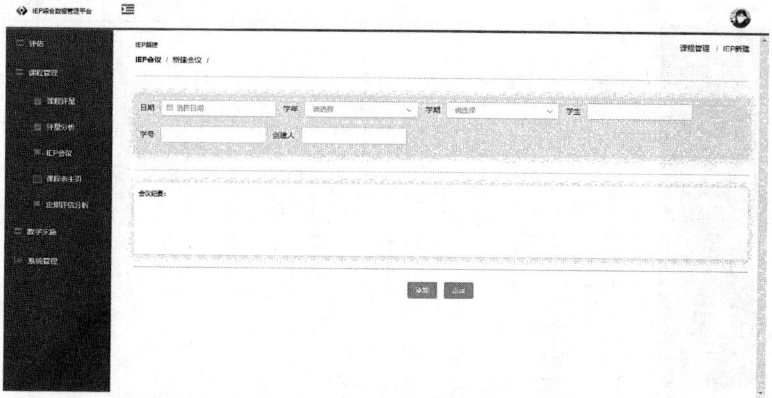

图 2-24　IEP 会议会议纪要填写界面

③ 模糊搜索:输入学生的姓名可快速搜索、定位相应条目。

④ 操作按钮:可编辑、查看、删除学生 IEP 会议会议纪要。

5. 课程表操作指南

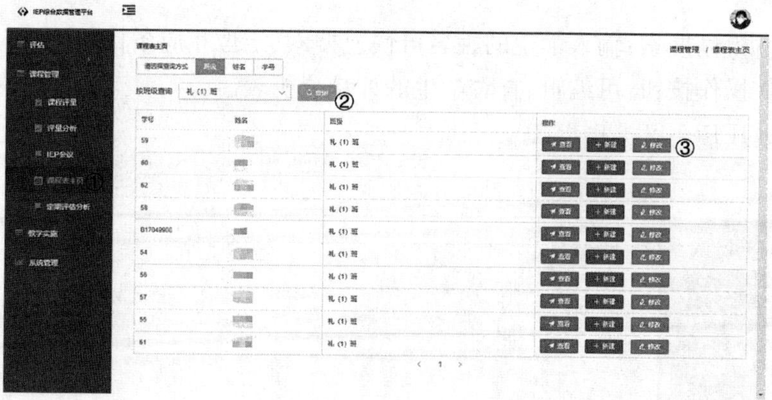

图 2-25　课程表主界面

① 课程表主页:导航栏标题,点击进入"课程表"主界面,如图 2-25 所示。

② 查询:可按班级、姓名、学号查询相应学生课标。

③ 操作按钮:可查看、新建、修改学生课程表。

④ 新建课标:点击可进入课标新建界面,如图 2-26 所示。

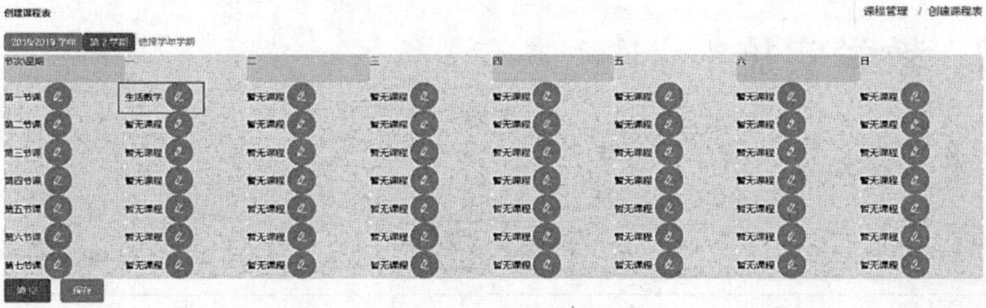

图 2－26　课程表新建界面

6. 定期评估操作指南

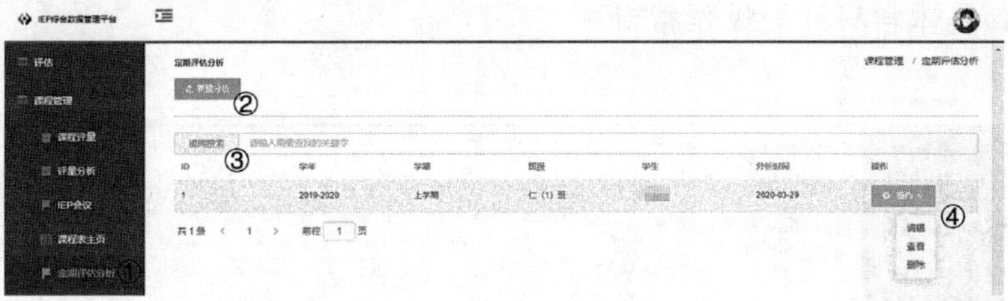

图 2－27　定期评估主界面

① 定期评估分析：导航栏标题，点击进入“定期评估分析”主界面，如图 2－27 所示。

② 新建分析：点击进入新建学生定期评估分析界面，如图 2－28 所示。

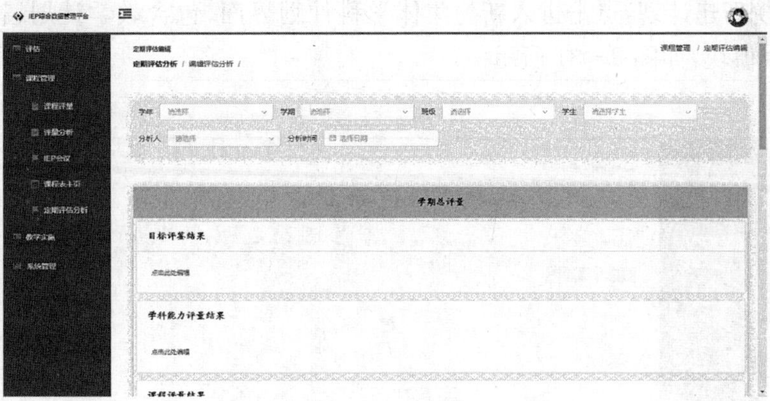

图 2－28　定期评估分析界面

③ 模糊搜索：输入学生的姓名可快速搜索、定位相应条目。

④ 操作按钮：可编辑、查看、删除学生定期评估分析。

四、教学实施

1. 教学实施总览图

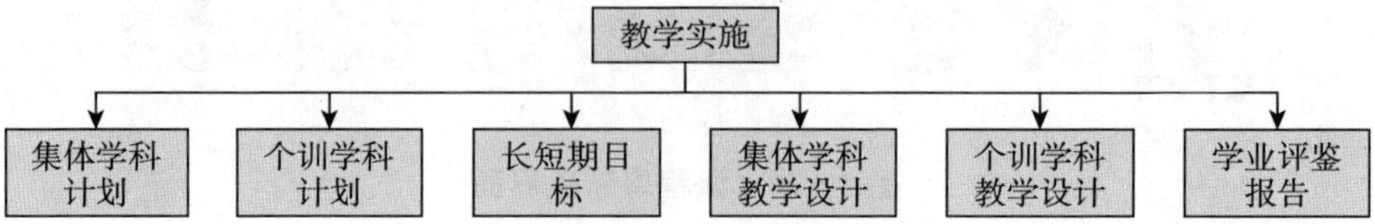

图 2－29 教学实施总览图

2. 集体学科计划操作指南

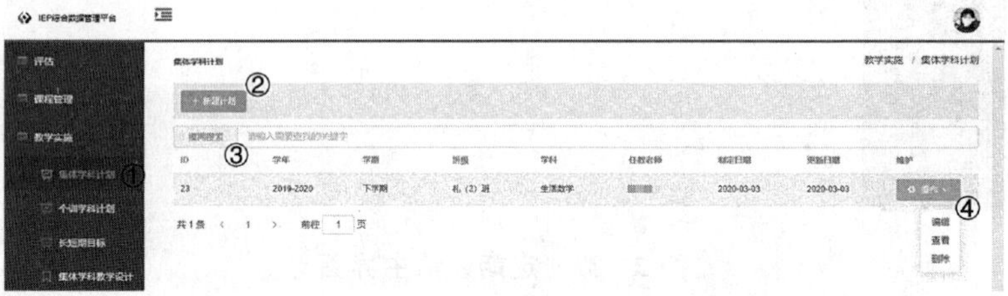

图 2－30 集体学科计划主界面

① 集体学科计划：导航栏标题，点击进入“集体学科计划”主界面，如图 2－30 所示。

② 新建计划：点击进入新建集体学科计划界面，包含教学计划、教学进度两个模块，如图 2－31 所示。

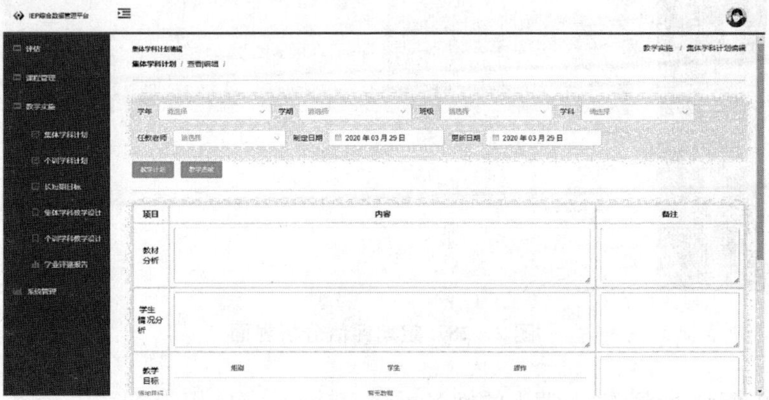

图 2－31 新建集体教学计划界面

③ 模糊搜索:输入班级信息可快速搜索定位相应条目。

④ 操作按钮:可编辑、查看、删除相应班级集体学科计划。

3. 个训学科计划操作指南

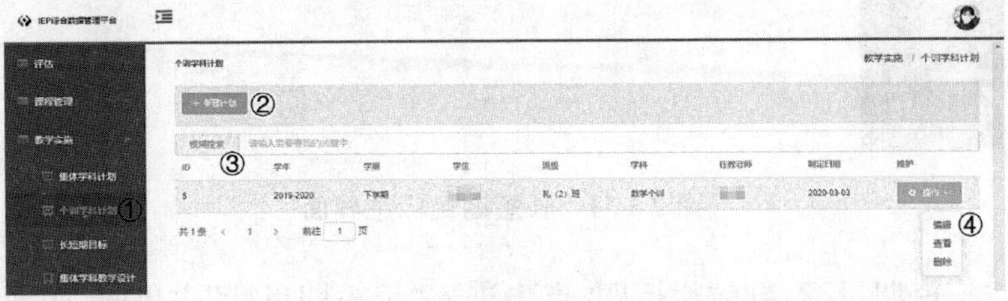

图 2－32　个训学科计划主界面

① 个训学科计划:导航栏标题,点击进入“个训学科计划”主界面,如图 2－32 所示。

② 新建计划:点击进入新建个训学科计划界面,包含教学计划、教学进度两个模块,如图 2－33 所示。

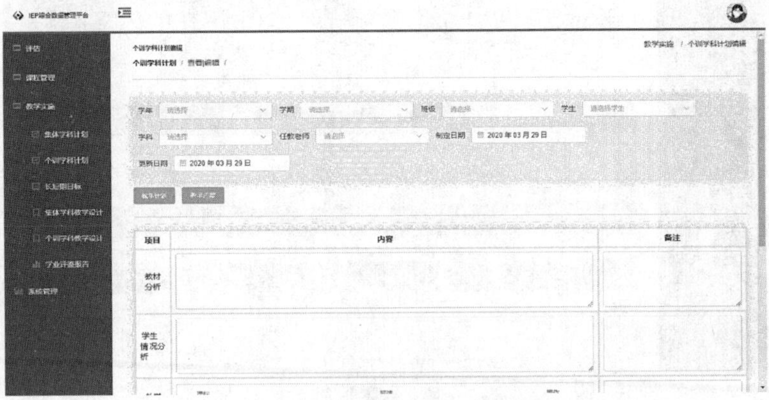

图 2－33　新建个训教学计划界面

③ 模糊搜索:输入学生的姓名可快速搜索、定位相应条目。

④ 操作按钮:可编辑、查看、删除相应学生个训学科计划。

4. 长短期目标操作指南

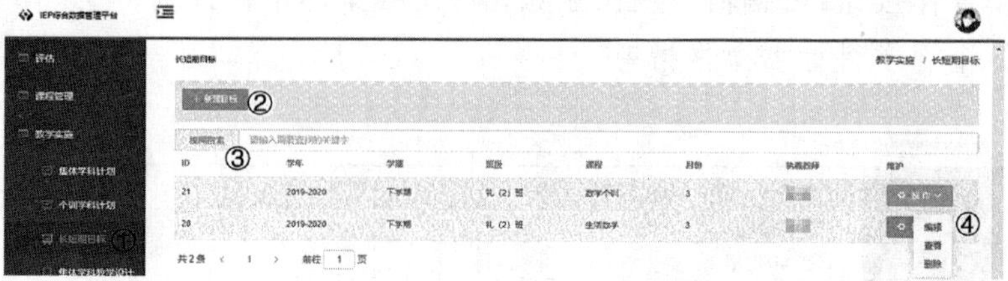

图 2 - 34　长短期目标主界面

① 长短期目标：导航栏标题，点击进入“长短期目标”主界面，如图 2 - 34 所示。

② 新建目标：点击进入新建长短期目标界面，包含教学主题、教学目标、目标评鉴等三个模块，如图 2 - 35 所示。

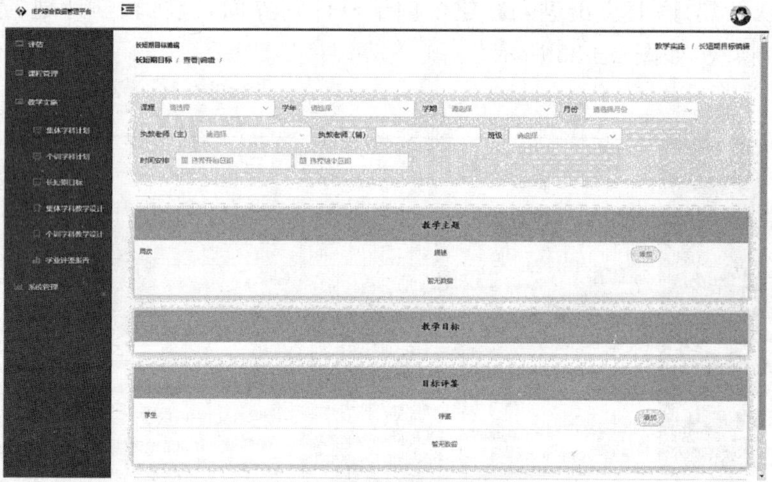

图 2 - 35　新建长短期目标界面

③ 模糊搜索：输入学生的姓名可快速搜索、定位相应条目。

④ 操作按钮：可编辑、查看、删除相应长短期目标。

5. 集体学科教学设计操作指南

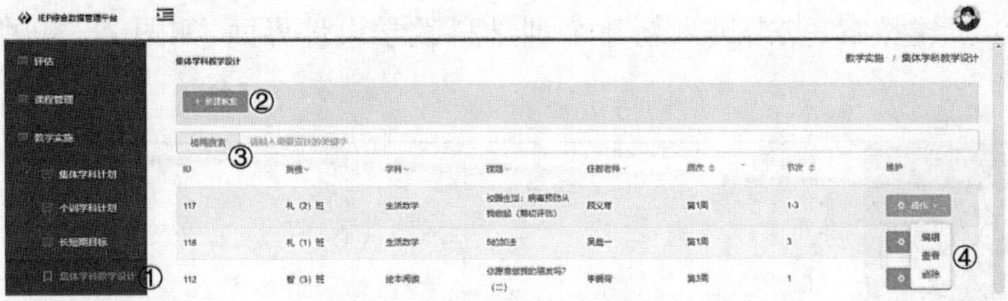

图 2－36　集体学科教学设计主界面

① 集体学科教学设计：导航栏标题，点击进入“集体学科教学设计”主界面，如图 2－36 所示。

② 新建教案：点击进入新建集体学科教学设计界面，如图 2－37 所示。

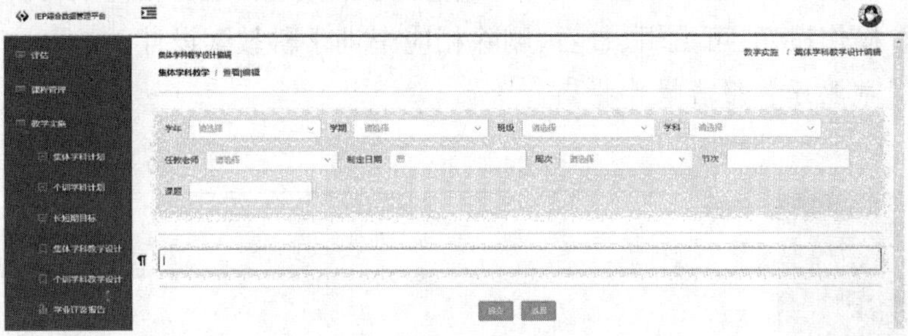

图 2－37　新建集体学科教学设计界面

③ 模糊搜索：输入班级、教师等信息可快速搜索、定位相应条目。

④ 操作按钮：可编辑、查看、删除相应集体学科教学设计。

6. 个训学科教学设计操作指南

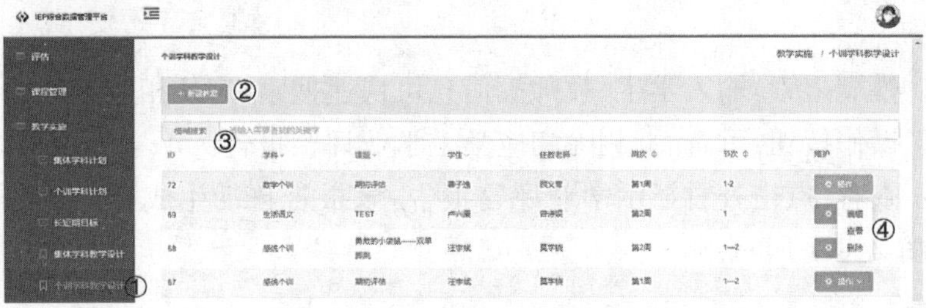

图 2－38　集体学科教学设计主界面

① 个训学科教学设计：导航栏标题，点击进入“个训学科教学设计”主界面，如图 2－38 所示。

② 新建教案：点击进入新建个训学科教学设计界面，如图 2－39 所示。

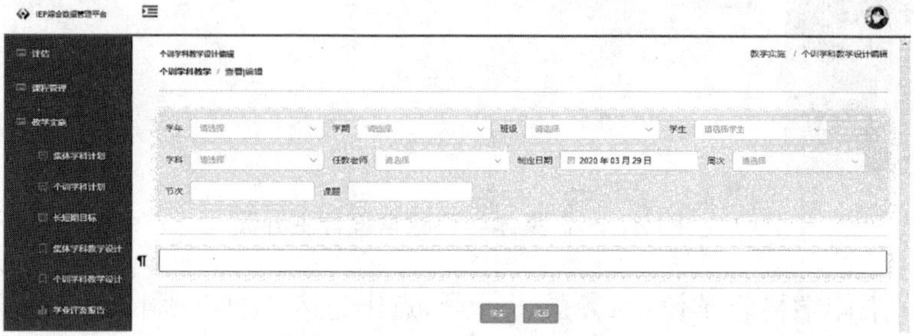

图 2－39　新建个训学科教学设计界面

③ 模糊搜索：输入学生、教师等信息可快速搜索、定位相应条目。

④ 操作按钮：可编辑、查看、删除相应个训学科教学设计。

7. 学业评鉴报告操作指南

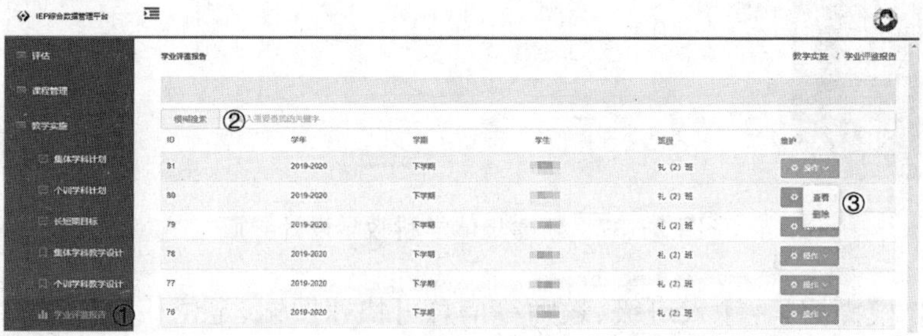

图 2－40　学业评鉴报告主界面

① 学业评鉴报告：导航栏标题，点击进入“学业评鉴报告”主界面，如图 2－40 所示。

② 模糊搜索：输入学生、教师等信息可快速搜索、定位相应条目。

③ 操作按钮：可查看、删除相应学生学业评鉴报告。

④ 查看：点击查看显示学业评鉴报告，该报告自动生成，可直接导出打印，如图 2－41 所示。

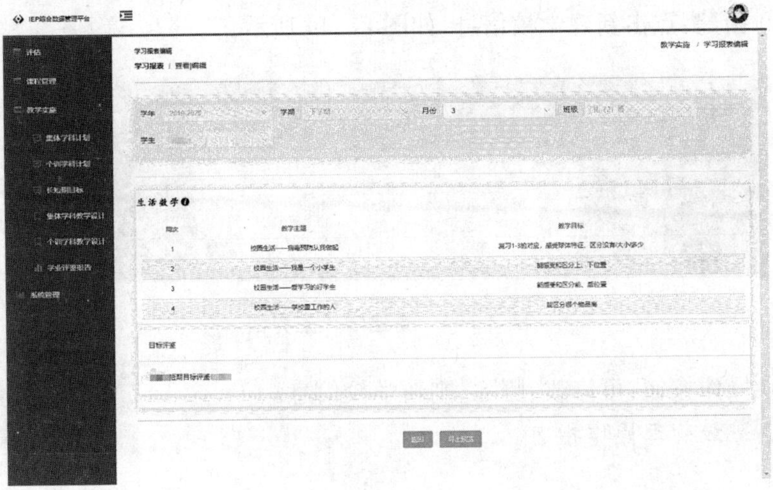

图 2-41　查看学生学业评鉴报告界面

五、系统管理

1. 系统管理总览图

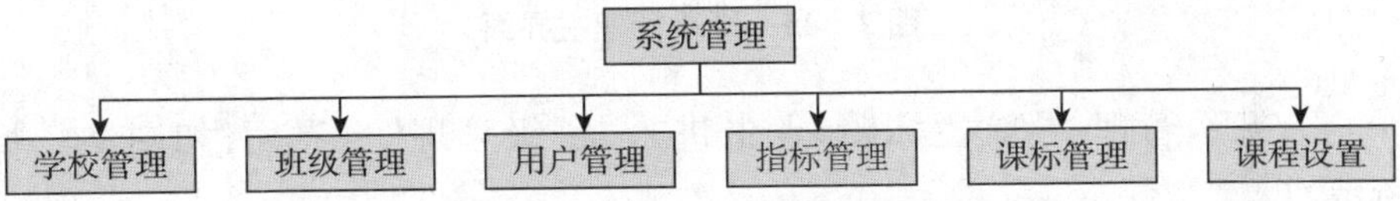

图 2-42　系统管理总览图

2. 学校管理操作指南

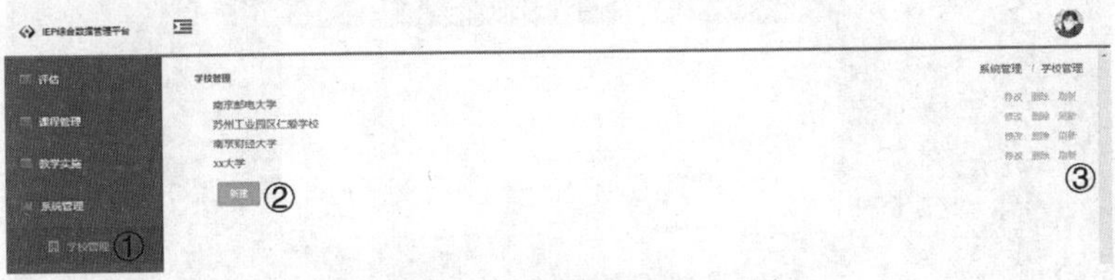

图 2-43　学校管理主界面

① 学校管理：导航栏标题，点击进入“学校管理”主界面，如图 2-43 所示。

② 新建:点击新建学校信息,如图 2 - 44 所示。

图 2 - 44　新建学校主界面

③ 操作按钮:可修改、删除、刷新学校信息。

3. 班级管理操作指南

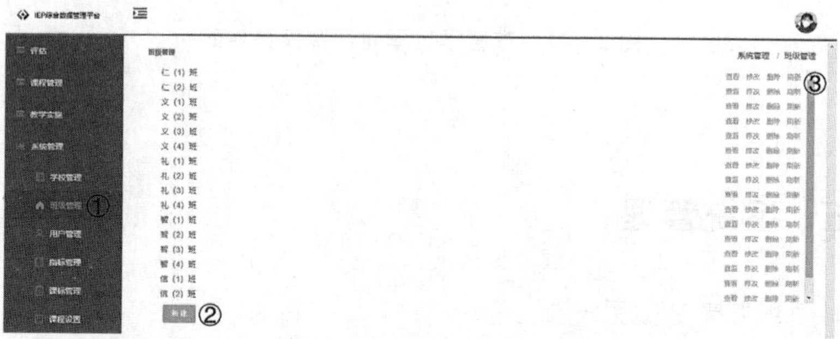

图 2 - 45　班级管理主界面

① 班级管理:导航栏标题,点击进入“班级管理”主界面,如图 2 - 45 所示。

② 新建:点击新建班级信息,如图 2 - 46 所示。

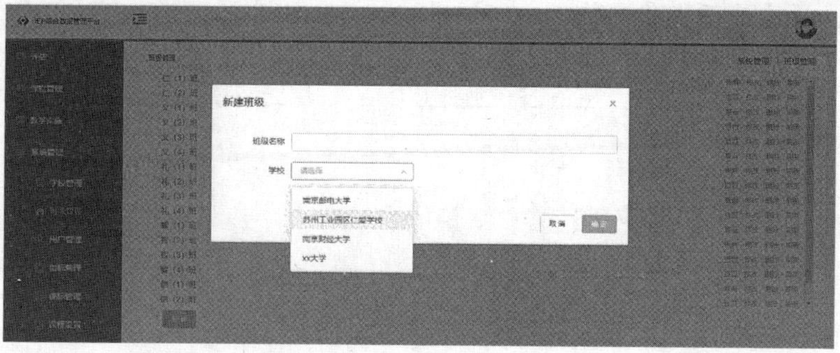

图 2 - 46　新建班级主界面

③ 操作按钮：可查看、修改、删除、刷新班级信息。

4. 用户管理操作指南

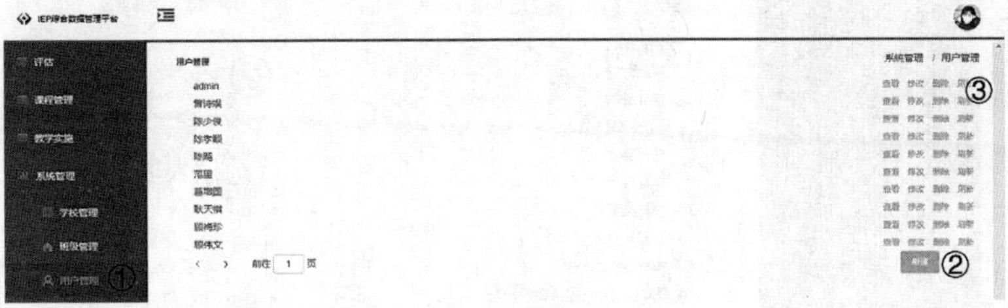

图 2-47　用户管理主界面

① 用户管理：导航栏标题，点击进入“用户管理”主界面，如图 2-47 所示。

② 新建：点击新建用户信息，同时可授予相应用户的平台使用权限，如图 2-48 所示。

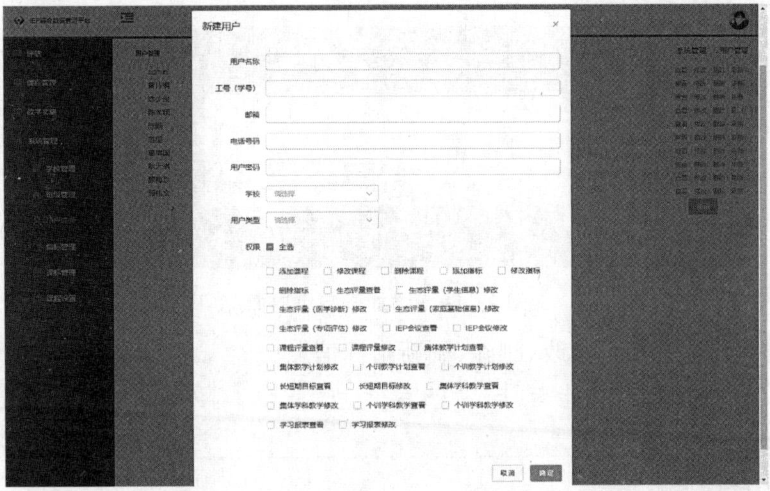

图 2-48　新建用户界面

③ 操作按钮：可查看、修改、删除、刷新用户信息。

5. 指标管理操作指南

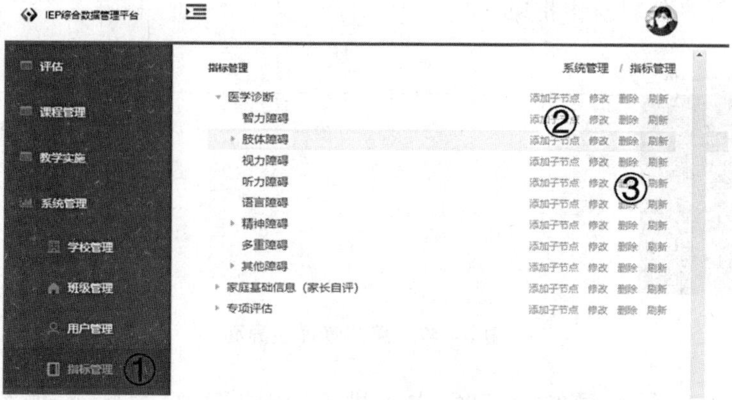

图 2-49　指标管理主界面

① 指标管理：导航栏标题，点击进入“指标管理”主界面，指标管理中的指标为“评估”板块中的指标，如图 2-49 所示。

② 添加子节点：点击可添加相应指标子项目，如图 2-50 所示。

图 2-50　添加子节点界面

③ 操作按钮：可修改、删除、刷新指标信息。

6. 课标管理操作指南

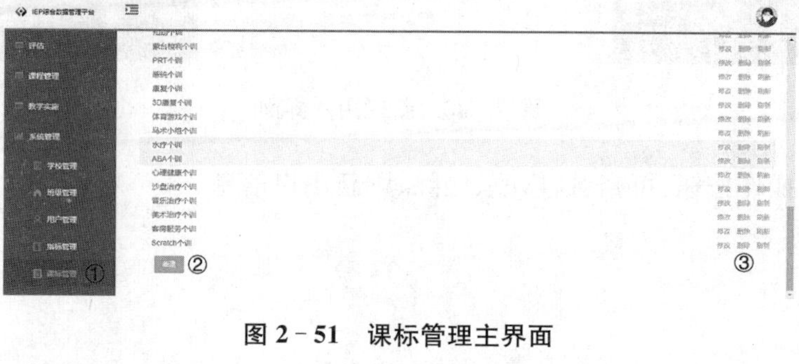

图 2-51　课标管理主界面

① 课标管理：导航栏标题，点击进入“课标管理”主界面，如图 2-51 所示。

② 新建：点击新建学校相应学科，如图 2－52 所示。

图 2－52　新建学科界面

③ 操作按钮：可修改、删除、刷新学科信息。

7. 课程设置操作指南

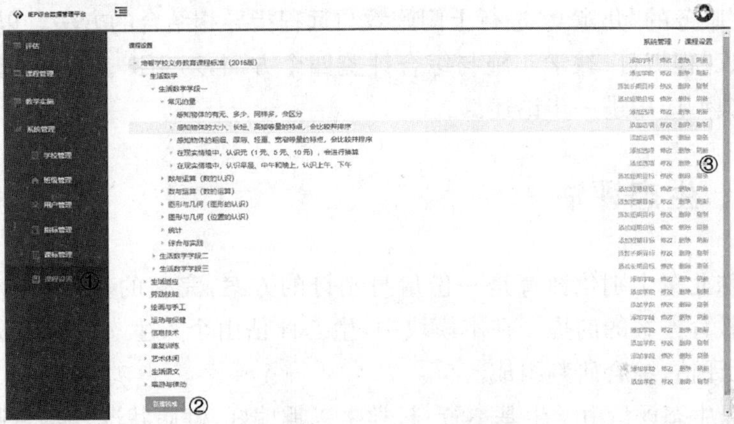

图 2－53　课程设置主界面

① 课程设置：导航栏标题，点击进入“课程设置”主界面，如图 2－53 所示。

② 新建领域：点击新建领域，如图 2－54 所示。

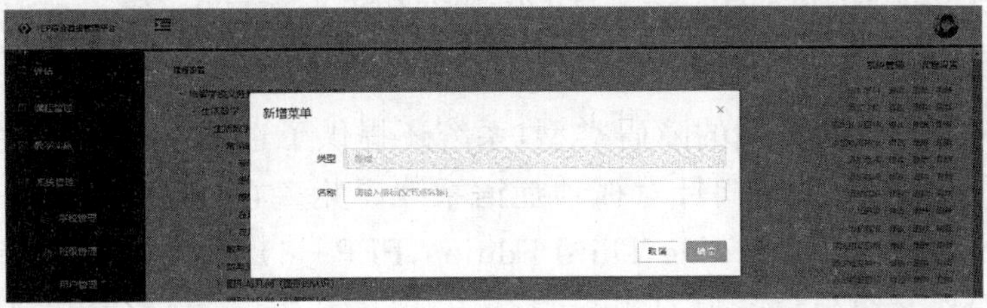

图 2－54　新建领域界面

③ 操作按钮：可添加学科、学段、长短期目标、选项信息，同时可删除、刷新指标信息。

第四节　个别化教育管理支持系统应用典型案例

本节以一名患脑瘫、智力障碍等多重残疾的特殊儿童(以下简称“儿童C”。本个案研究遵守教育科研的相关伦理原则,不会对研究对象的身体与心理造成伤害,并且得到了其监护人的正式许可)为个案,按照本文特殊儿童个别化教育系统框架的设计思想,为“儿童C”设计的课程是“3D康复个训”。课程目标主要是改善其身体运动功能;施教内容为通过体感游戏对其进行粗大动作与精细动作的康复训练;教学方法采用由巡辅教师为接受“送教上门”服务的“儿童C”进行上门施教与远程指导相结合的方法。以下从生态评估、课程拟订、教学实施与综合评鉴四个方面,对IEP支持系统在该个案中的典型应用进一步论述。

一、生态评估

特殊儿童个别化教育是一份量身制订的方案,完整的基础资料是制订个别化教育方案的前提。在本模块中,生态评估由个人生态评量、选择性评估、多元评估、综合研判组成。

个人生态评量由学生基本资料、学生兴趣偏好、健康状况、能力现况－1、能力现况－2、家庭生活简述和期望与需求七个方面组成。其中,“能力现况－1”是对特殊儿童的认知、语言沟通、学业能力进行评估;“能力现况－2”是对特殊儿童的生活自理能力、社会化及情绪行为能力、动作发展及其他能力进行评估。图2-55是“儿童C”的生态评量中“能力现况－1”的评估内容。

针对特殊儿童不同的障碍类型,系统还提供了选择性评估供评估团队选择性使用,如提供专门针对孤独症谱系障碍儿童心理教育评估—第三版(Psychoed-ucational Profile-Third Edition,PEP-3)量表;针对脑瘫患儿手功能的分级系统(Manual Ability Classification System,MACS)。为了更好地发现特殊儿童的优势潜能,系统还提供了心理评估、语言评估、感统评估、

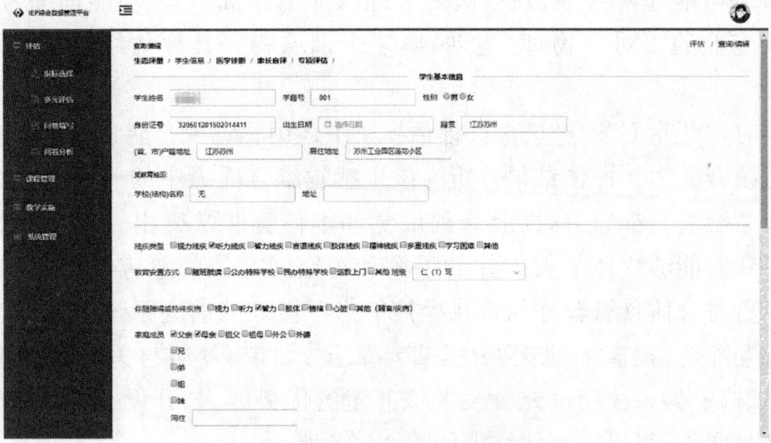

图 2－55 “儿童 C”的生态评量

发展评估等专业量表，供评估团队使用。以上量表均由系统提供按需设计表单、在线填表、呈现表单数据及表单数据挖掘和分析。

例如，“儿童 C”在系统选择性评估模块中运用粗大运动功能评估量表(GMFM－88)评估其粗大运动能力。评估结果分析为该生的粗大运动能力与实际年龄相差较大，粗大运动发展整体处在 4—6 个月。卧位：不能向左、右自由翻身；不能在仰卧位下用手够到对侧玩具或用手握住脚，处于 4 个月的发展阶段。坐位：不能从平躺到坐起；能在支持条件下拱背坐，处于 6 个月的发展阶段。同时，可见该生的部分原始反射存在，张力异常，后期

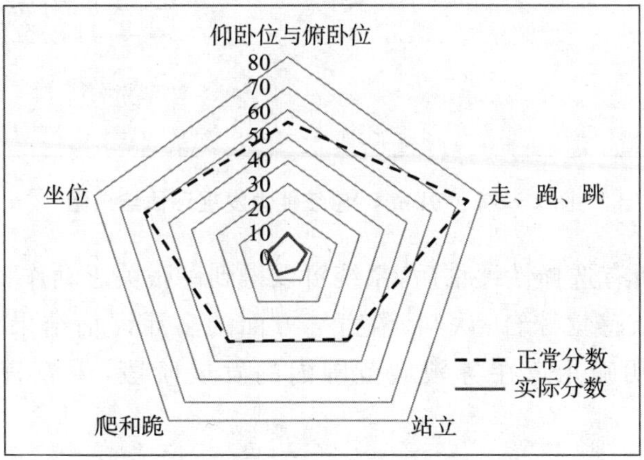

图 2－56 “儿童 C”粗大运动功能评估结果图

康复效果可能非常有限，建议康复训练以抑制异常姿势、功能训练为主，推荐开展专业的一对一物理(运动)康复个训课程。其评估结果如图 2－56 所示。

同时，“儿童 C”通过选择性评估模块中运用感觉统合能力评估量表评估其感觉统合能力。评估结果分析为该生感觉统合能力中的前庭觉、触觉、本体觉及学习能力都较好，尤其是前庭觉和本体觉非常突出。具有良好的前庭觉意味着能够快速掌控人体的平衡和对空间方位的感应，而良好的本体觉意味着对身体具有较好的自我操控能力。良好的前庭系统与本体运动觉系统相互配合，提高了肌肉张力，带动肌腱、韧带、骨骼与关节做出平衡动作，并维持姿势。故建议充分发挥该儿童的优势能力，开设 3D 康复等运动类的特长课程，得出的评估结果如图 2－57 所示。

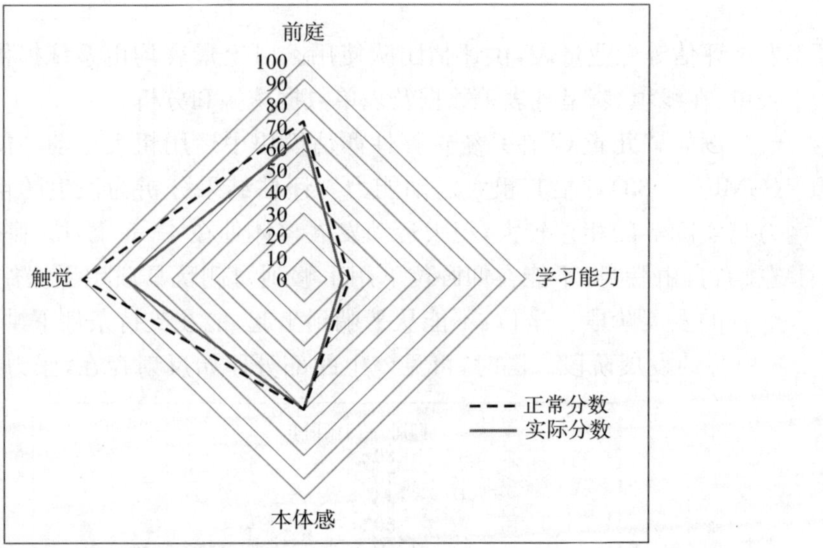

图 2－57 “儿童 C”感统能力发展评估结果图

在完成所有选择性评估后，系统可以得到一张关于动作、社会、粗大动作、精细动作、感觉综合、认知、语言等方面的多元评估结果雷达图，如图 2－58 所示，明确儿童在各领域范围内的发展阶段，供教育调研和诊断使用。

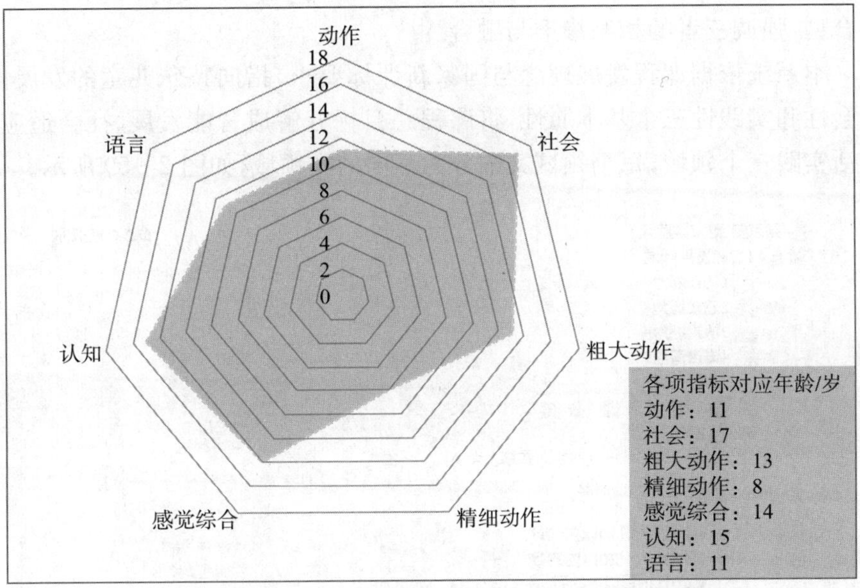

图 2－58　“儿童 C”的多元评估结果雷达图

通过特殊儿童的生态评量、选择性评估、多元评估数据的收集，进行需求分析，特殊儿童的需求顺序依其重要性大致为：生理方面→生活方面→社会人际方面→学业方面。① 例如，对于有癫痫的特殊儿童，照顾其生理需求就远比发展其学业更重要；对于单纯的高功能孤独症儿童，提升其社会人际能力的个别化教育服务更重要；对于轻度或中度的智力障碍儿童，则应提供生理、生活、社会人际、学业等全方位的个别化教育服务。

二、课程拟订

课程集中体现了教育思想和教育观念，既是实现教育目标的蓝图，又是组织教育教学活动的依据。② 在特殊儿童个别化远程教育支持系统中，在生态评估的基础上合理制订个别化教育课程特别重要。我国特殊教育经历了1993 年、2007 年、2016 年三次大的课程改革，当代特殊教育课程的价值取向

① 黄瑞珍，等. 优质 IEP——以特教学生需求为本位的设计与目标管理[M]. 台北：心理出版社股份有限公司，2013.

② 钟启泉，崔允漷，等. 为了中华民族的复兴为了每位学生的发展《基础教育课程改革纲要试行》解读[M]. 上海：华东师范大学出版社，2001.

逐渐从单一的补偿性、发展性或功能性，转向以发展综合素质为核心的多元整合型，强调三者的相互渗透与融合。①

本系统依据课程发展理念与国家新课标要求，指向特殊儿童的发展性、社会性和实践性三个基本属性，将课程总目标分解成智能发展、社会适应和生活实践三个领域，每个领域又细分为不同的次领域，如图 2－59 所示。

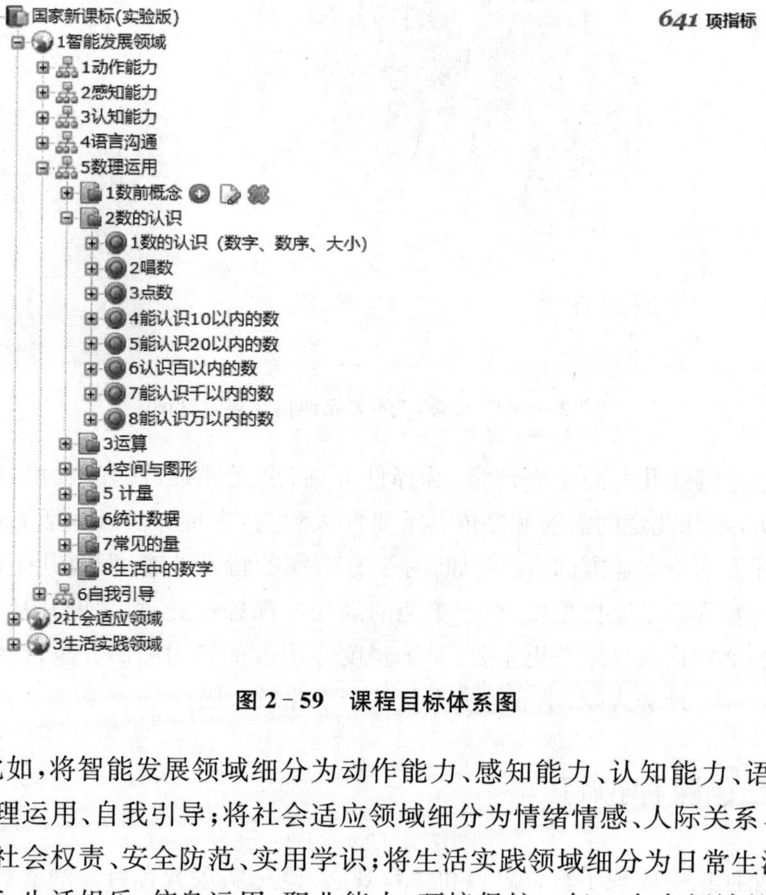

图 2－59　课程目标体系图

比如，将智能发展领域细分为动作能力、感知能力、认知能力、语言沟通、数理运用、自我引导；将社会适应领域细分为情绪情感、人际关系、社区参与、社会权责、安全防范、实用学识；将生活实践领域细分为日常生活、卫生健康、生活娱乐、信息运用、职业能力、环境保护。每一个次领域的内容都有明确的说明，在学生达成度上从低向高分为四级：0（不能），1（辅助能），2（基本能），3（完全能）。图 2－60 是“儿童 C”智能发展领域的现有水平评量。

① 盛永进. 特殊教育课程范式的演进及其转向[J]. 中国特殊教育，2011(12)：22－25.

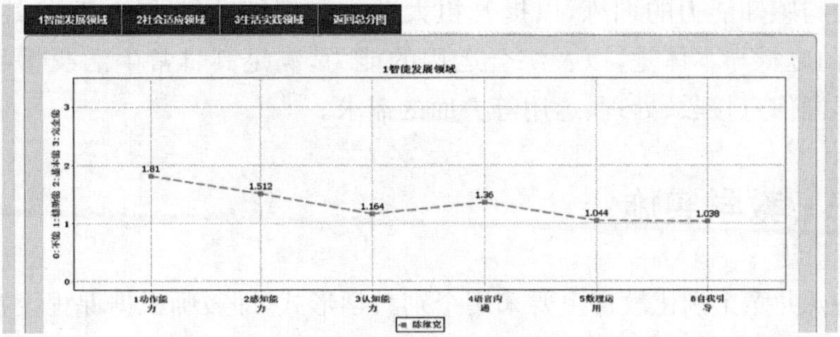

图 2-60　“儿童 C”智能发展领域的水平评量

根据对“儿童 C”的智能发展的课程前期评量，评量者可对评量结果进行分析，如图 2-61 所示。

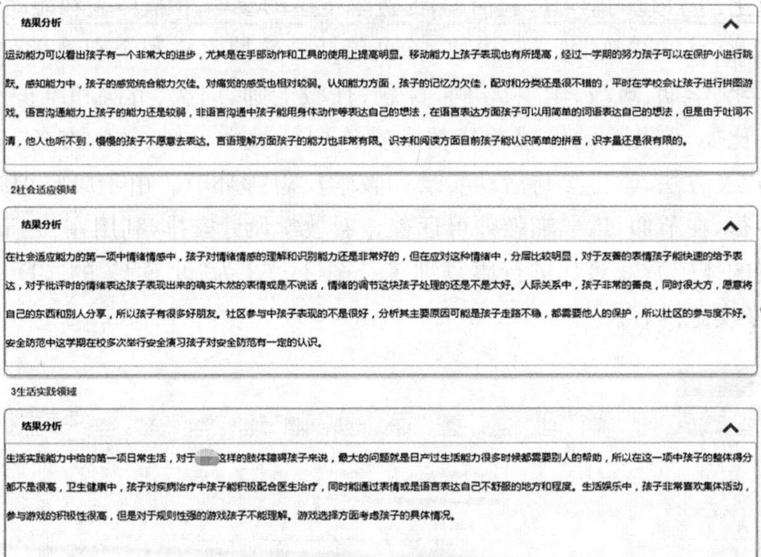

结果分析

运动能力可以看出孩子有一个非常大的进步，尤其是在手部动作和工具的使用上提高明显。移动能力上孩子表现也有所提高，经过一学期的努力孩子可以在保护小进行跳跃。感知能力中，孩子的感觉统合能力欠佳。对痛觉的感受也相对较弱。认知能力方面，孩子的记忆力欠佳，配对和分类还是很不错的，平时在学校会让孩子进行拼图游戏。语言沟通能力上孩子的能力还是较弱，非语言沟通中孩子能用身体动作等表达自己的想法，在语言表达方面孩子可以用简单的词语表达自己的想法，但是由于吐词不清，他人也听不到，慢慢的孩子不愿意去表达。言语理解方面孩子的能力也非常有限。识字和阅读方面目前孩子能认识简单的拼音，识字量还是很有限的。

2社会适应领域

结果分析

在社会适应能力的第一项中情绪情感中，孩子对情绪情感的理解和识别能力还是非常好的，但在应对这种情绪中，分层比较明显，对于友善的表情孩子能快速的给予表达，对于批评时的情绪表达孩子表现出来的确实木然的表情或是不说话，情绪的调节这块孩子处理的还是不是太好。人际关系中，孩子非常的善良，同时很大方，愿意将自己的东西和别人分享，所以孩子有很多好朋友。社区参与中孩子表现的不是很好，分析其主要原因可能是孩子走路不稳，都需要他人的保护，所以社区的参与度不好。安全防范中这学期在校多次举行安全演习孩子对安全防范有一定的认识。

3生活实践领域

结果分析

生活实践能力中给的第一项日常生活，对于[redacted]这样的肢体障碍孩子来说，最大的问题就是日产过生活能力很多时候都需要别人的帮助，所以在这一项中孩子的整体得分都不是很高，卫生健康中，孩子对疾病治疗中孩子能积极配合医生治疗，同时能通过表情或是语言表达自己不舒服的地方和程度。生活娱乐中，孩子非常喜欢集体活动，参与游戏的积极性很高，但是对于规则性强的游戏孩子不能理解。游戏选择方面考虑孩子的具体情况。

打印　下载

图 2-61　“儿童 C”课程评量分析

从评量结果及分析中可以看出“儿童 C”的运动能力与感知能力发展相对较好。一个主流的观点是发掘与善用儿童的优势潜能，使其获得更进一步的发展或表现，促进劣势能力的补救与替代，并视其需求提供个别化教育服务。根据新课程理念从“缺陷补偿”向“潜能开发”的转变，进而指向更高层次的“注重潜能开发与功能改善相结合”，通过评量分析，从该生现有水平出发，为其拟订了“3D 康复个训”课程，精选体感游戏教学内容，对其进行动作能力与感知能力的训练，以提升粗大动作和精细动作能力，改善其视觉、听觉、前庭觉与本体觉，以及综合运用的能力，满足其日常生活及学习活动中对不同信息接收、处理、运用等方面的需求。

三、教学实施

特殊儿童个别化教育主要采用个别教学形式，即教师根据课程设置与教学目标，对受教儿童实施个别教学的组织形式。个别教学的显著优点是针对特殊儿童的个性特征因材施教，对提高特殊教育教学质量有重要意义。近年来，个别教学在特殊儿童的技能培训、康复训练、行为改变中被广泛使用。2016 年版《特殊教育学校义务教育课程标准》指出，要关注学生的个体差异，通过情境化、个性化的学习体验活动，促进学生主动参与、积极体验和能动发展。

据此设计的“教学实施”模块，首页包括导航搜索栏和个别教学列表，主要由学年、学期、班级、学生、学科、课题、任教老师、周次、节次和维护等表单组成。比如，该儿童的体感游戏教学实施包括教学目标、教学准备、安全事项、流程及方法、学生参与活动实录和教学反思等环节。由于康复训练需要持续进行，在节假日，巡辅教师可远程查看教学设计安排，利用在“儿童 C”家中预置的体感游戏对其进行康复训练。图 2－62 为“儿童 C”的“3D 康复个训”教学实施内容。

+新建教学

班级	学科	课题	学生	任教老师	周次	节次	维护
智（4）班	3D康复个训	考核质量分析	[illegible]	郑权	第20周	5	
智（4）班	3D康复个训	期终考核	[illegible]	郑权	第19周	5	
智（4）班	3D康复个训	3D康复——体验虚拟情境（2）	[illegible]	郑权	第18周	5	
智（4）班	3D康复个训	体验虚拟情境	[illegible]	郑权	第17周	5	
智（4）班	3D康复个训	前后方向感知	[illegible]	郑权	第15周	5	
智（4）班	3D康复个训	3D康复——前后方向感知（1）	[illegible]	郑权	第14周	5	
智（4）班	信息技术	左右方向感知	[illegible]	郑权	第13周	5	
智（4）班	3D康复个训	新体感入门（5）--夸克训练	[illegible]	郑权	第12周	5	

图 2－62 “儿童 C”的“3D 康复个训”教学实施内容

在本模块“个训学科教学”首页中，可通过“新建教学”进行教学内容的增添与设计；如果需要查看该生的教学情况及其他内容，在其列表后的“维护”中点击“查看”，相应的，也可进行该生个别教学的“编辑”与“删除”操作；

个别教学结束后，教师可在“教学反思”一栏填写教学反思。

四、综合评鉴

综合评鉴是针对特殊儿童个别化远程教育活动，通过采集、组织、分析资料，加以描述及价值判断的过程。从根本上讲，适宜的内容与方式是评鉴的立足点，在“综合评鉴”模块中，评鉴的内容可根据学生个别化教育内容与系统中已有的相关量表来确定。评鉴的方式主要有阶段性评价与总结性评价两个方面，阶段性评价是对个别化教育计划中短期目标完成效果的评鉴，将该评鉴数据与个别化教育计划实施前的生态评估基线数据进行比较，就可以客观地显示经过一段时间的个别化远程教育的成效，并将这一结果作为新的基线，研制下一周期的个别化教育方案。

总结性评价是在一个学期后进行的综合研判。系统设计了定性评价与定量评价相结合的方式。关于评价主体，坚持教师评价、学生自我评价、家长评价相结合的原则；评价结果可以采用多种方式呈现，如折线图、评语、观察描述、案例分析、成长档案等。

为了体现总结性评价的全面性，系统设计了由管理员（班主任）综合该儿童个别化教育不同学科课程的综合评鉴内容，根据教学目标、学科能力、教育康复等方面进行全面评鉴，如图 2－63 所示。

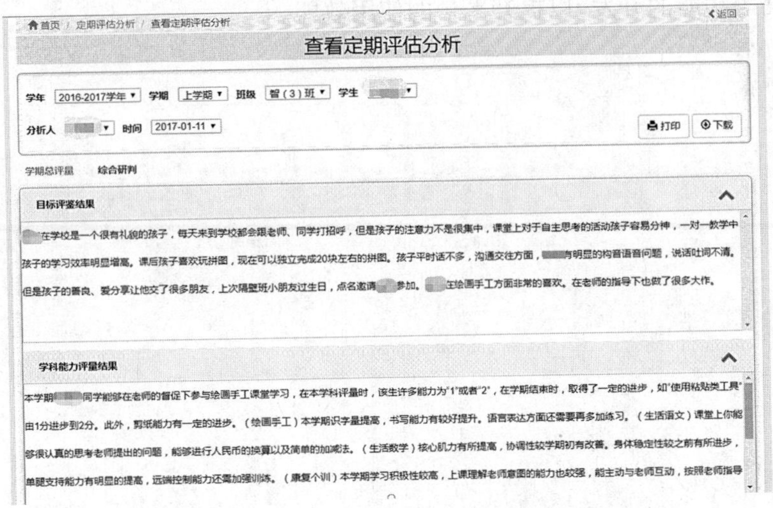

图 2－63　“儿童 C”的定期评估

为了促进特殊儿童评鉴的多样化，系统还引入《国际功能、残疾和健康分类(儿童青少年版)》(ICF—CY)量表，ICF—CY 教育康复绩效评估是一种国际化评估体系，可拓宽特殊儿童教育康复与评估研究的空间，增加特殊儿童个别化教育评估的方式。

系统使用至今，已积累了 120 名特殊儿童共 2 000 多项个别化教育评量数据与可视化评估结果，可以帮助教师、家长及研究者了解学生在整个教育康复过程中不同阶段的发展水平。

我校基于尊重特殊儿童的个体差异与特殊需求，设计了特殊儿童个别化远程教育支持系统，从生态评估到课程拟订，从教学实施到综合评鉴，提供了特殊儿童个别化远程教育的一站式教育支持服务，对促进特殊儿童的个性化发展，增强特殊教育的针对性和有效性具有一定的推进作用。系统应用 5 年来，经过多次迭代设计与应用，功能不断完善，较好地发挥了媒体优势与资源优势，被全国多所特殊教育学校采用。

特殊儿童个别化远程教育平台是教育信息化在特殊教育领域的研究与实践，随着特殊教育对象数量和类型不断扩大，教育理念不断发展，教育内容也更加个性化。这就要求在以后的设计研究中，不仅要关注教师的教学需要，也要针对不同障碍类型的特殊儿童的需要，对系统进行升级改进，增加诸如手语、盲文、语音等信息无障碍服务设计，以满足盲、聋等特殊儿童"人人皆学、处处能学、时时可学"的需要。同时，还要加强课程资源推送、精准评估等功能的开发，以提升平台的使用效能。①

① 张立昌，南纪稳."走出个案"：含义、逻辑和策略[J]. 教育研究，2015(12)：99－104.

第三章　个别化教育诊断评估

第一节　教育诊断评估的概述

一、评估

评估（Assessment），又称为评定、评量，是根据一项标准，对所测量到的数值予以价值判断的综合过程。教育评估是特殊教育教学的重要环节，不仅是诊断学生个别化教育需要的基础，也是课程设计和成果评估的关键工具。一般来说，一个学生从被发现有特殊教育需求开始，他就要经历不同阶段不同需求的评估，但是因为评估的复杂性，在不同阶段所使用的内容和程序会产生重复。因此，在实施教育诊断评估之前，我们可以根据评估的目的进行一个简单的分类。

表 3－1　评估内容分类

目的	内容	评量问题
筛选学生	是否有特殊教育需求	确定成就表现水平
鉴定分类和安置	决定学生受教育形式	确定障碍类别，需要支持方式
教育性支持	个别化教育计划的制订	学生的康复目标、教育目标以及优先次序
教育进展性评价	成就表现	学生是否有进步

通过表 3－1 可以看到评估目的不同，所关注的评估内容会有差异，评估的问题也会有不同。本章节将结合仁爱学校的实践经验，重点介绍在评估过程中经常使用的发展性评估和功能性评估两类量表，如图 3－1 所示。

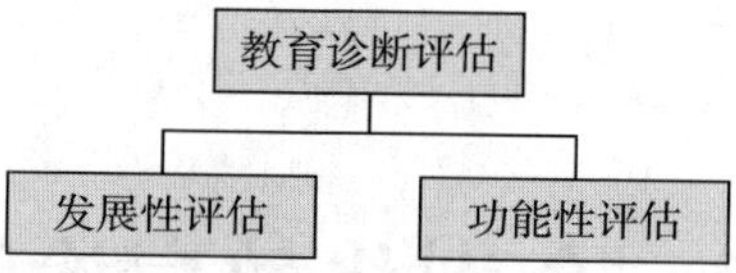

图 3－1　仁爱学校教育诊断评估项目图

在开展教育诊断评估前还需要对学生进行最基础的诊断评估，主要由医生和专业心理评估师开展，用于确认特殊需要学生的病理或心理行为问题的诊断。

一般来说，诊断评估主要包括病史诊断、病理检查、实验室检查、心理测量等部分。其中，病史诊断包括母亲的妊娠史、生产史、家庭的家族史、疾病史及儿童生长发育的基本情况。病理检查包括神经系统、精神状态和躯体状况。实验室检查包括生化检查指标、染色体检查、X 线检查、CT 或核磁共振检查等。心理测量包括智力测量、社会适应能力等。

诊断评估的评估结果能够比较客观地反映学生目前的总体状况，为选择教育康复机构提供参考依据。但是评估结果也会受多方面影响，比如，评估过程中，学生情绪变化大，比较抗拒医院的氛围，对评估持抵触态度时，就会大大影响评估的准确性；另外，在评估时，家长对测评的重视程度及是否可以客观公正地回答医生的问题也非常重要。

对于评估结果，家长应该保持客观的态度，对存在异议的地方要及时和医生进行沟通。在确定评估结果后，家长和特殊教育学校可以根据医学诊断评估结果选择特殊需要儿童接受教育康复干预的形式与方法。

通过诊断评估确定了特殊教育对象后，学校为了找到适合学生的培养目标、教育康复方法，将继续对学生开展发展性评估和功能性评估，这两项评估将为制订每个学生的个别化教育计划提供参考依据。

二、教育诊断评估

（一）发展性评估

为了更好地进行教育教学的实施，学校将通过发展性评估确定学生的发展水平。发展性评估是为了更好地了解特殊需要学生，特别是智力障碍及发育迟缓学生而进行的评估。苏州工业园区仁爱学校在对学生开展发展性评估时，使用的是半结构化的评估量表，也称为《新版 K 式发展评估量表》。该工具在日本主要运用于妇幼保健中心对婴幼儿定检、特殊教育学校对学生开展发展性评估和教育教学指导、普通幼儿园和学校对儿童开展教育教学指导等。天津医科大学的高建老师在2005年把该量表的中文版进行了标准化。该量表主要分为姿势和运动、认知和适应、言语和社会三大部分。该量表的评估特点有:注重观察法和标准化测试相结合(主客观结合),注重评估儿童的言语语言特点与潜在的发展能力。

发展性评估是由发展评估师使用评估工具在半构造化的环境下对学生开展以游戏为主的评估。在开展评估时,需要遵循评估指导语简洁明确和标准化、减少评估师的暗示、根据学生的反应来调整评估项目等评估原则。学习新版K式发展评估要同时具备心理学学历背景和相关儿童发展心理学、心理测量等理论知识背景,能够根据得分准确解读数据,完成评估报告。这些基本的要求能够最大限度地确保学生获得专业的发展性评估,提高评估的准确性。

该量表适用于0—16岁的普通儿童、存在言语或语言障碍的脑瘫儿童、孤独症儿童(轻中度)、唐氏综合征儿童及智障儿童等。在开展评估时,要求评估师与儿童面对面而坐,通过半构造化环境下的游戏活动对学生开展评估。评估中要求评估师准确把握儿童的特点,选择适合儿童发展阶段的评估项目开展评估活动。完成一次该量表所有内容的评估,所需时间一般在70分钟左右。新生入学适应后开始初评,三年后复评。同时还可以参考其他相关评估的记录。在此期间,如果学生有比较明显的变化可申请复评。

评估结果由评估师通过录像及反应进行记录并总结,再录入学生个人档案。评估师从学生的发展年龄、发展特点等角度将评估结果与家长、班主任及任课老师进行分享,为班主任老师和任课老师制订学生的教学计划和教学内容提供参考。

(二) 功能性评估

功能性评估是指对儿童在日常生活过程中所用到的技能与所处环境相互作用后的成果进行评估。功能性评估需要由受过专业训练的康复师进行,苏州工业园区仁爱学校结合学校师资特点,请不同领域的康复师对特殊需要儿童开展以下类别的功能性评估,主要包括粗大动作、精细动作、言语语言能力、社会适应能力、职业能力和智力测试。不同的功能性评估量表各有特点,下文将对具体的功能性评估量表逐一介绍,阐述量表的评估特点、适用对象及评估时间等。

1. 粗大动作能力评估

《粗大运动功能评估量表(GMFM－88)》①是拉塞尔(Russell)等人于1989年设计的测量脑瘫儿童粗大运动改变的测量工具，属于标准对照发展性量表，能有效反映脑瘫儿童运动功能的改变，已成为国际上公认的脑瘫粗大运动功能测试工具。GMFM量表主要用于评估脑瘫儿童粗大运动功能，具有正常运动功能的儿童应能在5岁以内完成所有项目。

【评估内容】

此专项评估主要分为卧位与翻身、坐位、爬与跪、站立位、行走与跑跳共五大板块，对儿童的粗大运动功能进行系统性评估。

【评估特点】

注重观察法和标准化测试相结合(主客观结合)；注重评估儿童的生长发育规律的变化；能客观测量儿童功能区发展变化。

【评估原则】

可根据儿童需要和能力表现调整专项评估；评估过程指导语简洁明确，指导动作标准；根据儿童状态调整评估进度。

【适用对象】

存在肢体运动功能障碍的脑瘫儿童等。

【评估量表】

《粗大运动功能评估量表(GMFM－88)》。

【评估形式及要求】

评估师与儿童在相对安静、无干扰的环境下，铺上地毯，准备好评估中需要的玩具、球、楼梯模型等。小龄儿童可由一名家长陪同。

【评估时间及周期】

时间：一次完成所有内容的评估所需时间一般在60分钟左右。不同能力的儿童专项评估有所取舍，时间不定。

周期：建议不满1岁的儿童，至少3个月1次，最好每个月1次；1—6岁的儿童3个月1次；6岁以上的儿童可以1年1次；随访观察者半年1次。

【评估结果及意义】

专业的评估师完整评估后会统计分析评估结果，完成学生的评估报告，建立学生粗大运动功能档案，并提出相应康复建议。

---

① [加]黛安娜·J. 拉塞尔，等. 粗大运动功能测量(GMFM－66和GMFM－88)使用手册[M]. 吴卫红，等译. 北京：华夏出版社，2015.

2. 精细动作能力评估

《Peabody运动发育量表（PDMS－2）》①及其配套的训练方案是专门设计用于ISP、IEP计划的量表，在美国已经得到广泛的应用，中文版由国内专家组织翻译。该量表是为残障儿童设计的，采用了将运动功能从低级到高级的分类方式，并考虑到各种运动障碍的特点，不仅适用于运动发育迟缓评价，也可以用于脑瘫儿童的运动功能评价，并可用于儿童康复的评定，测试结果以粗大运动、精细运动和总运动等的发育商来表示。

【评估内容】

精细动作评估内容主要有抓握和视觉运动整合两大模块，包括四类技能：抓握、手应用、眼手协调和手灵巧性。

【评估特点】

注重定性与定量的结合，结合特殊儿童的特点，考虑包括理解能力在内的影响因素，结合学生实际来解释分数。

【评估原则】

坚持深入观察、学生自主做动作的原则，减少外力干涉。

【适用对象】

运动发育迟缓儿童、脑瘫儿童。

【评估量表】

《Peabody运动发育量表（PDMS－2）》

【评估形式及要求】

评估师根据量表和量表建议的评估工具按照评估流程进行封闭式评估。评估师与儿童面对面坐着，中间隔着桌子。

【评估时间及周期】

时间：一次完成所有内容的评估所需时间一般在3—3.5小时。

周期：入学后可以对儿童开展初步评估，根据评估制订个别化康复方案，在一学期后进行第二次评估，修改康复计划，以此类推。

【评估结果及意义】

评估结果由评估师通过现场计分及录像补充，将原始分数转换成标准分数后，与常模进行比较，评定学生的运动能力的等级，并录入学生个人档案，同时评估师根据学生在不同项目的表现进行定性评估，为制订个别化康

① ［美］菲威尔（Fewell・R・R），李明，黄真，［美］（M・R）福利奥（Folio）. Peabody运动发育量表（第二版—上下册）［M］. 北京：北京大学医学出版社，2006.

复计划提供具体内容。

3. 适应性行为能力评估

该项评估主要采用《儿童适应行为评定量表》(城市本)①。这是一套社会适应行为能力评定量表,同时也是心理测量工具,它与智力测验一起可以全面评估学生的智能。该量表由姚树桥、龚耀先编制。

【评估内容】

该项评估主要按照量表进行,量表采用分量表式结构,共有感觉运动、生活自理、劳动技能、经济活动、语言发展、时空定向、个人取向和社会责任等八个分量表,各年龄受试者都接受所有功能的分量表评定。八个分量表可以归为三大因子,感觉运动、生活自理、劳动技能和经济活动分量表为独立功能因子;语言发展和时空定向分量表为认知功能因子;个人取向和社会责任为社会/自制因子。

【评估特点】

注重观察法和标准化测试相结合(主客观结合);注重评估儿童的社会适应性。

【评估原则】

评估指导语简洁明确;减少评估师的暗示;根据儿童反应调整评估进度;与受试者及受试者监护人建立良好的协作关系。

【适用对象】

3—12岁低智力儿童(发展年龄)或正常儿童。低智力儿童包括智力障碍儿童、唐氏综合征儿童、孤独症儿童、脑瘫儿童等。

【评估量表】

《儿童适应行为评定量表》(城市本)。

【评估形式及要求】

该量表评估方式有两种,分别为直接评估和间接评估。直接评估对评估者的要求较高,需要非常了解被评估者情况。另外,不可忽视的是,需要对被评估者进行现场观察和面谈,必要时可要求被评估者现场进行行为操作,尤其是在生活自理、语言发展和劳动技能分量表内某些行为条目上,以取得正确结果。

① 郑日昌.大学生心理诊断[M].济南:山东教育出版社,1999.

【评估时间及周期】

时间：一次完成所有内容的评估所需时间一般为 1—1.5 个小时。

周期：建议新生入学时进行评估，复评时间不做具体要求。如果个别学生在入学后有明显的适应行为变化，就可以进行完整的复评。

【评估结果及意义】

评估结果由评估师将三大因子 T 分[①]相加，将量表分转换成适应能力商数(ADQ)，最终得出结论。该量表可以评定儿童适应行为发展水平，诊断或筛选低智力儿童，帮助教育工作者制订低智力儿童的教育和训练计划。

4. 语言言语能力评估

从评估目的分析，儿童语言能力的专项评估是一项任务性评估，又称为课程性评估、目标性评估或治疗性评估。区别于筛查性评估和诊断性评估，任务性评估是采用多种方法对儿童在各种环境中的言语语言能力和表现进行观察和测试，确定儿童当前的言语语言发展水平和干预目标，并以此为标准，评价儿童言语语言能力的变化情况。根据不同评估项目采用不同的计分形式。

【评估内容】

此专项评估主要分为言语功能和语言能力两大板块，言语功能的评估主要包括汉语构音语音能力的评估和口部运动功能的评估。语言能力的评估主要包括词语理解能力的评估、句子理解能力的评估、词语命名能力的评估、模仿句长能力的评估和句式仿说能力的评估。

【评估特点】

注重观察法和标准化测试相结合（主客观结合）；注重评估儿童的言语语言特点与潜在的发展能力。

【评估原则】

评估指导语简洁明确；减少评估师的暗示；根据儿童反应调整评估进度。

【评估师的基本要求】

具有言语语言病理学相关专业的背景；熟悉评估流程及注意事项；熟练使用评估材料和设备；能与特殊儿童进行自然的互动。

【适用对象】

存在言语语言障碍的脑瘫儿童，孤独症儿童（轻中度）、唐氏综合征儿童

---

① 三大因子的 T 分指的是：8 个分量表所归纳成的独立功能因子、认知功能因子和社会/自制因子。

等，以发展年龄在0—9岁的儿童为宜。

【评估量表】

《黄昭鸣—韩知娟汉语构音语音能力评估词表》

《句子理解、句式仿说、主题对话评估图卡》

《词语理解、词语命名评估图卡》

实时言语测量仪、发声诱导仪

【评估形式及要求】

评估师与儿童面对面坐着，通过采用听说复述、游戏问答、特征解释等形式了解儿童的言语语言能力。评估中要求儿童具备基本的听指令能力，能听说复述或指认，注意力稳定性较强。

【评估时间及周期】

时间：一次完成所有内容的评估所需时间一般在70分钟左右。

周期：建议新生入学时完成初评，两年后复评。在此期间，可以根据个别学生语言的核心问题选择对应的评估内容进行针对性的评估。如果个别学生在两年内言语语言有明显的变化，就可以进行完整的评估。

【评估结果及意义】

专业的评估师完成评估后会统计和分析评估结果，完成学生的评估报告并建立言语语言能力发展的评估档案，以便学科教师为学生制订个别化教育计划，设计个别化课程等。

5. 职业能力评估①

儿童职能评估是一项功能性评估，功能性评估是一项在实施行为改变计划前对儿童的目标行为所进行的评定。目前，我校用来进行儿童职能评估的方法有两种：间接评估法，即通过面谈和问卷搜集信息；直接评估法，即观察者即时记录前提、行为和后果，依此评价儿童目前的职能情况及预测职能发展目标。

【评估内容】

此专项评估主要分为自我照顾的能力、日常活动的工具使用能力及职业能力等三个方面的检核，自我照顾的能力主要包括进食、个人卫生、上厕所、洗漱、平地行走、上下楼梯等方面；日常活动的工具使用能力主要包括打电话、乘车、买东西、煮东西、做家务、家具维修、洗衣服、服药、处理财务等方

---

① 王永丽，林崇德，俞国良. 儿童社会生活适应量表的编制与应用[J]. 心理发展与教育，2005，V21(1)：109-114.

面;职业能力评估主要包括工作时间、通勤时间、主动工作、耐力持续、行动定向、工作速度、仪容、沟通、挫折容忍、独立工作、团队合作、社交能力、职务流程、行事变动性、辨识技能、时间概念、功能性阅读、功能性算术、功能性书写、交通工具、判断力、特殊专业技能、操作能力、移动能力、上下肢活动能力、感官功能、举重与搬运、区辨能力、异常行为、工作专注性等方面。

【评估特点】

注重观察法和非标准化测试相结合(没有严格的施测要求,也没有明确的、经过验证的信效度等心理学指标,咨询员需要在使用工具的评估过程中收集信息);注重评估儿童目前的职能特点与近期的职能发展能力。

【评估原则】

评估指导语简洁明确;减少评估师的示范、辅助与暗示;根据学生的反应调整评估进度;尊重学生在评估活动中的表现。

【适用对象】

3 岁以上、18 岁以下存在发展障碍的特殊需要儿童(具备基本的听指令能力,能听说、复述或指认,注意力稳定性较强)。

【评估量表】

《巴氏评估量表》(3—12 岁存在发展障碍的特殊需要儿童)

《工具性日常活动能力评定表》(3—12 岁存在发展障碍的特殊需要儿童)

《苏州工业园区仁爱学校学生职业能力量表》(12 岁以上存在发展障碍的特殊需要儿童)

【评估形式及要求】

间接评估法:家长(或班主任老师)访谈;

直接评估法:评估师坐在学生的右侧,通过采用任务问答、任务完成等方式评价学生的职业能力。

【评估时间及周期】

时间:一次完成所有内容的评估所需时间一般在 70 分钟左右。

周期:建议新生入学时完成初评,两年后复评。在此期间,每学期可以根据个别学生职业能力选择对应的评估内容进行有针对性的评估。

【评估结果及意义】

专业的评估师完整评估后会统计分析评估结果,完成学生的评估报告并建立职能发展的评估档案,以便班级老师与职业教师为学生制订个别化教育计划、设计个别化课程等。

6. 智力发展水平评估①

《韦氏儿童智力量表第四版》于2003年在北美公开发行和使用,2013年引入中国并修订。和以往几版智力量表相比,第四版提供了言语理解、知觉推理、工作记忆和加工速度四大分量表的索引得分,以及一个全量表得分,更加细化的分类使得这一测验的结果更有助于精确的诊断,帮助心理学工作者和特殊教育工作者更加直观、具体地判断出被试者是否在某一特定的认知功能方面有障碍或者缺陷。

【评估内容】

此专项评估主要分为言语理解、知觉推理、工作记忆和加工速度4个部分,其中囊括11个分测验,3个补充测验。言语理解主要评估儿童的概念、言语、理解、表达等方面的能力;知觉推理主要评估儿童推理、逻辑、数理等方面的能力;工作记忆和加工速度主要从认知方式上对儿童的工作记忆加工能力和加工速度水平进行评估。

【评估特点】

注重观察法和标准化测试相结合(主客观结合);注重评估儿童的智力发展形态特点。

【评估原则】

评估指导语简洁明确和标准化;减少评估师的暗示;根据学生反应调整评估进度;取得韦氏儿童智力评估主试资格,同时具备心理学学历背景和相关的儿童发展心理学、心理测量等理论知识;能够根据得分准确解读数据,完成评估报告。

【适用对象】

6—16岁儿童,主要适用于智力障碍、有部分语言表达能力的孤独症和手部操作尚可的脑瘫儿童。

【评估量表】

《韦氏儿童智力测量第四版》

【评估形式及要求】

评估师与儿童面对面坐着,通过采用听说问答、书面测量等形式了解儿童的智力发展水平。评估中要求儿童具备基本的听指令能力,理解题干意思的能力、语言表达的能力和手部书写能力。

---

① 王书荃,张绪扬.韦氏儿童智力量表的理论与应用[M].北京:人民教育出版社.1998.

【评估时间及周期】

时间：一次性完成所有内容的评估所需时间一般在两个小时左右。

周期：建议在新生入学半学期，适应校园环境并能够配合指令时开展，可每年重复一次进行评估。

【评估结果及意义】

专业的评估师完成评估后会统计分析评估结果，根据数据及常模，完成学生的评估报告及智力发展水平的评估档案，以便学科教师为学生制订个别化教育计划，设计个别化课程等。

第二节 仁爱版《生本功能性发展评估量表》

本节将详细介绍仁爱版《生本功能性发展评估量表》的起源及其具体内容。

一、仁爱版《生本功能性发展评估量表》的起源

上一节介绍了教育诊断评估中所包含的评估内容，即医学诊断评估、发展性评估和功能性评估，并对目前经常使用的功能性评估进行了详细的分类、整理与介绍。在实际使用过程中，功能性评估所使用的量表都具有非常强的专业性，要求评估教师具备扎实的理论知识及灵活应对不同场景下学生状态的能力。比如新生入学评估时，评估师需要在短时间内快速地了解学生各项功能的发展情况，如果需要操作全套评估量表，不仅会对学生造成过度的负担，而且因时间限制，也会让评估师难以真正地掌握学生情况，为后期的课程评估提供建议，则更是难上加难。

因此，仁爱学校评估师团队的教师，在参考诸多发展性评估量表并学习量表设计的理论背景和原理后，发现功能性评估的条目内容与发展性评估的条目内容存在很多一致性，只是不同的量表在评估项目上存在不同的侧重点。例如，言语语言能力评估中会有“说一些常见物品的名字”的评估条目，同样的评估条目我们也能够在儿童1—2岁发展评估中找到；在精细运动能力 Peabody 的评估中会有“能够用剪刀剪圆”的评估条目，同样的评估条目我们也能够在儿童4岁发展评估中找到，等等。

通过这样的比对，仁爱学校的评估师结合临床工作经验，做出了一个假设：是否可以制订一份按照发展年龄排序的功能性量表呢？依据这样的量表，我们可以快速地了解在这个功能指标下的儿童的发展年龄。如果把评估的结果再按照功能性评估的排版进行输入，就可以得出功能性评估的结果。在呈现评估结果的时候就可以通过功能性的发展年龄更加直观地了解儿童的优势和劣势，评估师也可以跨越专业术语的"障碍"，更便捷地与教师和家长进行分享，帮助大家理解儿童的行为表现，提出教育康复的目标。

基于上述假设，仁爱学校评估师团队的评估师尝试改编原始功能性评估量表。在改编的过程中，学校尊重原始量表的评估原则，从中筛选出关键性的评估项目，并按照儿童发展里程重新进行排序，最终成功研发了具有仁爱特色的评估系统即《生本功能性发展评估量表》，如图 3－2 所示。该量表是以学生为本，基于专业团队取向，将不同专业领域的个体结合起来以贡献他们的专业能力，并做出较为复杂的综合评估建议。在评估过程中，由评估师从不同功能的角度对学生的各项能力进行总体评估，同时确认在各个功能领域的发展年龄，最终得到学生在不同功能领域的发展年龄结果，因此称其为《生本功能性发展评估量表》。该量表也根据评估师的专业能力，囊括了粗大动作、精细动作、言语语言、感觉统合、知觉动作、生活适应等领域。我们遵守评估流程，在开展功能性评估之前，会先核查儿童是否存在明显的器质性损伤，掌握儿童的生长发育史及发展现状，在此基础上根据需求对儿童使用仁爱版《生本功能性发展评估量表》，评估儿童功能发展的情况。

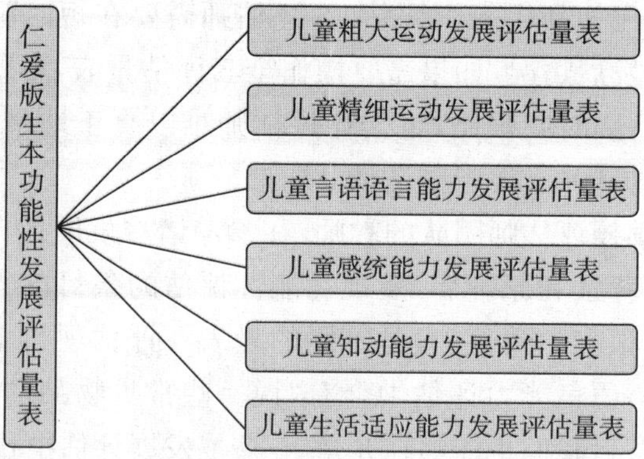

图 3－2　仁爱版生本功能性发展评估量表

虽然仁爱版《生本功能性发展评估量表》在评估师团队的努力下完成了，但是这套量表仅用于评估师在短时间内快速了解学生，掌握学生功能特点情况，是作为在没有进行标准化和信效度检验的情况下，为教师和评估师提供便捷的非标准化评估工具。当学生存在明显的功能性问题的时候，仍然建议评估师遵守原功能性评估量表的评估原则，开展标准化的补充评估。

二、仁爱版《生本功能性发展评估量表》的具体内容

经过前期的讨论和整理，仁爱学校评估师团队完成了仁爱版《生本功能性发展评估量表》的制订，即以学生为本，从团队取向的角度，把粗大动作、精细动作、言语语言、感觉统合、知觉动作、生活适应这六个领域以发展顺序进行排序完成的综合性评估量表。目前，这几份量表仍然处于试用阶段，也尚未进行大数据的统计学调查，仅是参考发展学科类书籍进行改编的内容。因此，其科学性和有效性还需要在今后的使用中进行不断的检验。下文将重点介绍改编后的量表。

（一）《儿童粗大运动发展评估量表》（表 3－2）

1. 量表简介

为了方便教师便捷、快速地了解肢体障碍学生，对学生的运动发展年龄、日常生活中的具体功能障碍、教育教学中学生不能完成的活动及可能出现的风险进行预判，我校团队特此完成了《儿童粗大运动发展评估量表》。

人的发展具有顺序性、阶段性和不平衡性。《儿童粗大运动发展评估量表》按照儿童生长发育的顺序进行编排。检核表中对儿童生长和发育的不同过程——翻身、坐、爬、站立、走路进行了阶段性描述，抓住儿童发育关键期的具体表现，如 4—6 个月出现拱背坐。

通过《儿童粗大运动发展评估量表》，康复师可以了解学生肢体发展现状、优势发展项、劣势发展项等，这有利于康复师为教师提供教育教学过程中所需的教辅具，以及适合学生的教学方法与手段，帮助家长和教师对学生的发展进行预判，避免损伤。其目的都是为了更好地为肢体障碍学生提供合适、高效的康复教育服务。

2. 参考量表

《儿童粗大运动发展评估量表》的制订参考了复旦儿科医院的《粗大动作检核表(GMFM-88)》、博爱学校的《儿童生长发育检核表》,以及李晓捷老师在《脑瘫儿童康复实用技术》中关于儿童发育关键期中爬、坐、走的《生长发育检核表》等内容。

3. 使用方法

本表在使用过程中采用4分制:0分、1分、2分、3分。0分是完全不能完成;1分是指出现动作意向,如:翻身活动,出现翻身意向,但不能完成一个方向的翻身计1分;2分是指能完成部分,如:翻身活动,只能完成向左不能完成向右翻身计2分;3分是指能全部完成。表格按照月龄进行排序,同时在每个月龄中区分项目内容(具体项目分数要求具体分析)。若该生该项目全部计分为3分,说明该生能完成全部月龄的项目内容,可以参照学生下一项目内容的月龄。综合月龄根据学生完成最多月龄项进行核算。

4. 注意事项及不足

在将《儿童粗大运动发展评估量表》进行本土化、校本化的过程中,虽然参考了前人科学、专业的量表,对照了儿童发育历程,抓住了发育的关键期,确保了描述该月龄的表现特征,但是表格仍然存在无法泛化的问题。我校学生的实际年龄在3—18岁,《儿童粗大运动发展评估量表》的样本容量不足,年龄分布存在缺漏,只能够作为康复师初筛、快速检核的工具进行使用。对有粗大动作康复需求的学生来说,可以参照评估结果,完善该评估量表。

表3-2 儿童粗大运动发展评估量表

年龄	项目	细则	评定
0—3月	卧位	头部能左右对称转动	
		能在仰卧位下自由屈伸腿	
		能在俯卧位下抬头至45度	
4—6月	卧位	能在仰卧位下双手触碰	
		能向左或向右自由翻身	
		能在仰卧位下用手够到对侧玩具或用手握住脚	
	坐位	能从平躺到坐起	
		能在有支持的条件下拱背坐	

续表

年龄	项目	细则	评定
7—12月	卧位	能在俯卧位下玩玩具	
		能在俯卧位下自由转动	
	坐位	能从卧位翻身坐起	
		能在无支撑下稳定直腰独坐	
		能从坐位有控制地躺下	
		能从坐位转成四点位	
		能从地板上转移到椅子上	
		能无支撑地坐椅子	
	跪、爬	能腹爬	
		能保持四点爬位	
		能从四点位到坐位，不用手支撑	
		能在四点位下伸手拿玩具	
		能交替四点位爬	
		能从四点位转成高跪位	
		能从高跪位转成单腿跪位	
		能双膝跪走	
	立位	能双手扶站	
		能独立站稳	
	走、跑、跳	能完成扶走	
13—18月	立位	能单腿站立	
		能从坐位转换成站立位	
		能从半跪位转换成站立位	
		能有控制地下蹲	
		能有控制地坐在垫子上	
	走、跑、跳	能双手扶着横走5步以上	
		能牵着双手向前走10步以上	
		能不用扶向前走10步以上	
		能向前走10步，停止，返回	

续表

年龄	项目	细则	评定
19—72月	走、跑、跳	能向后退走10步	
		能跨过膝盖高度的木棒	
		能向前跑4—6米，停止，返回	
		能双脚同时跳高30厘米	
		能双脚同时跳远30厘米	
		能抓住栏杆上下4个台阶	
		能不扶栏杆上下4个台阶	
		能从台阶上双脚同时跳下	

（二）《儿童精细运动发展评估量表》（表3-3）

1. 量表简介

了解和理解人类动作的发展非常重要，精细动作发展会影响其他领域的发展。在对精细动作进行诊断的时候也要根据发展规律来进行。换言之，在给定年龄或成熟水平下，人们需要确定动作能力或技能水平的适宜性。为了给儿童提供适宜的教育康复内容，通过参照发展年龄评估精细动作的功能性，不仅能够让教师更清晰地了解儿童现阶段精细动作能力发展的情况，也能让教师对精细动作的发展持有一定的预见性。

2. 参考量表

根据人类精细动作发展顺序及规律性，参考《FMFM精细运动能力测试检核表》和《Peabody运动发育检核表》中精细运动部分，整合与编写精细动作的内容。

3. 设计原则

对《儿童精细动作发展评估量表》的改编，遵循精细动作发展规律，内容分为抓握与视觉运动整合两大模块，包括四类技能：抓握、手应用、眼手协调和手灵巧性。按照动作发展的顺序，以年龄来划分，主要分为0—6个月、6—12个月、1—2岁、2—3岁及3岁以上。在遵循发展阶段性的基础上，评估过程中也要考虑到个体发展的不平衡性。

检核时结合特殊需要儿童的性格和特点，准备检核需要的工具及儿童喜欢的玩具，以游戏互动的形式进行检核，鼓励儿童独立完成，注重观察儿童完成的过程并做好相应记录。精细动作包括左、右手的精细动作能力，所以在检核时为了更全面地了解儿童的精细动作能力，也可以根据需要同时检核左、右手，当然只要有一只手能够完成即成功。

4. 注意事项及不足

《儿童精细动作发展评估量表》只适用于对儿童精细动作发展做初步了解，目的是辅助一线特殊教育学校教师和康复师快速了解儿童当前的精细动作发展现状，进而直观简单地向家长介绍，为后期的家校合作以提升儿童精细动作能力做铺垫。

此量表是在参考了诸多量表后进行设计改编的，包括了精细动作中的抓握和视觉—运动整合两个方面，但因为未进行大样本的常模比对及信效度的检验，使用时还不能精准反映儿童更全面的精细动作表现，因此，当使用该评估量表时，如果发现儿童存在明显的精细动作发展障碍现象，还需要参照其他专项量表及儿童的粗大运动、肌力、肌张力、关节活动角度等方面的能力，对其进行更细致和专业的精细动作检核。

表 3-3 儿童精细运动发展评估量表

年龄	项目	细则	评定
0—6 个月	抓握	握持反射	
		抓握毛巾	
		抓握/摆弄摇铃	
		拉绳子	
	视觉—运动整合	视觉追踪摇铃	
		听觉追踪摇铃	
		伸手臂	
		抓握摇铃	
		接近中线	
6—12 个月	抓握	拿积木	
		拿小丸	
		摆弄纸	
	视觉—运动整合	抓放积木	
		传积木	
		取出木钉	

续表

年龄	项目	细则	评定
6—12 个月	视觉—运动整合	触摸小丸	
		取放小丸	
		翻书	
		拍手	
		搅动小勺	
1—2 岁	抓握	拿积木	
		握笔	
		搭积木	
	视觉—运动整合	翻书页	
		涂鸦	
		画竖线	
		敲小勺	
		插形状块	
		放小丸	
2—3 岁	视觉—运动整合	拧开瓶盖	
		搭积木	
		剪纸	
		画横线	
		画圆	
		穿珠子	
		折纸	
3 岁及以上	抓握	握笔	
		解开纽扣	
		系上纽扣	
		对指	
	视觉—运动整合	剪纸	
		剪直线	
		剪圆	

续表

年龄	项目	细则	评定
3岁及以上	视觉—运动整合	描线	
		连线	
		画十字	
		画正方形	
		搭积木	
		折纸	
		线内涂色	
		穿鞋带	

（三）《儿童语言能力发展评估量表》（表3-4）

1. 量表简介

《儿童语言能力发展评估量表》是快速评估儿童言语语言能力发展情况的检核表，为进行更细致明确的任务性检核（课程性检核、目标性检核或治疗性检核）做准备。检核表对儿童不同生理年龄发展阶段的典型语言能力表现进行梳理，为言语语言治疗师准确高效地判断儿童当前语言发展的阶段做辅助。区别于筛查性检核和诊断性检核，作为任务性检核的前期检核，《儿童语言能力发展评估量表》是在参考国内多种言语语言能力评定检核表的基础上进行修订的。

2. 参考量表

在制订《儿童语言能力发展评估量表》时，我们参考了华东师范大学言语康复团队研发的《汉语构音语音能力评估词表》和《儿童语言沟通能力阶梯评估量表》，尤其是其中有关构音和语言发展能力评估的条目、实施要点等内容。除此之外，还参考了《皮博迪图片词汇测验修订版（PPVT-R）》中有关语言表达和语言理解能力评估的具体内容及操作要点。

3. 使用方法

在设计《儿童语言能力发展评估量表》时首先以典型发展儿童的语言发展规律为基本原则，按照0—6个月、6—12个月、1—2岁、2—3岁、3—4岁、4—5岁、5—6岁七个年龄段设计发展区间，每个年龄区间按照语言理解能力和语言表达能力两个维度进行典型能力表现的梳理。在评估时采用游戏化互动等方式和年龄等级形式对儿童在各种环境中的言语语言能力和表现进行观察和测试，确定儿童当前的言语语言发展水平和干预目标，并以此为标准评价儿童言语语言能力的变化情况。当儿童在进行某一语言维度的某一生理年龄段检核时，如果结果未达到标准，就停止检核，儿童对应的语言发展年龄上一维度所对应的年龄。

4. 注意事项及不足

该评估量表主要参照典型发展儿童6岁之前的语言能力的共同表现，只适用于对儿童语言能力发展的初步了解，目的是辅助一线特殊教育学校教师和康复师快速了解学生当前语言能力，进而直观简单地向家长介绍，为后期的家校合作提升学生语言能力做铺垫。

该评估量表是基于众多检核表的使用特点而进行设计改编的，包括了语言能力中的语言理解、语言表达等多个方面，但因为未进行大样本的常模比对及检核表信效度的检验，使用时不能精准反映儿童更全面的语言能力表现，因此当使用该评估量表时，如果发现儿童存在明显的语言发育迟缓现象，就需要对其进行更细致专业的语言能力检核，比如言语功能（呼吸、发声、共鸣、构音、语音）、语言能力（词汇、词语理解、句子理解）的检核。

表3-4　儿童语言能力发展评估量表

发展年龄	语言能力	具体表现	评分
0—6个月	语言理解	对声音有反应； 转头寻找声源	
	语言表达	发出a、u等牙牙学语声等	
6—12个月	语言理解	模仿大人说话声； 呼名有反应	
	语言表达	发出无意义ba、ma、da声； 有意义地叫爸爸、妈妈； 以摇头、点头表示要或不要	
1—2岁	语言理解	在要求下会指出熟悉的东西； 知道玩伴的名字； 认得出电视上常见之物	
	语言表达	会说出一些常见物品的名称； 至少会用10个单字； 会用语言要求别人做什么； 会说50个词汇	

续表

发展年龄	语言能力	具体表现	评分
2—3 岁	语言理解	了解物品的功能； 知道时间、地点、原因、方法、谁； 会玩角色扮演游戏	
	语言表达	会使用简单句进行对话； 能清晰地表达，构音清晰度接近正常； 会参与对话，如打电话	
3—4 岁	语言理解	能知道物品的归属，是“谁的”； 听音乐和小故事； 听懂大部分常见的指令	
	语言表达	命名较抽象的词语； 说出自己想要的物品，同时说出 3—4 个字； 会模仿表达句子	
4—5 岁	语言理解	仔细听故事，并回答问题； 理解顺序概念； 理解常见的日常对话	
	语言表达	清晰表达； 说出物品的功能； 使用复杂的句子	
5—6 岁	语言理解	在活动中会遵从团体规则； 会参与合作或竞争游戏	
	语言表达	会正确使用复杂句； 会说出自己开心、痛苦等感受； 与他人进行无障碍地沟通	

（四）《儿童感统能力发展评估量表》（表 3-5）

1. 量表简介

根据儿童的感觉统合能力（以下统称感统能力）可以判断其运动系统和神经系统是否协调发展。为了更好地了解儿童感统能力的发展，即前庭觉、本体觉和触觉的发展水平，我们按照感统能力发展的关键期 0—6 个月、6—12 个月、1—2.5 岁、2.5—5 岁、5—7 岁、7—12 岁的顺序制订了《儿童感统能力发展评估量表》。使用该量表进行评估，可以得出被试对象的发展年龄，提供教育康复训练的意见与建议，从发展的角度帮助教师及家长理解儿童的感统能力发展情况，为感统训练的实施提供科学参考。

2. 参考量表

在制订《儿童感统能力发展评估量表》时，我们参考了吴端文教授的《解放聪明的笨小孩》①一书，特别是书中关于人体的前庭觉、本体觉和触觉在各个年龄段的发展水平的描述与归纳，以及婴幼儿感觉统合发展需求与障碍等内容。

3. 使用方法

在使用《儿童感统能力发展评估量表》进行评估时，应给予评估对象宽松的评估环境，包括评估师的言语及室场的环境布置。评估开始前，建议评估师准备好相关游戏评估工具。评估过程中，在保证被评估者安全的前提下，不建议父母干预，尽量把儿童最真实的一面呈现给评估师。

使用该量表时，请先从 0—6 个月的项目进行评估，按照 0—6 个月、6—12 个月、1—2.5 岁、2.5—5 岁、5—7 岁、7—12 岁的顺序依次进行评估。在评估过程中，如果在一个项目中评估者出现连续两项无法完成的细则，即可以大致确定儿童前庭觉、本体觉和触觉所对应的不同年龄发展阶段。

4. 注意事项及不足

在制订《儿童感统能力发展评估量表》时，有关年龄段的选择与对应能力的选择除了参考了《解放聪明的笨小孩》，还借鉴了南京特殊教育学院谢明教授的《感统统合》一书，尽力做到专业、科学。在评估过程中，由于特殊儿童发展的不均衡性，也有可能出现三个项目不在同一年龄阶段的情况。该检核表仅为快速了解儿童感统能力的评估量表，当发现儿童存在严重的感觉统合问题时，建议进行更详细的感统能力评估。

表 3-5 儿童感统能力发展评估量表

年龄	项目	细则	评定
0—6 个月	前庭觉	对主要照顾者的脸有反应	
		颈、上背部肌肉收缩，能做出抬头挺胸的动作	
		能自己控制直立的头部，能有意识地左右张望	
		仰躺，用手指在婴儿肚脐周围画线	
	本体觉	能看近距离的物体	
		睡眠时间能区分日夜，如上课是否嗜睡	
		躺着时会蜷缩身体，抓摸自己的脚	

① 吴端文. 解放聪明的笨小孩[M]. 北京：中国发展出版社，2014.

续表

年龄	项目	细则	评定
0—6 个月	本体觉	会完成趴的动作，能使用肩和肩胛骨、头部和上背部肌肉收缩用力等自我调节能力	
	触觉	能适应新的环境，情绪稳定，睡得安稳	
		手指放在嘴巴里	
6—12 个月	前庭觉	手掌和膝盖撑地爬行	
		肚子贴地爬行	
		从低跪位到独立站立	
	本体觉	双手并用拿起物体（奶瓶、哑铃等）	
		双手并用拿起物体，能从一只手换到另一只手	
	触觉	物体颜色的视觉注意	
		图片提示的视觉注意	
1—2.5 岁	前庭觉	手指尖捡起小物品	
		双手举起较重的物体	
		自己走一段距离	
	本体觉	自己拿水杯喝水	
		伸出食指、弯起拇指和另外三根手指去指目标物体	
		指认自己的肢体部位	
		双手抓握物体，并保持站立一段时间	
	触觉	眼睛跟随实物移动	
		辨别衣物、玩具的材质	
2.5—5 岁	前庭觉	充分的肢体活动，如跑、跳、玩球等	
		翻越障碍，如钻过软体彩虹器材	
		骑有辅助轮的车	
		模仿动物走路	
		走平衡木	
		跑步	
		攀爬	
		荡秋千	

续表

年龄	项目	细则	评定
2.5—5 岁	本体觉	上上下下、跳上跳下或穿过悬吊的圆圈	
		两人相互拉着手旋转	
	触觉	视觉的区辨(找不同,找目标物等)	
		听觉的区辨(辨认声音的来源、大小等)	
5—7 岁	前庭觉	按区域跑	
		连续跳	
		篮球投篮	
		翻跟头	
	本体觉	攀爬	
		剪贴	
		扣纽扣或系鞋带	
		画图	
	触觉	用身体某一部位感知物体的情况	
		感知热、冷等	
7—12 岁	前庭觉	运球后投篮	
		按区域骑车	
		足球运球后射门	
	本体觉	羽毛球接球	
		足球守门员扑球	
	触觉	感知身体各个感觉区的复杂的区别,如知道肚子疼是哪一块区域疼	

(五)《儿童知动能力发展评估量表》(表 3-6)

1. 量表简介

《儿童知动能力发展评估量表》是基于中国台湾特教专家叶仓甫老师的神经平衡发展疗法改编而来。该疗法根据神经、肌肉、骨骼的成熟发展理论、周围学派理论、反应阶层模式、特殊教育理论,以及临床极重症脑瘫个案、孤独症个案的处理经验发展而来,具有一套以动作为核心且更有效率的疗育系统。在修订评估量表的过程中,充分尊重原评估中以动作和知觉为核心的部分，在保证能够找到儿童知觉和动作匹配的临界能力的基础上，重新按照儿童发展顺序进行编排，完成对本评估量表的修订。

2. 设计原则

在《儿童知动能力发展评估量表》的编写过程中，我们以学生综合知动能力的判断为主要评估标准，通过掌握学生情绪心理状态及动作表现，找到学生知动能力的临界点。

3. 参考量表

本量表参考全人疗育评估记录表以及知觉—动作学习适应性课程检核表。

4. 使用方法

在使用《儿童知动能力发展评估量表》的过程中，评估师应尽量营造轻松愉快的评估环境，在评估过程中，尽量减少儿童因不安全感而造成的无法参加评估的情况，因此评估师在评估前可以适当了解儿童的家庭教养态度、康复教育观念。评估时，评估师如果对儿童不熟悉，可以选择从第一项开始进行，也可以依据评估经验预判儿童大致的能力范围，从预判的条目进行评估，儿童如果能够完成，就逐条向下检核，直到无法完成，如果不能完成，就往上一年龄阶段返回，直到出现儿童可以完成的项目为止，最终确定儿童在知觉与动作发展上的综合临界能力。

5. 注意事项及不足

该量表在评估时综合了知觉和动作匹配上的能力发展，因此评估师不仅需要对知觉发展有所了解，也需要对动作发展有详细的了解。本量表仅作为快速评估学生知觉动作发展的量表，因此在发现学生存在严重的知觉动作问题时，仍然需要进行专业细致的评估。

表 3-6　儿童知动能力发展评估量表

年龄	项目	细则	评定
0—6 个月	诱导下坐摆位椅	0 分：完全无法在诱导下坐 10°摆位椅。 1 分：能够在家长大量强化物诱导下坐 10°摆位椅。 2 分：能够在家长少量强化物诱导下坐 10°摆位椅。 3 分：能够在家长少量语言诱导下坐 10°摆位椅。 4 分：能够在陌生人（初次见面的老师）大量强化物诱导下坐 10°摆位椅。 5 分：能够在陌生人（初次见面的老师）少量强化物诱导下坐 10°摆位椅	

续表

年龄	项目	细则	评定
0—6 个月	诱导下坐摆位椅	0 分:完全无法在诱导下坐 20°摆位椅。 1 分:能够在家长大量强化物诱导下坐 20°摆位椅。 2 分:能够在家长少量强化物诱导下坐 20°摆位椅。 3 分:能够在家长少量语言诱导下坐 20°摆位椅。 4 分:能够在陌生人(初次见面的老师)大量强化物诱导下坐 20°摆位椅。 5 分:能够在陌生人(初次见面的老师)少量强化物诱导下坐 20°摆位椅	
		0 分:完全无法在诱导下坐 30°摆位椅。 1 分:能够在家长大量强化物诱导下坐 30°摆位椅。 2 分:能够在家长少量强化物诱导下坐 30°摆位椅。 3 分:能够在家长少量语言诱导下坐 30°摆位椅。 4 分:能够在陌生人(初次见面的老师)大量强化物诱导下坐 30°摆位椅。 5 分:能够在陌生人(初次见面的老师)少量强化物诱导下坐 30°摆位椅	
	诱导下坐楔形垫	0 分:完全无法在诱导下坐 15°楔形垫。 1 分:能够在家长大量强化物诱导下坐 15°楔形垫。 2 分:能够在家长少量强化物诱导下坐 15°楔形垫。 3 分:能够在家长少量语言诱导下坐 15°楔形垫。 4 分:能够在陌生人(初次见面的老师)大量强化物诱导下坐 15°楔形垫。 5 分:能够在陌生人(初次见面的老师)少量强化物诱导下坐 15°楔形垫	
		0 分:完全无法在诱导下坐 30°楔形垫。 1 分:能够在家长大量强化物诱导下坐 30°楔形垫。 2 分:能够在家长少量强化物诱导下坐 30°楔形垫。 3 分:能够在家长少量语言诱导下坐 30°楔形垫。 4 分:能够在陌生人(初次见面的老师)大量强化物诱导下坐 30°楔形垫。 5 分:能够在陌生人(初次见面的老师)少量强化物诱导下坐 30°楔形垫	
		0 分:完全无法在诱导下坐 45°楔形垫。 1 分:能够在家长大量强化物诱导下坐 45°楔形垫。 2 分:能够在家长少量强化物诱导下坐 45°楔形垫。 3 分:能够在家长少量语言诱导下坐 45°楔形垫。 4 分:能够在陌生人(初次见面的老师)大量强化物诱导下坐 45°楔形垫。 5 分:能够在陌生人(初次见面的老师)少量强化物诱导下坐 45°楔形垫	

续表

年龄	项目	细则	评定
6个月—2岁	诱导下跪姿运动	0分:完全无法在诱导下完成扶物高跪姿摆位。 1分:能够在家长大量强化物诱导下保持扶物高跪姿摆位2 s以上。 2分:能够在家长少量强化物诱导下保持扶物高跪姿摆位2 s以上。 3分:能够在家长少量语言诱导下保持扶物高跪姿摆位2 s以上。 4分:能够在陌生人(初次见面的老师)大量强化物及语言诱导下保持扶物高跪姿摆位2 s以上。 5分:能够在陌生人(初次见面的老师)少量强化物及语言诱导下保持扶物高跪姿摆位2 s以上	
		0分:完全无法在诱导下完成独立高跪姿摆位。 1分:能够在家长大量强化物诱导下保持独立高跪姿摆位2 s以上。 2分:能够在家长少量强化物诱导下保持独立高跪姿摆位2 s以上。 3分:能够在家长少量语言诱导下保持独立高跪姿摆位2 s以上。 4分:能够在陌生人(初次见面的老师)大量强化物及语言诱导下保持独立高跪姿摆位2 s以上。 5分:能够在陌生人(初次见面的老师)少量强化物及语言诱导下保持独立高跪姿摆位2 s以上	
		0分:完全无法在诱导下进行跪走活动。 1分:能够在家长大量强化物诱导下跪走3步以上。 2分:能够在家长少量强化物诱导下跪走3步以上。 3分:能够在家长少量语言诱导下跪走3步以上。 4分:能够在陌生人(初次见面的老师)大量强化物及语言诱导下跪走3步以上。 5分:能够在陌生人(初次见面的老师)少量强化物及语言诱导下跪走3步以上	
		0分:完全无法在诱导下进行单手扶持各单脚半跪姿活动。 1分:能够在家长大量强化物诱导下单手扶持各单脚半跪姿1次以上。 2分:能够在家长少量强化物诱导下单手扶持各单脚半跪姿1次以上。 3分:能够在家长少量语言诱导下单手扶持各单脚半跪姿1次以上。 4分:能够在陌生人(初次见面的老师)大量强化物及语言诱导下单手扶持各单脚半跪姿1次以上。 5分:能够在陌生人(初次见面的老师)少量强化物及语言诱导下单手扶持各单脚半跪姿1次以上	

续表

年龄	项目	细则	评定
6个月—2岁	诱导下跪姿运动	0分:完全无法在诱导下进行单手扶持交替半跪活动。 1分:能够在家长大量强化物诱导下单手扶持交替半跪3次以上。 2分:能够在家长少量强化物诱导下单手扶持交替半跪3次以上。 3分:能够在家长少量语言诱导下单手扶持交替半跪3次以上。 4分:能够在陌生人(初次见面的老师)大量强化物及语言诱导下单手扶持交替半跪3次以上。 5分:能够在陌生人(初次见面的老师)少量强化物及语言诱导下单手扶持交替半跪3次以上	
2—2.5岁	指令下跪姿运动	0分:完全无法听懂指令并进行前进跪走活动。 1分:能够在家长指令下前进跪走1步。 2分:能够在家长指令下前进跪走2—3步。 3分:能够在家长指令下前进跪走3步以上。 4分:能够在陌生人(初次见面的老师)指令下前进跪走1—3步。 5分:能够在陌生人(初次见面的老师)指令下前进跪走3步以上	
		0分:完全无法听懂指令并进行倒退跪走活动。 1分:能够在家长指令下倒退跪走1步。 2分:能够在家长指令下倒退跪走2—3步。 3分:能够在家长指令下倒退跪走3步以上。 4分:能够在陌生人(初次见面的老师)指令下倒退跪走1—3步。 5分:能够在陌生人(初次见面的老师)指令下倒退跪走3步以上	
		0分:完全无法听懂指令并进行交替半跪活动。 1分:能够在家长指令下交替半跪1次。 2分:能够在家长指令下交替半跪2—3次。 3分:能够在家长指令下交替半跪3次以上。 4分:能够在陌生人(初次见面的老师)指令下交替半跪1—3次。 5分:能够在陌生人(初次见面的老师)指令下交替半跪3次以上	
2.5—4岁	指令下辅助蹲位运动	0分:完全无法听懂指令并进行扶地蹲姿活动。 1分:能够在家长指令下保持扶地蹲姿1 s。 2分:能够在家长指令下保持扶地蹲姿2 s。 3分:能够在家长指令下保持扶地蹲姿2 s以上。 4分:能够在陌生人(初次见面的老师)指令下保持扶地蹲姿1—2 s。 5分:能够在陌生人(初次见面的老师)指令下保持扶地蹲姿2 s以上	

续表

年龄	项目	细则	评定
2.5—4岁	指令下辅助蹲位运动	0分:完全无法听懂指令并进行扶地向前蹲走活动。 1分:能够在家长指令下扶地向前蹲走1步。 2分:能够在家长指令下扶地向前蹲走2步。 3分:能够在家长指令下扶地向前蹲走2步以上。 4分:能够在陌生人(初次见面的老师)指令下扶地向前蹲走1—2步。 5分:能够在陌生人(初次见面的老师)指令下扶地向前蹲走2步以上	
		0分:完全无法听懂指令并进行扶地向后蹲走活动。 1分:能够在家长指令下扶地向后蹲走1步。 2分:能够在家长指令下扶地向后蹲走2步。 3分:能够在家长指令下扶地向后蹲走2步以上。 4分:能够在陌生人(初次见面的老师)指令下扶地向后蹲走1—2步。 5分:能够在陌生人(初次见面的老师)指令下扶地向后蹲走2步以上	
	指令下一心二用能力运用	0分:完全无法听懂指令并进行交替半跪及覆诵数数活动。 1分:能够在家长指令下交替半跪及覆诵数数1—5次。 2分:能够在家长指令下交替半跪及覆诵数数1—10次。 3分:能够在家长指令下交替半跪及覆诵数数1—20次。 4分:能够在陌生人(初次见面的老师)指令下交替半跪及覆诵数数1—5次。 5分:能够在陌生人(初次见面的老师)指令下交替半跪及覆诵数数1—10次	
		0分:完全无法听懂指令并进行交替半跪及自主数数活动。 1分:能够在家长指令下交替半跪及自主数数1—5次。 2分:能够在家长指令下交替半跪及自主数数1—10次。 3分:能够在家长指令下交替半跪及自主数数1—20次。 4分:能够在陌生人(初次见面的老师)指令下交替半跪及自主数数1—5次。 5分:能够在陌生人(初次见面的老师)指令下交替半跪及自主数数1—10次	
		0分:完全无法听懂指令并进行交替半跪及建立数概念活动。 1分:能够在家长指令下交替半跪及建立数概念1—5次。 2分:能够在家长指令下交替半跪及建立数概念1—10次。 3分:能够在家长指令下交替半跪及建立数概念1—20次。 4分:能够在陌生人(初次见面的老师)指令下交替半跪及建立数概念1—5次。 5分:能够在陌生人(初次见面的老师)指令下交替半跪及建立数概念1—10次	

续表

年龄	项目	细则	评定
4—7 岁	指令下站位运动	0 分:完全无法听懂指令并进行各单脚稳定半跪姿站立起活动。 1 分:能够在家长指令下左脚稳定半跪姿站立起 1 次。 2 分:能够在家长指令下右脚稳定半跪姿站立起 1 次。 3 分:能够在家长指令下左脚、右脚稳定半跪姿站立起 1 次。 4 分:能够在陌生人(初次见面的老师)指令下左脚或右脚单脚稳定半跪姿站立起 1 次。 5 分:能够在陌生人(初次见面的老师)指令下左脚、右脚单脚稳定半跪姿站立起 1 次	
		0 分:完全无法听懂指令并进行各单脚站活动。 1 分:能够在家长指令下左脚单脚站 5 s。 2 分:能够在家长指令下右脚单脚站 5 s。 3 分:能够在家长指令下左脚、右脚各单脚站 5 s。 4 分:能够在陌生人(初次见面的老师)指令下左脚或右脚单脚站 5 s。 5 分:能够在陌生人(初次见面的老师)指令下左脚、右脚单脚站 5 s	
	指令下独立蹲位运动	0 分:完全无法听懂指令并进行独立蹲姿活动。 1 分:能够在家长指令下保持独立蹲姿 1 s。 2 分:能够在家长指令下保持独立蹲姿 2 s。 3 分:能够在家长指令下保持独立蹲姿 2 s 以上。 4 分:能够在陌生人(初次见面的老师)指令下保持独立蹲姿 1—2 s。 5 分:能够在陌生人(初次见面的老师)指令下保持独立蹲姿 2 s 以上	
		0 分:完全无法听懂指令并进行连续蹲站活动。 1 分:能够在家长指令下蹲站 1 次。 2 分:能够在家长指令下连续蹲站 2 次。 3 分:能够在家长指令下连续蹲站 2 次以上。 4 分:能够在陌生人(初次见面的老师)指令下蹲站 1 次或连续蹲站 2 次。 5 分:能够在陌生人(初次见面的老师)指令下连续蹲站 2 次以上	
		0 分:完全无法听懂指令并进行独立向后蹲走活动。 1 分:能够在家长指令下独立向后蹲走 1 步。 2 分:能够在家长指令下独立向后蹲走 2—3 步。 3 分:能够在家长指令下独立向后蹲走 3 步以上。 4 分:能够在陌生人(初次见面的老师)指令下独立向后蹲走 1—3 步。 5 分:能够在陌生人(初次见面的老师)指令下独立向后蹲走 3 步以上	

续表

年龄	项目	细则	评定
4—7 岁	指令下独立蹲位运动	0 分:完全无法听懂指令并进行连续向前蹲跳活动。 1 分:能够在家长指令下向前蹲跳 1 次。 2 分:能够在家长指令下连续向前蹲跳 2 次。 3 分:能够在家长指令下连续向前蹲跳 2 次以上。 4 分:能够在陌生人(初次见面的老师)指令下连续向前蹲跳 1—2 次。 5 分:能够在陌生人(初次见面的老师)指令下连续向前蹲跳 2 次以上	
		0 分:完全无法听懂指令并进行连续原地稳定蹲跳活动。 1 分:能够在家长指令下原地蹲跳 1 次。 2 分:能够在家长指令下连续原地稳定蹲跳 2 次。 3 分:能够在家长指令下连续原地稳定蹲跳 2 次以上。 4 分:能够在陌生人(初次见面的老师)指令下连续原地稳定蹲跳 1—2 次。 5 分:能够在陌生人(初次见面的老师)指令下连续原地稳定蹲跳 2 次以上	
	指令下一心数用能力运用	0 分:完全无法听懂指令并进行各单脚原地连续跳或进行维持身体稳定的控制活动。 1 分:能够在家长指令下左脚原地连续跳及左脚维持 5 s 控制。 2 分:能够在家长指令下右脚原地连续跳及右脚维持 5 s 控制。 3 分:能够在家长指令下左脚、右脚原地连续跳 5 次及各单脚维持 5 s 控制。 4 分:能够在陌生人(初次见面的老师)指令下左脚或右脚原地连续跳 5 次及左脚或右脚维持 5 s 控制。 5 分:能够在陌生人(初次见面的老师)指令下左脚、右脚原地连续跳 5 次及左脚、右脚维持 5 s 控制	
		0 分:完全无法听懂指令并进行交替半跪及正确抬手、数数活动。 1 分:能够在家长指令下交替半跪及正确抬手、数数 1—5。 2 分:能够在家长指令下交替半跪及正确抬手、数数 1—10。 3 分:能够在家长指令下交替半跪及正确抬手、数数 1—20。 4 分:能够在陌生人(初次见面的老师)指令下交替半跪及正确抬手、数数 1—5。 5 分:能够在陌生人(初次见面的老师)指令下交替半跪及正确抬手、数数 1—10	

续表

年龄	项目	细则	评定
4—7岁	指令下一心数用能力运用	0分:完全无法听懂指令并进行四点爬姿交替抬脚、手及倒序数数活动。 1分:能够在家长指令下四点爬姿交替抬脚、手各维持5秒及倒序数数5—1。 2分:能够在家长指令下四点爬姿交替抬脚、手各维持5秒及倒序数数10—1。 3分:能够在家长指令下四点爬姿交替抬脚、手各维持10秒及倒序数数10—1。 4分:能够在陌生人(初次见面的老师)指令下四点爬姿交替抬脚、手各维持5秒及倒序数数5—1。 5分:能够在陌生人(初次见面的老师)指令下四点爬姿交替抬脚、手各维持10秒及倒序数数10—1	

(六)《儿童生活适应能力发展评估量表》(表3-7)

1. 量表简介

生活适应能力在儿童发展中占有极其重要的地位,这项能力贯穿于儿童所有能力的发展中,使儿童获得基本生活自理、与人交往及适应社会的能力,为未来更好地参与社会生活奠定良好基础。在评估量表的制订过程中,我们紧紧围绕儿童生活及社会适应部分的发展情况,从中重点选取了生活自理、居家能力、自我管理、定向活动、社会化、社会责任、经济活动等方面,结合不同能力的发展规律编写了《儿童生活适应能力发展评估量表》。该表涉及了0—14岁所需要掌握的生活适应技能,包含了上述7个项目,77个子项目。

2. 参考量表

在制订《儿童生活适应能力发展评估量表》时,我们参考了《儿童社会生活适应检核表》《社会适应能力诊断检核表》《婴儿—初中生社会生活适应能力检核》《青年生活适应检核表》《适应性行为评定检核表》及《波特奇检核表》等,特别参考了李宝珍教授主编的《以知觉-动作为核心的学习适应课程》中关于凯伯的知觉-动作发展理论及神经平衡疗法的基本应用原理。

3. 使用方法

评估师在对生活适应能力处于0—6岁阶段的儿童进行评估时应以实际操作为主;在对生活适应能力处于6—14岁阶段的儿童进行评估时应以访谈为主,结合学生的实际操作,访谈包括教师访谈和家长访谈,确保内容真实、有效。

4. 注意事项及不足

《儿童生活适应能力发展评估量表》作为快速评估儿童生活适应能力的量表,存在项目内容不全面、不同年龄段子项目分布不均匀等情况。该量表的结果可以与其他领域评估结果结合使用,若发现学生存在严重生活适应能力问题,或者在进行具体的生活适应能力训练时,建议使用完整的生活适应评估量表对学生进行更全面、充分的评估。

表 3-7 儿童生活适应能力发展评估量表

年龄	项目	细则	评定
0—1 岁	生活自理	自己抓食物吃	
		穿衣服时,伸出手脚	
1—2 岁	生活自理	自己使用汤匙吃	
		戴帽子和脱帽子	
		模仿将双手放入水中,再用湿手拍拍脸	
		用动作或简单的话语表示要上厕所	
2—3 岁	生活自理	自己用汤匙和碗吃	
		接过毛巾,大致擦擦手和脸	
		上厕所解大便	
		解开衣服的按扣、穿上袜子	
3—4 岁	生活自理	自己吃饭不剩饭	
		按要求刷牙、擦鼻涕	
		一周内至少有两天不尿床	
		穿套头衫或运动衫	
4—5 岁	生活自理	不用提醒能洗手、洗脸、梳头发	
		自己上厕所能大小便、擦拭、冲水	
		洗澡时,除后背和耳朵之外都能自己洗	
		解开穿在自己身上的扣子;自己穿衣服	
5—6 岁	生活自理	调节淋浴器或洗澡水的温度	
		正确区分公共场合的男、女厕所	
		根据气候和场合选择适当的衣服	

续表

年龄	项目	细则	评定
6—7 岁	居家能力；时空定向；社会化	按照要求，每周干一件家务活（扫地、整理书、擦灰尘）	
		收拾自己使用过的餐具	
		用简单工具清扫床铺	
		被要求时，愿意参加活动	
		自己可到近邻家中	
		看钟表说出时间，精确到分钟	
7—8 岁	居家能力；时空定向；社会化	清洗、整理小件衣物（毛巾、内衣和内裤）	
		每天自主做一件家务事（准备餐桌、收拾餐具）	
		根据要求铺床，使床铺平整	
		鼓励后能参加集体活动	
		集中注意、有目的地进行活动至少 15 分钟	
8—9 岁	居家能力；时空定向；社会化	清洗、整理大件衣物（衣裤、被套、床单）	
		制作简单的菜和点心	
		换枕套、换床单	
		懂得看时间间隔，如 3 点至 4 点半	
		自发参加集体活动	
		经常询问有什么事可做或关心周围发生的事	
9—10 岁	自我管理；居家能力；时空定向；社会化	使用清洁工具，保持居家卫生	
		准备简单食材	
		叠衣物，分类整理进衣柜	
		按照要求服药	
		接打电话	
		自己可往返于同一条街的两处地点	
		主动发起活动（游戏、劳动）	
		完成任务时需要持续鼓励或督促	

续表

年龄	项目	细则	评定
10—11 岁	自我管理；居家能力；时空定向；社会化	煮东西吃	
		拆洗被套、床单	
		表述身体不适部位，主动求助	
		买生活必需品	
		管理自己钱物（找零、自己记录和保管一定数额钱物）	
		懂得时间的不同表示法，如 9 点 45 是 10 点差一刻	
11—12 岁	自我管理；居家能力；时空定向；社会化	注意力	
		主动性	
		持久性	
		自己可往返于相近街道的两处地点	
		能根据周围人、物或活动估计时间	
		自己能利用简单交通工具到达目的地（自行车）	
		能单独上学	
		被请求后，愿意帮助别人	
		不努力承担责任，不能随时参加指定活动	
12—13 岁	自我管理；居家能力；时空定向；社会责任；经济活动	就餐习惯	
		根据天气估计时间	
		可单独乘直达车到达目的地（地铁、公交车、出租车）	
		能单独邮寄物品	
		可单独去当地娱乐场所（电影院、体育场）	
		经常主动帮助别人	
		为承担责任做努力，能够参加指定活动	
13—14 岁	自我管理；居家能力；时空定向；社会责任；经济活动	卫生习惯	
		学习习惯	
		业余活动	
		与陌生人保持适当社交距离	

续表

年龄	项目	细则	评定
13—14 岁	自我管理；居家能力；时空定向；社会责任；经济活动	可单独乘坐需多次换乘的汽车、火车外出旅行	
		能去附近医院就诊	
		组织领导集体活动	
		承担很大责任，做事特别努力，总是参加指定活动	

第三节　典型案例

本节将通过呈现四类不同残疾类型儿童（智力障碍、脑瘫、孤独症和言语语言发育迟缓儿童）的评估案例，介绍如何对特殊需要儿童开展期初评估。

一、以智力障碍学生为例

下面我们将以学校的顾小华学生为例，介绍评估情况。为了更好地了解顾小华学生，我们先通过家长访谈的方式了解该生的诊断评估情况。在此基础上对该生开展发展性评估，了解他的发展年龄，最后根据发展评估的结果，建议对该生进一步开展精细运动能力评估。评估结果如表 3－8 所示。该生评估汇总报告如下。

1. 学生基本信息

顾小华于 2003 年 3 月 28 日出生于江苏苏州，性别男，残疾证为智力 4 级。

2. 生育史

母亲在 24 岁时生育，孕期没有出现异常，顺产无异常。学生出生时体重为 3 650 g，身长 51 cm。新生儿时期未有异常。

3. 就医史

2015 年在家发生痉挛送去医院（疑似发热引发智力低下）。

4. 发展史

① 身体发展：4 个月的时候脖子立起来；7 个月开始独坐；8 个月开始独自爬行；15 个月开始独自行走。

② 社会认知：13 个月开始肢体模仿，开始发音，出现词语“妈妈”；14 个月出现要求性手指和共同注意；15 个月出现原述性手指；17 个月出现可逆性手指，并能理解“给我”；26 个月开始出现动作模仿；37 个月开始出现假扮游戏；50 个月开始使用道具(笔和勺子)。

5. 入学观察

在刚开始上课的时候处于适应环境的状态，对老师的说话内容理解较少，但是会在其他学生做出反应 2—3 秒后做出相应的反应。活动过程中能根据老师的提问做出简单的反应(指自己，指老师)。在大多数时候没有特别关注老师而是关注班级里的其他学生。对于指令(坐好，手放好)能做出身体反应，但是动作不规范。得到教师表扬的时候该生露出了非常开心的表情，并且能够跟着教师的节奏一起鼓励自己。

① 学生对环境的适应需要一定时间，在环境中容易受他人影响，在不理解指令的情况下，也会跟着他人的反应而模仿做出一些反应。

② 可以理解简单的指令，但是动作协调度低。在课堂上对于教师大多数的指令表现出不理解的样子。

③ 学生在课堂活动中寻求教师的关注，对表扬表现出非常积极的状态。

6. 期初发展评估

根据课堂表现来看，该生在课堂中有一定的参与意识，对教师给予的反应也有较多的期待，但是在整个过程中对于教师指令的理解，以及指令执行方面则表现出了明显的不足。

表 3-8　顾小华的社会生活适应能力评估结果

项目	独立生活能力(SH)	运动能力(L)	作业操作能力(O)	交往能力(C)	参加集体活动能力(S)	自我管理能力(SD)	总分
分数	22	9	7	10	12	9	69
年龄(月龄)	60—78	60—78	42—59	42—59	60—78	79—101	60—78

在该量表中，该生整体能够达到 5 岁到 6 岁的水平，家长对于学生的社会生活能力等方面给予了较大的肯定，特别是在自我管理和参加集体活动方面，对学生的成绩有较大的认可。

7. 功能性评估及康复建议

(1) 评估结果

运动：能够独立完成双脚跳和单脚跳 5 步以上的活动，但是对于蹦蹦跳跳这类有节奏的活动表现出跟不上节奏、两脚混乱的情况。

认知：① 搭积木（搭小火车、家）。根据搭积木的活动，该生开始从一维世界转向二维世界，能够完成横搭或者竖搭的活动，但是对于不对称图形的认识还较弱。学生能够有象征性意义地把积木看成小火车，强调司机坐的地方后能够完成不对称图形。② 绘图（自主画圆、十字、正方形）。在画自主画的时候能够发挥想象把圆延伸出“太阳”和“云”的图案。在画圆的时候也能够意识到“内—外”关系，抓住并控制事物的起点和终点。在画十字的时候对于已经存在的“横—竖”关系不能完全理解，在教师示范后能够持续性地画出十字，但是对于手部精细能力要求较高的正方形来说，虽然学生能够画出，但是线条和角之间的结构表现出了学生手部控制力量的薄弱。③ 操作类课题（区分形状、比较容器大小）。该部分评估不仅仅涉及比较类问题，还涉及学生的操作性，在形状区分中学生表现出较为明显的摇摆不定的情况，特别是涉及圆形、椭圆形、六边形的时候；而在比较容器大小的环节中，学生不能理解老师的指令，不能按照从小到大顺序排列。

言语：① 记忆类课题（唱数、短文复述）。在唱数过程中体现了学生较强的短期记忆，能够完整复述 5 位数字和简单的句子。② 词语（名称、用途、颜色）。能够说出简单字词的名称，对于时钟和足球则有些陌生。不能够主动说出颜色名称，也不能够指认颜色（黄色和蓝色混淆，色弱倾向待鉴别）。③ 自我（名字、年龄、性别）。能够正确地说出自己的名字、年龄和性别，对班里其他同学的性别也能够正确描述。④ 比较性课题。在“大—小”和表情识别课题的完成过程中可以看出他建立了比较意识，能够通过观察比较得出结果，但是对于“长—短”问题的回答则表现出犹豫。学生虽然能够认识到两者的区别，但是还是会因为教师的提问出现摇摆不定的情况。

总结：根据检核，该生的发展水平主要处于 2.5—3 岁的水平。通过新版 K 式评估结果来看，该生复述类课题的完成度较高，能够主动说出事物的名称，自己的名字、年龄和性别，反映了该生对语言类题目较为擅长，而搭积木和绘画等课题的完成度则表现出他在操作性课题中的不足，特别是在需要建立在观察基础上的操作，以及需要控制自己的手指和手腕等操作性课题上表现出较大的弱点。另外，在比较性课题中，学生虽然基本建立了二维意识，但是会因为提问的方式而出现对答案摇摆不定的情况。

(2) 康复建议

结合该生的发育史、成长史、在校的活动观察及 S—M 和新版 K 式评估的结果,对该生的情况做以下总结。

该生在新生儿时期并没有明显的发育迟缓,在 2 岁突发性高烧前后开始出现一些发育迟缓的迹象,主要表现在动作模仿和道具使用方面,从而影响了该生在现阶段的学习和表现。

通过观察课堂活动和评估过程中该生的反应,发现该生比较在意老师和家长的评价。鼓励和支持的方式能够提高该生活动的参与度,增加自信心。该生目前的认知水平尚处于 2—3 岁阶段,即开始形成二维世界(大—小、内—外、多—少等)的阶段,教师和家长的不明确的评价容易影响他对二维观念的形成,也会造成他通过察言观色来作答的情况。

通过课堂、S—M 和新版 K 式的评估发现该生有简单的语言表达能力和理解能力,所以容易导致家长对其各方面能力做过高的评价。然而,在实际理解教师或家长的指令过程中,由于认知程度的限制,导致学生没能完全理解指令而出现人云亦云的作答情况较多,家长和教师需要辨明学生的实际能力。除此以外,该生在模仿和操作性课题中表现出了较大的弱势,这也会影响学生执行指令的效果,所以教师和家长在发指令的过程中,首先需要尽量把语言简单化;其次,涉及操作性指令的时候,需要教师分步骤示范来辅导学生完成。

结合以上评估结果,一方面,教师和家长应该在提高该生语言认知能力的同时,更注重提高该生的语言表达能力,特别是把已知的字词变为自己的语言去阐述;另一方面,在提高该生动作能力的同时,提高该生动作模仿能力和听指令做动作的能力。

二、以肢体障碍学生为例

1. 学生基本信息

邵小云于 2008 年 12 月 28 日出生于江苏苏州,性别女,残疾证为肢体 2 级。

2. 生育史

母亲在 28 岁时生育,孕期 4 个月先兆流产,要求保胎,母亲没有遵照执行。

6个月早产顺产。学生出生时体重为1 450 g,身长30 cm。新生儿时期未有异常。

3. 就医史

① 2008年12月在苏州大学附属第二医院出生,于保温箱2个月;

② 2009年8月因手脚紧张和不停哭闹就医于苏州儿童医院,判断为脑瘫,建议康复;

③ 2009年8月在上海儿童医院就医,判断为脑瘫,建议康复训练;

④ 2009年至今,于星海医院(娄葑医院)进行康复训练。

4. 发展史

① 4岁学会抬头;目前还不会独坐、不会爬和走路;

② 4岁时会说话。

5. 入学观察

① 学生因不会走路,只能坐轮椅入校,肢体障碍严重,生活自理能力差,严重依赖他人的照料;

② 认知和理解能力尚可,能够主动表达自己的想法,但是因家中老人娇惯,秩序性、规则性及礼貌方面较差,很自我,与同学关系一般;

③ 课堂上注意力容易分散,需要老师提醒,课堂参与度一般。

6. 期初发展评估

通过期初生态评估了解了学生的基本信息资料,在进行了课堂观察后对该生开展发展性评估,通过评估可以发现该生目前整体的发展水平如图3-3和表3-9。

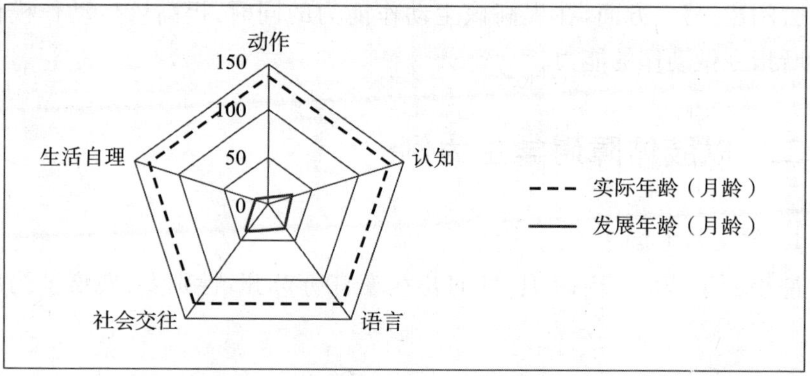

图3-3　邵小云的发展评估结果雷达图

表 3－9　邵小云的发展评估结果表

年龄	动作	认知	语言	社会交往	生活自理
实际年龄(月龄)	135	135	135	135	135
发展年龄(月龄)	6	24	30	36	12

根据评估结果，该生有较强的社会交往意愿，能够理解简单的指令，并进行表达，但是因为脑瘫导致身体机能控制力差，在动作和生活自理方面能力明显薄弱，建议后期对该生动作发展进行进一步的评估，为教育教学提供参考。

7. 功能性评估及康复建议

经过综合性发展评估，结合该生的病理性特征，由专业评估教师对该生进行了粗大运动能力和精细运动能力评估，并对该生的康复训练提出了教育建议。评估结果如图 3－4 和表 3－10 所示。

(1) 评估结果

该生粗大运动发育整体处在 4—6 个月，卧位：不能向左、向右自由翻身；不能在仰卧位下用手够到对侧玩具或用手握住脚，处于 4 个月的发展状态。坐位：不能从平躺到坐起；能在支持条件下拱背坐，处于 6 个月的发展状态。

该生上肢肌张力过高，肩关节、肘关节和腕关节的关节活动度较小。目前的精细运动发展整体处于 6—12 月，抓握能力处于 1 岁左右，能够拿较大积木和握笔；视觉—运动整合能力处于 6 个月左右，能够完成视觉、听觉追踪，伸手臂和抓握，但是在释放物品方面较差。

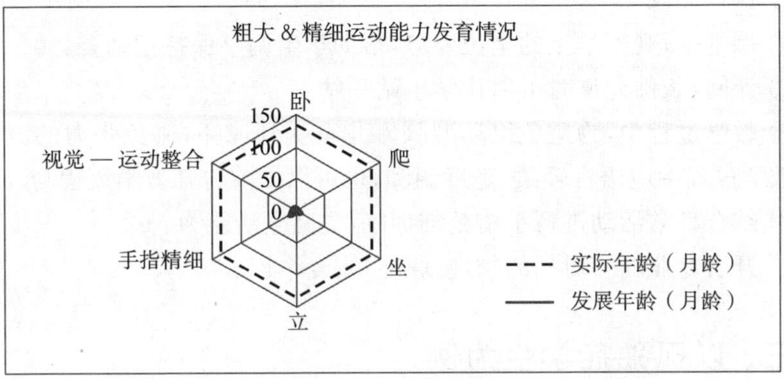

图 3－4　邵小云的粗大 & 精细运动能力评估结果雷达图

表 3-10 邵小云的粗大 & 精细运动能力评估结果表

年龄	卧	爬	坐	立	手指精细	视觉—运动整合
实际年龄(月龄)	135	135	135	135	135	135
发展年龄(月龄)	4	0	6	0	12	6

(2) 教育康复建议

该生的粗大运动能力与实际年龄相差较大,同时在查体评估中可见该生的部分原始反射存在,张力异常,后期康复效果可能非常有限,建议康复训练以功能训练为主,抑制异常姿势。考虑到学生实际年龄在学龄期,可以从解决学生日常功能需要的康复训练开始。

1) 康复建议

① 粗大动作训练建议:坐位训练,尽可能让学生在支持下保持正确的坐位姿势,延长时间,以保证日常需要;牵伸训练,抑制异常姿势,牵伸痉挛肌肉,避免长时间张力异常导致骨骼形变;翻身、爬的训练,又可以表述为移动训练,提高学生翻身移动的能力,扩大活动范围;立位训练,在站立架保护的条件下,防止体位性低血压,防止压疮,维持下肢部分肌力;被动活动,促进下肢血液循环,防止深静脉血栓。

② 精细运动训练建议:进行降肌张力的按摩放松,降低肌张力,增大关节活动度。结合日常生活活动能力,进行抓握能力训练,如,抓握和释放练习。视觉—运动整合能力,结合粗大运动能力进行,提高学生的上肢运动能力。

2) 课程建议

① 课堂中,观察学生的坐位姿势,帮助学生调整保持正确姿势。

② 课间,条件允许时可以让学生站一站。

③ 教学过程中,为避免徐动型脑瘫儿童受到惊吓,避免张力的波动,教师在教学过程中应语言轻柔、态度温和,也可以提前告知教学流程与环节。

④ 结合日常活动进行手指精细训练,提高生活能力。

⑤ 开展专业的一对一的物理(职能)康复个训。

三、以孤独症学生为例

1. 学生基本信息

丁小雨于 2008 年 1 月 1 日出生于江苏苏州,性别男,残疾证为精神 2 级。

2. 生育史

母亲生育没有异常，正常分娩（顺产），比预产期提前一周生产，出生后也没有发生什么疾病。

3. 就医史

2.5 岁在苏州母子中心、苏州儿童医院确诊；3 岁至 4 岁，在常州某康复中心康复；4 岁半至 5 岁半，在苏州某康复中心康复；6 岁至 7 岁，跟随中国台湾某康复中心做线上居家康复，其间去厦门就医，服一年多中药；8 岁，在苏州就医，服阿立哌唑至今；11 岁至 12 岁，于南京就医，服中药。

4. 发展史

3 个月会抬头，7 个月会坐，8 个月会爬，13 个月会走，18 个月会使用肢体语言，30 个月出现模仿动作。

5. 入学观察

该生在校期间情绪不稳定，出现过度兴奋及自伤行为；喜欢与人亲近、获得关注；较少时间能够独立休闲；食堂用餐时喜欢吃别人的食物，用手抓饭等；喜欢水疗课程，入水后情绪状态较好；学习能力及效率较低，在上课期间喜欢关注环境中的因素，有一定的刻板行为，例如，开着的柜门一定要关上；参加集体活动时没有团队意识，需要大量辅助进行；热爱自行车、跑步等活动。

6. 期初发展性评估结果

通过期初生态评估了解学生的基本信息资料，在进行课堂观察后对该生开展发展性评估，通过评估可以发现该生目前整体的发展水平如图 3－5 和表 3－11 所示。

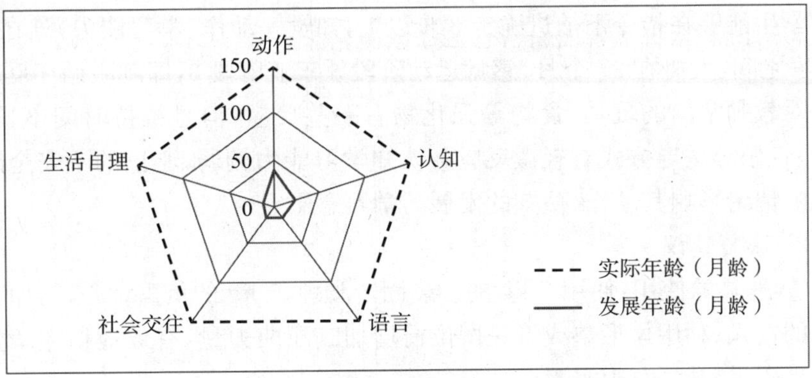

图 3－5 丁小雨的发展评估结果雷达图

表 3-11　丁小雨的发展评估结果

年龄	动作	认知	语言	社会交往	生活自理
实际年龄(月龄)	150	150	150	150	150
发展年龄(月龄)	36	18	10	10	12

① 运动:可以完成行走、跑跳、独立上下楼的活动,但对于左右脚控制协调等活动则无法完成。

② 精细活动:教师把积木递给学生后,该生可以完成叠积木的活动,并能堆到 8 个以上,中间积木掉落也可以拿起继续完成。

③ 认知:能完成圆板单个配对和调换后配对的活动,也能完成三角形的配对,但却无法完成圆和正方形的配对。涂色时,手掌握笔,以手肘为轴往返画,或是在纸上用力地画点。在分割容器时,无法关注到两个容器只能放入一侧。

④ 语言:不具备语言,对于一些简单的指令,如"给我""捡起来"等可以做出反应,但是无法准确指出相应的图案,对于自己的身体部位也不确定。

根据以上评估结果,该生目前整体认知发育尚处于 2 岁左右的阶段,为了更好地对该生开展教育教学,建议进一步对其开展感知觉类的功能性评估。

7. 功能性评估及康复建议

(1) 知动能力评估及康复建议

通过对该生进行知动能力的评估,其生理发展年龄为 150 个月,评估实际年龄为 27 个月。

1) 评估结果

学生能够在指令下前进跪走 3 步以上,知觉—动作(学习能力)处在 2—2.5 岁之间,大概在 27 个月,感觉运动阶段处于亚阶段 3,即刺激循环反应阶段。对教师拿出的玩具、食物等强化物有一些反应,但是维持时间不长,对声音、音乐等诱导方式有轻微反应。认知学习能力较弱,心里的不安全感及波动的情绪影响其动作、认知的发展与学习意愿。

2) 康复建议

① 辅具的使用:使用 2 kg 的沙袋固定脚踝,5 kg 的负重背心,增加其感知觉的输入;利用楔形垫或者是摆位椅增加其屈曲力量,有效地稳定学生的日常坐姿,提升注意力水平。

② 跪走活动:利用课间、康复训练、体育活动等时间段,对学生进行规律

性的跪走活动，增加其屈曲力量的同时稳定其情绪状态，利用强化物的诱导方式加强其对时间概念的认识，利用口语指令的引导方式加强其对指令的理解能力，增强师生之间的配合，提升其学习能力。

③ 跳跃活动：利用课间、康复训练、体育活动等时间段，对学生进行规律性的跳跃活动训练。学生的体能较好，活动需求量较大，开合跳、波比跳、单脚跳、双脚跳、跳绳等活动方式都可以有效地缓解学生紧张不安的情绪，并满足其较大的活动量。

④ 蹲站活动：节律性的蹲站活动可以有效加强学生下肢的活动能力及肌肉力量。同时，节律性的活动方式可以增强学生的规则意识，提升其规范日常行为的能力。

⑤ 生活类活动：通过创设情境、日常生活、绘本阅读等，利用多感官刺激的方式加强学生的日常行为能力，通过规范的操作步骤一步一步引导学生，提升其生活自理能力，例如刷牙、吃饭、上厕所等行为。

(2) 感觉统合能力评估及康复建议

该生感觉统合能力评估结果如图 3－6 和表 3－12 所示。

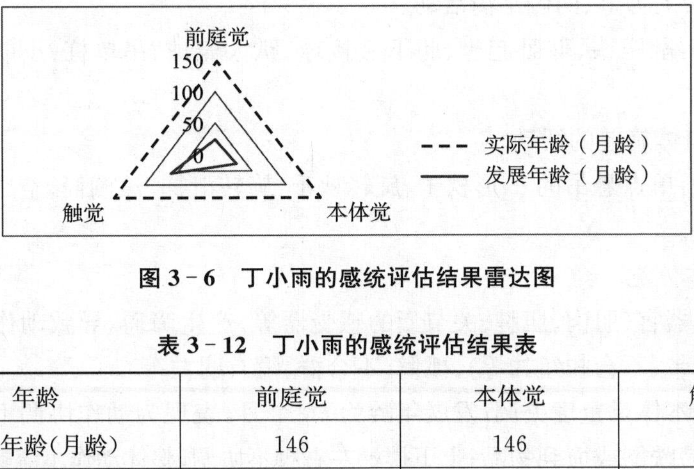

图 3－6　丁小雨的感统评估结果雷达图

表 3－12　丁小雨的感统评估结果表

年龄	前庭觉	本体觉	触觉
实际年龄(月龄)	146	146	146
发展年龄(月龄)	24	30	60
结果	前庭觉重度失调	本体觉重度失调	触觉失调

1）前庭觉

前庭功能是脑干过滤感觉信息，输入大脑形成学习信息的一种功能。感觉信息中有些矛盾和错误的信息有赖于脑干的前庭网膜来进行统合和整理。大脑输出的信息也是由前庭功能来进行轻、重、缓、急的整理，能很快实现大脑和身体的完全协调。

该生前庭觉重度失调，发展年龄为24个月，表现为平衡能力不佳，空间认知错误，肢体运动严重不协调，很容易被绊倒，手眼协调能力差等。失常的儿童会表现为平时看起来总是疲累懒散、虚弱无力的样子（姿势维持能力），专注力差，容易受内外在的环境影响；妈妈或教师跟他说话时，他常常听不懂对方的意思，反应慢（听觉、视觉处理）；自己喜欢原地转圈和荡秋千（情绪控调策略），快跌倒时不会用手支撑身体，保护自己免于受伤（维持平衡能力）。

2）前庭觉康复建议活动

① 上下、左右跳的活动。

例如：弹跳球、拉单杠、跳高、跳圈圈、跨越跳箱、跳跳床、充气坐垫弹跳、跳格子、单脚跳、左右跳、玩跷跷板。

② 前后、左右摇晃的活动。

例如：骑木马、骑滑板车、摇晃布袋、荡秋千、趴在大笼球上前后摇晃、双人拉拉船。

③ 头下脚上、两侧平衡活动。

例如：翻跟头、仰卧起坐、胯下丢接球、趴大笼球、吊单杠、小熊爬行、小牛耕田。

④ 身体旋转的活动。

例如：单点悬吊的T形秋千、旋转秋千、旋转滑梯、滚圆筒、空中旋转跳、双人转圈。

3）本体觉

本体器官（肌肉、肌腱、关节囊的感受器等）产生障碍，导致动作笨拙（如不会系鞋带、不会扣纽扣等）、孤僻（不合群、没有朋友等）。

该生本体觉重度失调，发展年龄为30个月，表现为动作协调不佳、肢体僵硬；容易跌倒或撞到物品；上下楼梯左右脚不协调，整体动作不流畅；脚步声很大；眼睛要注视手、脚才容易做出动作；握笔太用力，以致常常弄断铅笔或画笔；肌肉张力低、姿势松垮无力；动作计划能力不佳；寻求或喜欢撞、跌的动作。

4）本体觉康复建议活动

例如：前面放目标物，用脚踢倒目标物；气球伞；攀爬运动；比力气，十指相扣，踩弓箭步互推；踢沙包；打沙包；拔河；拉重物；踩影子游戏；大滑板滑行；跳高；左右跳；丢接球；匍匐前进。

5）触觉

触觉过分防御是指触觉敏感，这些孩子对外界刺激适应性较差，害怕陌生，不喜欢他人触摸等，而且常常会喜欢某些特殊的感觉，如偏食、吸吮手指、触摸生殖器等。触觉迟钝的孩子反应慢，动作不灵活，分辨能力差。

该生触觉失调，发展年龄为 60 个月，日常生活中穿衣、鞋、袜很挑剔；排斥洗发、梳头、洗脸、刷牙等清洁活动；排斥食物的质地，无法吞咽；不喜欢身体部位被碰触；不喜欢脱掉鞋袜或赤脚踏在草地、沙滩上；被人轻微碰撞时情绪反应大；对水的温度很敏感也很挑剔；很不喜欢待在人多且拥挤的地方。

6）触觉康复建议活动

例如：拥抱、按摩、拍背；压大龙球；荡秋千；穿负重背心；穿紧身衣；按摩手掌及手指；按摩口腔内壁；玩沙；抱大笼球。

四、以言语语言发育迟缓学生为例

1. 学生基本信息

董小梦于 2007 年 12 月 3 日出生于河南，性别女，残疾证为智力 2 级。

2. 生育史

母亲在 23 岁时生育，孕期一切正常，顺产。出生时体重为 7 斤左右，新生儿时期未有异常。

3. 就医史

2013 年至今，进入仁爱学校学习。

4. 发展史

1 岁会叫妈妈，但发音不清。1.5 岁会走路，但不稳。生活自理能力差。

5. 入学观察

学生有一定的运动能力，跑步、走路时肢体运动不协调，生活自理能力差，依赖他人的照料；有一定的认知和理解能力，能够用肢体动作和简单的发音表达自己的想法，与他人相处；能够进行简单的词语发音，但是发音不清晰，有发音意识；与人相处时，脾气较差，喜欢跟家人发脾气；纪律性强，能够在课堂中安坐，积极配合参与课堂活动，但学习能力弱，知识吸收慢。

6. 期初发展评估

该生于 2013 年 9 月入校，期初一直是乖巧模样，但据家长反应，该生在家非常任性，难以管教，属于语言发育迟缓。2013 年入学时给该生做过一次评估，能达到 1.5 岁的发展水平，但不具备 2 岁的能力。本次于 2019 年对该生重新评估并对比 6 年前的评估结果发现，该生在认知和精细运动能力上有显著提高。两次评估结果如图 3-7 和表 3-13。

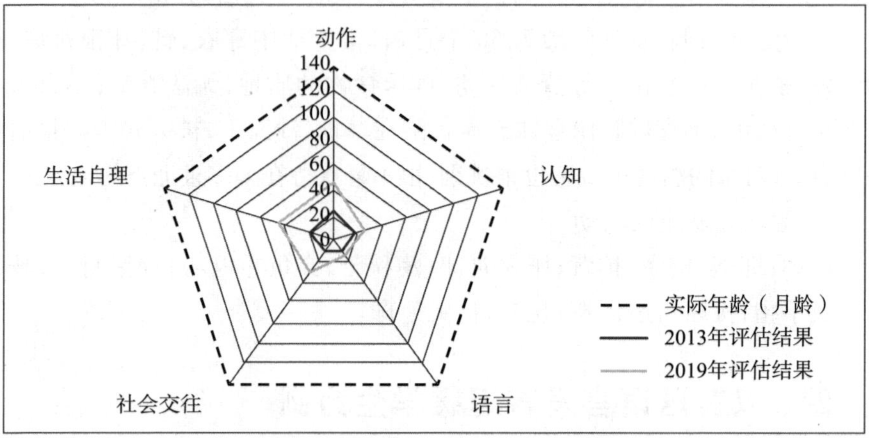

图 3-7　董小梦的发展评估结果雷达图

表 3-13　董小梦的发展评估结果表

年龄	动作	认知	语言	社会交往	生活自理
实际年龄(月龄)	140	140	140	140	140
2013 年评估结果(月龄)	24	18	12	12	20
2019 年评估结果(月龄)	48	24	16	30	48

① 运动能力：在 2013 年上下楼梯时需要手扶扶手或有人扶，现在可以独立上下楼梯。在 2013 年完全不具备跳的能力，现在在引导和帮助下可以往下跳，但落地时两脚会有先后。

② 精细运动：在 2013 年拇指和中指的控制神经还没有完全分化，无法做"V"手势，现在虽然其他拇指不能完全闭合，但食指和中指开始产生分化，并具备较强的模仿意识。

③ 认知：在 2013 年能完成积木配对，但在搭小汽车时只能完成一辆，分配积木时较难关注到两个容器。现在可以顺利完成吻合板配对，在开展图片与实物配对任务时可以主动完成，而在进行图片与图片配对任务时有较大困难，示范后也无法指出同样的圆形；在搭小汽车时听到"嘀嘀叭叭"后就很主动地想要开汽车；对于两极概念还没有掌握，在指"大—小""长—短"时

犹豫，且结果不稳定；在模仿画字画图等较高难度的动作时存在困难。

④ 语言：能指认常见事物，但对于用途的理解不足，语言表达能力也较弱，不能清晰地表达自己的想法和意愿。

根据以上评估结果，再考虑该生实际年龄，要求进一步对该生开展言语语言类评估和生活适应能力评估，从该生的生涯发展角度提供教育教学的参考意见。

7. 功能性评估结果及建议

(1) 评估结果

生活适应量表：该生生活适应能力整体处在36—48个月，生活自理方面，能够自己吃饭不剩饭，但是不能保证进食卫生；能够做刷牙、擦鼻涕的动作，但是动作不规范，擦不干净；能够自己穿套头衣服，但不认识正反面；能解开衣服的按扣、拉开拉链等；能够自己戴帽子和脱帽子；能够在简单提示下认识男女厕所，能够独立大小便，大便擦屁股需要辅助，不能处理生理期卫生；能够有意识地做一些家务事，不能保证质量；愿意参加社会活动，但参与质量不高；时空定向能力薄弱。

语言评估：学生会说出一些常见物品的名称，至少会用10个单字，会用语言要求别人做什么，会说50个词汇，语言表达能力达到典型发展儿童1—2岁水平；会在要求下指出熟悉的东西，知道玩伴的名字，认得电视上常见之物，语言理解能力达到典型发展儿童1—2岁水平。

(2) 康复训练建议

该生的生活适应能力与实际年龄相差较大，有基本的自我照顾意识，但是动手能力不强，生活自理能力有限，不能完成多数生活自理活动的动作要求。考虑到学生实际年龄比较大，很快进入初中阶段，可以从学生日常生活需要的生活技能着手教学。

1) 生活技能训练建议

① 生活自理训练：尽可能让学生在小步子、多循环的教学方式下进行学习，以掌握到更多的生活自理技能；目前学生进入青春期，生理期卫生问题不能独自处理，班级老师和家长可以重点着手进行教学。

② 居家能力训练：日常家庭生活和学校生活中，多鼓励学生参与、体验劳动活动，使学生具备处理家庭劳动的意识，多多练习，熟能生巧。

③ 自我管理的训练：学生在学校比较乖巧，但在家里比较任性，居家自我管理意识比较薄弱，当学生与家人交往时的一些做法不适宜时，家人可以调整

自己的行为，使学生意识到要管理自己的行为规范，逐渐强化自我管理意识。

④ 社会化训练：学生能够主动发起与他人的互动，但是语言理解与表达能力弱，有效互动停留在简单的问好、玩耍等内容上，社会化能力的提高需要从语言理解与沟通表达方面进行训练。

2）语言能力训练建议

① 接受性语言能力干预：通过对学生进行词语理解、简单句理解、一步指令及多步指令理解的逐级训练，提高学生对日常生活中接受性语言及指令的理解。

② 词语命名能力干预：学生的词语命名能力偏弱，可以通过多感官学习通道，利用学生优势学习方式，帮助学生掌握生活技能所需要的基本名词和动词指令，以此提升学生的语言表达能力。

③ 语言沟通干预：学生主动发起沟通的意愿不足，沟通效能偏低，结合PRT 技术，利用视觉学习优势，通过图片、软件等丰富辅助沟通的媒介。

④ 社交游戏干预：学生即将进入高年级，可以通过游戏进行社交技能的干预，比如与人沟通时，尝试如何控制情绪，如何在团体的融合活动中与同伴合作、互相帮助等。

3）课程建议

① 结合日常活动进行劳动技能的训练，提高生活能力；

② 课间，让学生承担部分打扫教室环境卫生的活动；

③ 开展专业的一对一生活技能个训；

④ 结合学校非传统课程日活动的主题，设计适合学生主动发起沟通的活动机会；

⑤ 利用在校例行活动提高学生主动表达欲望，必要时借助图片等辅助沟通；

⑥ 在集体教学中有意对学生的指令理解、词语理解等进行干预；

⑦ 开展家校合作，鼓励家长进行活动本位的沟通干预，提升学生语言理解和主动沟通的意愿，使学生愿意用语言表达需求，减少其发脾气的次数；

⑧ 利用 PRT 程序在班级例行活动中对学生的动机激发、主动发起、情绪管理进行引导干预，对学生的正向语言行为等及时强化，建立奖励机制，提升其成就感和自我效能感。

第四章　个别化教育课程

第一节　培智学校国家课程体系

2002年，教育部启动了特殊教育学校课程改革工作，分别成立了特殊教育学校新课程方案工作领导小组和盲、聋、智力障碍教育专家组和研制组。2007年，教育部颁布了三类特殊教育学校的课程方案。课程改革后的特殊教育课程体系包括以下要素：① 课程培养总体目标；② 课程设置；③ 课程内容；④ 教材；⑤ 课程实施；⑥ 课程评价，等。2016年11月，教育部正式印发了《培智学校义务教育课程标准》(以下简称《课标》)，使培智学校学生义务教育阶段的学习有了基本标准。随着后续新教材和教辅的推出，解决了长期以来困惑教师"教什么""怎么教"的难题，标志着新一轮培智学校课程改革工作正式全面启动。

一、培智学校学生的课程总目标及特殊要求

(一) 培智学校学生的总体培养目标

培智学校学生的总体培养目标是全面贯彻党的教育方针，培养学生热爱祖国、热爱人民、热爱中国共产党，促进其形成健康的审美情趣、积极的生活态度和正确的价值观；掌握与其生活紧密相关的基本的生活常识，学科基础知识和技能，养成良好的行为习惯，形成基本的生活适应能力及良好的品德，为其适应生活和适应社会打下基础，最终成为适应社会生活的公民。

（二）随班就读特殊需要儿童的课程目标的特殊要求

在普通学校随班就读的特殊需要学生在课程目标要求上与普通学生是一致的。从个体差异的角度看，随班就读学生因其在心理活动及学习方面需要特殊教育支持，因此需要对特殊教育目标进行适当调整，以实现其个别化的教育需要。

二、培智学校课程设置应坚持适性教育

（一）培养学生适应生活的学科素养

培智学校的课程应面向全体学生，使学生都能获得生活所需要的基本学科素养。各学科课程要引导学生扩大生活经验范围，丰富常识积累，扩展形象思维，逐步发展抽象思维；要指导学生初步掌握学习学科知识技能的基本方法，养成良好的学习习惯，正确理解和应用所学知识技能；要注重提高学生的思想品德修养，使他们初步形成良好的个性和健全的人格。通过学科课程的学习，提高学生适应生活、适应社会的能力，培养学生健康的审美情趣。①

（二）开设以生活为核心的开放而适性的学科课程

培智学校的学科课程应着眼于学生的生活需要，按照学生的生活经验和生存需要，以生活为核心组织课程内容，注重学科知识与生活的练习。在生活实践中，要注重学科内容应用领域的拓宽与课程的整合，既注重现实生活的需求，又注重社会发展的需要。学科课程要依据培智学校的生活环境，充分利用一切教育资源、社区资源和现代化信息资源，实现课程的生活化、多元化。

（三）提倡多感知、多体验、多参与的学习方式

根据培智学校学生的特殊需要，在目标制订、教学过程、课程评价和教学资源的开发利用等方面突出以学生为本的理念，为学生通过感知、体验、参与等多种方式进行学科内容的学习创造条件，应重视创设生活化情景，使学生能在社会实践活动中，真实感知、丰富体验、有效参与，发展学生的生活运用能力。要关注学生的个体差异，通过情景化、个性化的语言学习体验活

---

① 黄建行，雷江华. 特殊教育学校校本课程开发[M]. 北京：北京大学出版社，2012.

动，促进学生主动参与、积极体验、能动发展。

（四）潜能发展和功能改善相结合

培智学校的课程设置应注重将学生的潜能发展和功能改善有机结合，特别关注学生的个体差异，高度重视不同障碍类型、不同程度学生的学习特点和学习需求，科学评估学生的特殊需要，根据个体的发展特点，通过多种方式开发潜能，将发展的可能性变为发展的现实性；既要注重引导学生学习适应生活、适应社会所需要的学科知识和技能，又要重视学生的功能改善，充分利用支持策略和辅助技术满足其特殊的学习需求，为学生健康发展、融入社会打下基础。

（五）利用信息技术，服务培智教学

信息技术的发展对培智教育教学的价值、目标、内容及教学方式产生了很大的影响。培智学校学科课程的设计与实施须根据实际情况合理地运用现代信息技术，要注意信息技术与课程内容的整合，注重实效。要充分考虑信息技术对学科学习内容和方式的影响，开发并向学生提供丰富的学习资源，把现代信息技术、教具学具作为学生掌握学科内容和解决问题的有力工具，有效地改进教与学的方式，使学生乐意并有可能投入到现实的学习活动中。[①]

三、培智学校课程内容应与学生的日常生活紧密相连

从上述课程理念出发，培智学校的课程结构可分为三个板块，即康复训练类课程、文化基础类课程、劳动技能类课程。康复训练类课程主要包括运动康复、感知觉康复、认知康复、言语语言康复、作业康复、生活技能康复等，这类课程是全体学生限定选择修习的课程；文化基础类课程主要包括生活语文、生活数学、艺术等，这类课程是全体学生必修的课程；劳动技能类课程主要包括为学生将来进入社会或升入职业培训机构作准备的各类劳动知识与技能，这类课程是全体学生限定选择修习的课程。

美国教育学家博比特认为，教育实质上是一种显露人的潜在能力的过程，它与社会条件有着特殊的联系。由于教育是要使学生为成人生活做好准备，因此，应该根据对社会需要的研究来确定课程目标。我国特殊教育专

① 王梅，等. 孤独症儿童课程与教学设计：兼论特殊教育的课程[M]. 北京：北京大学出版社，2014.

家朴永馨教授曾指出：智力障碍学生教育的课程要更多地适合教育对象的特点，不能以学科或变相学科为本。中重度的智力障碍学生更要以实际能力的训练领域为主，而不是以普通教育的学科为主。[①] 据此，在制订课程目标、课程结构、课程标准及实施课程计划时，首先要分析障碍学生的特点及其知识、技能、社会行为与态度等的现有发展水平；其次要考虑适应现代社会生存与生活的基本需求。所以，课程内容应与培智学校学生的日常生活紧密相连，以学生为本，将教育目标、内容与学生适应社会的基本需求结合起来。

四、灵活使用统编教材，研发校本教材

2016 年《课标》颁布后，各个学校相继开发出统编教材。各个学校在使用统编教材时，可进行灵活调整和选择。此外，培智学校的课程建设鼓励学校开发校本课程，突出地方特色、学校特色和个性化课程。培智学校的教师在为不同类型的特殊学生开展教学时，需要根据学生的特点来选择和重组教材，考虑学生的学习特点和个体差异性。教师在上课时，需要对教材进行加工和改造。研发校本教材，可以更贴近学生的生活实际，弥补统编教材的不足，为学生提供更丰富的学习资源。同时，由于特殊学生的个体差异，培智学校的教师还应当采取个别化的教学策略，设计个别化的教育方案，实现因材施教的教育理念。

五、课程实施中坚持全人教育的理念

全人教育是指在教学时了解学生的心理需求、能力、经验、性格、意愿等主观条件，并加以配合，从而激发学生的求知欲和学习动机，使其参与学习。在培智学校的课堂中，特殊学生参与教学活动的形式是多种多样的，教师根据学生的特殊需求调整教学策略，为学生参与力所能及的活动创造条件，比如采用直观教学、情景模拟等方法丰富特殊学生的感性经验，培养其活动能力和动手操作能力。培智学校的课程实施应当坚持全人教育理念，依照特殊学生的学习特点和需求开展，教师要关心每个学生的成长，为其提供平等

---

① 张文京，严小琴. 特殊儿童个别化教育：理论、计划、实施［M］. 重庆：重庆大学出版社，2015：7－12.

的学习机会，在课程设计中充分考虑其心理特点及特殊需求，激发学生的积极情感，促进学生的素质发展和健康成长。比如，在培智学生的课堂中，通过现实生活或创设情境促使学生获得生活经验，激发学生的学习动机，调动学生的积极性，将课程实施的过程与学生的情感体验、技能学习结合起来，尊重每个学生的学习潜力和价值，促进学生在学习活动中获得独特的体验。同时，教师要多关心培智学校的学生，尊重其人格，学校的一切活动都应该贯彻全人教育理念。①

六、课程评价综合多元化

培智学校的课程采用多元评价，可以包括课堂评价、日常评价、学科评价和定期评价。课堂评价是指对学生课堂行为表现及内心能感受的评价；日常评价是指对学生短期教学目标的达成度和个性化作业的完成度评级，并建立成长档案；学科评价是指测试的多样化，比如学生的学业评估包括书面评估和操作评估；定期评价是指可为学生建立单项奖和电子档案，实时动态评估。②

第二节　培智学校校本课程开发

培智学校校本课程是在实施国家培智学校义务教育一般性课程的前提下，通过对本地区、本学校、本校学生差异性的需求进行科学评估，并充分利用当地社区和学校的课程资源开发的课程。校本课程开发的主要特点是着眼于学生的实际发展需求，关注学生的个体差异。③培智学校校本课程的开发与实施，是满足特殊儿童的个性化教育需求，提高特殊教育质量，促进特殊教育事业发展的一项重要工作。④

① 刘全礼.个别化教育计划的理论与实践[M].北京：中国妇女出版社，1999.
② 黄瑞珍，等.优质IEP——以特教学生需求为本位的设计与目标管理[M].台北：心理出版社股份有限公司，2013.
③ 洪佳琳.以智残儿童为本 开发校本课程[J].现代特殊教育，2007(6)：7－10.
④ 胡银林.校本课程开发与教师专业成长[J].新课程，2010(8)：4－5.

一、培智学校校本课程开发的背景

2007年2月，教育部颁发了《培智学校课程设置实验方案》，有关文件的出台为特殊教育学校校本课程开发提供了理论指导和政策支持，极大地推动了培智学校校本课程的开发。特殊教育起步早、发展快的北京、上海、广东及江苏等地区走在前列，比较重视校本课程，并取得了较好的成果。比如，北京市海淀培智中心学校设立了生活适应课程；上海市宝山区培智学校研发出针对中重度智障儿童的自助教育课程体系；江苏省扬州市培智学校以"为完美生活做准备"和"生活即教育"理念为基础，开展了智力障碍儿童生活课程的开发与研究；广东省佛山市顺德区启智学校和深圳市元平特殊教育学校进行了以学生为本、促进生活适应和社会适应的校本课程开发。① 随着特殊教育课程改革的不断深入，课程的决策权力逐级下放，校本课程已成为我国特殊教育课程改革领域内的一项重要议题。

2016年，教育部印发了《课标》，并提出相关要求，即特殊教育教师必须充分认识课程标准的重要性，认真开展课程标准培训，全面推进特殊教育教学和评价改革，大力加强特殊教育课程资源建设。②《课标》一经发布，迅速得到特殊教育界的广泛认可和大力推广。在此背景之下，一些培智学校积极落实教育部关于培智学校课程设置的相关要求，推进校本课程开发，切实满足特殊学生的需求。

二、培智学校校本课程开发的意义

随着我国融合教育的发展，随班就读工作不断深入推进，轻度智力障碍、孤独症儿童、脑瘫儿童等培智学校的主要招生对象已逐渐进入普通小学，越来越多的中重度智力障碍儿童进入特殊教育学校。培智课标的功能化和生活化的特点，要求满足中重度智力障碍儿童的特殊需要，但现有的课程不能完全满足学生的个别化需求。③《课标》明确指出，各地要结合本地的

---

① 柏佳丽. 培智学校生活适应性校本课程开发的现状及对策[J]. 教育现代化，2018，5(21)：86－87.

② 黄伟. 特殊教育学校课程标准制订研究[J]. 中国特殊教育，2017(4)：9－14.

③ 许家成. 培智学校义务教育课程标准的基本特点[J]. 现代特殊教育，2017(1)：8－9.

实际情况，针对学生的特殊需求，加大特殊教育课程资源的开发和利用，重视校本课程的开发。校本课程的开发正是培智学校个别化教育的内在要求，体现了《课标》的灵活性。①

综合国内学者研究，培智学校校本课程研发的意义体现在四个层次：一是课程层面，培智教育课程新体系的构建，可以使国家课程与校本课程形成互补；二是学生层面，培智学校校本课程的开发是尊重学生发展差异，满足中重度残障学生生存与发展的需要；三是教师层面，培智学校校本课程的开发可以提升特殊教育教师的专业水平，促进教师专业发展。校本课程的开发与教师的专业发展互相促进，参与开发校本课程有助于教师对所教学科形成更全面、系统的认识，同时充分考虑所教学生的发展现状；四是学校层面，培智学校校本课程的开发可以促进培智学校的发展，体现培智学校的办学特色。同时，培智学校校本课程的开发有利于提高培智学校义务教育课程的适应性。② 此外，黄建行等人在《特殊教育学校校本课程开发》一书中从国内课程改革的大背景和特殊教育学校课程改革两方面对培智学校校本课程开发的必要性进行了阐述。③

综上所述，培智学校校本课程开发具有十分重要的意义。当前，我国各地特殊教育学校正在进行新课标背景下校本课程开发的探索工作，开发培智学校校本课程已势不可当。

三、培智学校校本课程开发的理念

（一）个别化教育理念

个别化教育理念是一种以尊重、适应、发展学生的差异性和个体性为主旨的教育理念。在教学过程中，教师根据学生的能力、需要、兴趣、身体状况等设计不同的教学计划或方案，采用不同的教学资源、教学方法和教学评价手段进行教学，从而使班级中的每一个学生都能得到合适的教育，并取得最大限度的成功。④

① 杨中枢.培智学校校本课程的意义、内涵与开发[J].现代特殊教育，2018(11)：19－21.

② 洪佳琳.以智残儿童为本 开发校本课程[J].现代特殊教育，2007(6)：7－10.

③ 黄建行，雷江华.特殊教育学校校本课程开发[M].北京：北京大学出版社，2012：4－5.

④ 肖非.关于个别化教育计划几个问题的思考[J].中国特殊教育，2005(2)：10－15.

（二）生活教育理念

培智学校应坚持生活教育理念。生活教育理念既反映政治、经济、文化、生活的发展趋势，又符合学生身心发展的规律，着重培养学生的生活能力和创造能力。生活教育主张以“生活”为中心组织课程与教学内容，强调“教学做合一”“社会即学校”等理念。①

（三）生存教育理念

生存教育是指通过开展一系列与生命保护和社会生存有关的教育活动和社会实践活动，向学生系统传授生存的知识和经验，有目的、有计划地培养学生的生存意识、生存能力和生存态度，树立科学的生存价值观，从而促进个性自由、全面、健康地发展，实现人与自然的和谐统一。

四、培智学校校本课程开发的流程

（一）确定校本课程的目标

在积极实践国家课程的基础上，通过对学校不同教育对象进行个别化的生涯规划，初步确定不同障碍程度的特殊学生培养的目标。确定课程目标有助于明确与教育目的的衔接关系，从而明确课程编制工作的方向；有助于课程内容的选择和组织，指导教师为学生拟订适合的教育内容；还可作为教师教育、教学的指导依据与课程实施的依据和课程评价的准则，并为学生提供有效的学习环境。②

（二）确定校本课程的内容

课程是对学校教育目标、内容、活动情景等的整体设计和安排，受教育目标的制约。特殊教育的最终目的是通过不同学习领域的教育活动，使学生最终能够适应个人、适应他人、适应社会，掌握适应生活必需的技能。在校本课程的设置中，为切合学校特殊学生的实际需要，学校可将课程划分为发展性课程、适应性课程、职业性课程等。③

（三）校本课程的实施

校本课程是以学校为核心，以校长、教师、学生、家长和社区成员为主

---

① 阎莹莹. 整合本土文化资源，点亮培智生活化校本课程[J]. 中国校外教育，2018(10)：48－50.

② 肖非，刘娴. 培智教育课程改革需要课程观念的优化[J]. 中国特殊教育，2004(5)：21－26.

③ 王淑琴. 培智学校社会适应性校本课程建设初探[J]. 现代特殊教育，2009(5)：29－31.

体，从学校的条件和特色出发而开发研制的课程。校本课程的实施是将校本课程方案付诸实践的过程。培智学校校本课程的实施具体体现在教育教学方面，由于中重度残障学生的差异大、异质性强，很难有统一的、广泛适用的教学方法，但对于培智学校校本课程的实施，仍需遵循相同的原则，如个别化原则、生活化原则、整合化原则等。①

第三节　培智学校个别化教育课程

一、培智学校个别化教育课程的意义

随着教育教学实践和研究的深入，教育界和社会对课程倍加重视。我国特殊教育的课程改革，保障了儿童教育权力，实现了教育平等，提高了特殊儿童的独立生活能力，促进其参与社会，使他们拥有尊严，获得幸福，实现人生价值。个别化教育作为实现特殊教育课程目标的原则和方法，已在政策法规层面、特殊教育理论与实践层面明确提出并实施。

培智学校的个别化教育课程功能有以下几点：① 用于特殊儿童的教育诊断；② 依据教育诊断评估结果，课程是学生个别化教育计划拟订的重要依据；③ 个别化教学活动设计中反映课程内容；④ 个别化教学活动实施中体现课程内容；⑤ 个别化教育课程融入学校、家庭、社区教育当中；⑥ 课程贯穿于特殊儿童个别化教育教学全过程。②

二、培智学校课程在个别化教育流程中的运用

（一）教育评估

教育评估主要包括综合性的全人课程本位评估，针对性的学科课程本位评估，以及反映日常生活的生态化评估。

① 黄建行，雷江华．特殊教育学校校本课程开发[M]．北京：北京大学出版社，2012：4－5．

② 张文京，严小琴．特殊儿童个别化教育：理论、计划、实施[M]．重庆：重庆大学出版社，2015：40．

（二）个别化教育计划的拟订

根据教育评估结果，结合全人课程本位评估与学科课程本位评估，参照个案讨论参与者的教育建议，依照实际情况与各位教师、家长及其他专业人员共同制订个别化教育计划。

（三）个别化教学活动的设计及实施

根据特殊学生的教育评估结果来分析学生的特殊教育需求，结合培智学校课程设计满足学生的发展需求的教学计划，结合特殊学生的先备能力、学习特点、学习兴趣等对教学内容、教学目标、教学策略、教学活动、教学评价等对教学进行设计，落实个别化教育计划。除了在学校教学中的个别化教育计划的执行外，还有在家庭环境中的家校合作，两者应当有一致性的目标及方法的课程和教学。此外，还包括在社区生活中，对学生个别化教育计划中的社区生活目标的实施。

（四）个别化课程在家庭及社区生活方面

1. 家庭中的个别化教育课程实施

家庭与学校个别化教育教学结合，有一致性的内容、方法、策略，以及家庭生活环境中的课程和教育教学。

2. 社区生活中的个别化教育课程实施

社区生活作为现代生活的重要组成部分，特殊人群的社区生活品质成为关注点，个别化教育计划中社区生活目标的实施，支持系统的协助，以及特殊人群与社区之间的相互需要，均成就了个别化教育课程的实施。①

三、培智学校个别化教育课程的构成

培智学校个别化教育课程的基本构成包括课程目的、课程指引、课程目标体系、课程本位评估标准、教师指导和学生作业练习，具体包括制作课程目的、课程本位评估标准、侧面图等文件课程，各文件相辅相成，它们可为教育诊断、个别化教育计划、个别化教育支持系统建构、教学内容、教学策略、教学活动等提供依据及策略。②

---

① 张文京，严小琴. 特殊儿童个别化教育：理论、计划、实施[M]. 重庆：重庆大学出版社，2015.
② 李森，陈晓端. 课程与教学论[M]. 北京：北京师范大学出版社，2015.

四、个别化教育课程实施可采用的教学策略

在个别化教育课程实施中，培智学校教师可根据学生不同的学习特点及特殊需求，采用合适的、个别化的教学策略来进行教学，一般在特殊教育教学中，常采用的教学策略如下。

（一）直接教学法

直接教学法由教师主导教学，将学生按照发展水平分类、分组和分层，运用同质性小组教学、形成性评估及教学技术的教学模式，系统地发展学生的基础知识，使学生完整了解，并将其应用于学习新知识上，进而提升学习品质。

（二）结构教学法

结构教学法是指根据学生所要学习的目标，对其学习情境所做的一种有系统、有组织的安排，以达到教学目标。结构教学法重视结构化的环境创设及视觉提示，经常运用于孤独症、中重度智能障碍、情绪行为问题学生的教育教学中。

（三）情境教学法

情境教学法是指在自然环境下教学，以学习者为中心，教学过程以功能性为重点，促使学生通过主动探索建构知识和经验，协助学生产生类化性和自然性的学习，并将所学习的生活技能和知识灵活应用到不同的情境中。

（四）社交故事教学法

社交故事教学法是一种大量利用视觉教材来引导学生学习社会行为的方法，以学生对社会行为的了解为教学目的。一般来说，以特殊学生的能力、兴趣、学习特点及需求作为考量，来描述学生已有的情景概念和社交技能发展水平。

（五）工作分析教学法

工作分析教学法包括两个概念：一是每一个教学目标的分析必须以学生现阶段的能力为起点；二是教学流程必须系统化。它是一个将复杂的教学目标分析精简成一连串教学小单位的过程。

（六）多媒体教学

多媒体教学是指利用现代信息技术及多媒体技术，结合图片、文字、视

频、声音等元素来呈现教学内容的教学方式。比如，通过将学生喜欢的电子游戏和教学内容结合，来设置教学情境和内容。多媒体教学工具既可以用来呈现教学材料，还能够激发学生学习动机，吸引学生注意力，提高学习成效。

第四节　仁爱学校个别化教育课程

2016年11月，教育部正式颁布特殊教育学校义务教育课程标准，它标志着我国特殊教育课程已经进入了“深化”时期，预示着我国特殊教育进入了“优质＋普及”的新的历史阶段。教育部专门发文，要求各地必须全面推进特殊教育教育和评价改革，积极引导广大教师依据课程标准组织教学，保障特殊教育质量的提升。新课标发布后，仁爱学校组织全体教师掀起了学习新课标、使用新课标的教改热潮，基于新课标的教学成为我校教学改革面临的新挑战。我校教师在学习、践行新课标的过程中，逐步认识到课程标准是国家课程的基本纲领性文件，是国家对课程的基本规范和要求，是课程教材编写、教学计划制订、评价方法选择等的基本依据，是教师教育教学的行动纲领。

仁爱学校自办学以来，招生对象为3—18岁的中重度智力障碍儿童、脑瘫儿童、孤独症儿童及多重残障儿童。随着近年来融合教育的不断推进，还有部分完成九年义务教育转衔到我校中职班和生活适应班的轻中度随班就读特殊学生。在教育实践中我们发现，如果完全采用基于国家课标的培智学校课程体系，校内部分重度残障学生、学前及中职学段学生将无法完全参与课程，个别化教育需求得不到满足。比如，《培智学校义务教育生活语文课程标准》第三部分“学段目标与内容”中针对低年级段“倾听与说话”学习领域，设有“能在别人对自己讲话时注意倾听”“能听懂常用的词语，并做出适当回应”“能听懂简单的句子，并做出适当回应”等教学目标。由于我校部分低年级学生为重度残障，学习能力受限，若要求教师严格按照以上教学目标进行教学，存在较大困难。此外，本校教师队伍普遍年轻化，教学经验不足，在灵活使用课标进行教学方面还有欠缺。

课程标准不仅具有规定性，还有其实践的灵活性。那么，如何在国家课程标准指导下，针对我校学生实施合适的课程成为难点。为化解这一困境，将“国家政策性”课程标准落实为“学校实践性”的课程，仁爱学校以国家课程标准培智学校课程结构为框架，结合本校学生的个别化学习特点和学习需要，秉持个别化教育理念，依托本校课程资源，不断探索课程建设体系，开发出体现学校特色的校本课程，即仁爱学校个别化教育课程。

一、仁爱学校个别化教育课程理念

仁爱学校以“办人民满意教育、办人民满意学校”为办学宗旨，秉持“仁者爱人”的校训，坚持“以人为本，适性发展”的办学理念，根据教育融合、医教结合、按需供教的理念，探索教育、康复、就业训练一体化模式，实施“适性发展的教育”。服务特殊儿童的生活、生存、生态发展，以“康复”“就业”为导向；尊重特殊儿童身心差异，遵循因材施教原则，突出教学、康复过程的趣味性、实践性、操作性，推动理论与实践、生活与康复教学、教学与职业技能的有机结合。以伙伴课程建设，带动职业教育、课程信息化建设、科研建设，以科研建设促进课程改革，不断深化教学康复改革，全面提高教育康复水平。

（一）个别化教育课程内涵

以教育康复、职业能力培养为重点，深入开展基于康复、职业发展过程的课程体系改革，在贯彻执行国家相关培智课程标准的基础上，建立具有我校特色的伙伴课程标准。根据学生的生理年龄（3—18 岁）和发展年龄（学前—小学段），将学生分为两条并行且有“桥”可通的“H”型，在课程设置上也进行大胆尝试和创新，“H”中的两条竖线可以代表两条通道：一条通道为符合中重度特殊儿童的“主题月教学”课程，可为中重度特殊儿童的自理等基础生存技能服务；另一条并行的为符合轻度特殊儿童的“学科教学”课程，可为轻度儿童职业训练等就业能力服务。其中，无论是“主题月教学”还是“学科教学”课程，均以提升生活品质（基本生存与独立生活）为方向，结合“生活”开展。“H”中的一条横线代表一座可以让两类学生互通课程的桥梁，如图 4 - 1 所示。当学生的发展年龄达到小学阶段时，可以通过这座桥梁到达学科教学课程。根据课程内容和学生特点，结合“游戏课程”“生活课程”“职业教育”“体感游戏课程”打造趣味、实用的伙伴课程，遵循生活化、游戏化的教育康复原则，提高教育康复效果。同时，进一步更新教育观念，深入研究现代教学手段的合理有效使用，在正确处理现代教育技术与传统教学手段关系的基础上，充分运用现代教育技术和虚拟现实技术，优化教学过程，提高教学质量。

自国家特殊教育学校义务教育新课程设置方案及义务教育新课标出台后，学校在设置本校义务教育阶段课程方案时，在培养目标、课程设置的原则、课程设置的有关说明等几个方面与新课标保持一致，并将学校的“学校教育、康复、职业训练”一体化的课程理念融入其中。由于国家目前对特殊教育职业高中阶段的课程没有统一规定，因此，学校从智力障碍、脑瘫、孤独症三类学生中选取程度较轻的学生，将其编入智力障碍职业训练班。职业训练班的主要课程依据学校现有的硬件设备、师资条件和学生的个性需求进行设置。

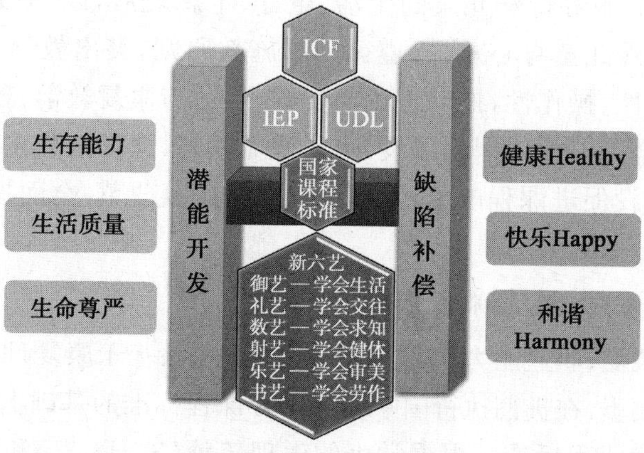

图 4－1　仁爱个别化教育课程理念模型图示

（二）个别化教育课程实施

个别化教育课程是从学校现有条件和办学特色出发，体现出以生为本、生活化、个别化的特征。个别化教育课程的实施是以学校为中心，以教师、家长、学生为主体，以社区人员为辅，通过科学、有序的规划组织，将课程方案付诸实践并不断改善的过程。个别化教育课程实施需遵循以下原则。

1. 以人为本原则

要强化特需学生在课程建设与康复教学过程中的主体地位，不断改进教学方法和教学手段，提高课程教学质量。

2. 整体优化原则

要立足于专业建设,从课程体系的整体角度出发,优化结构,精选内容,突出个性,注重实践,形成特色。

3. 协调发展原则

要把生存教育、职业教育置于课程建设的核心地位,有效促进学生基本思想道德、生存能力、职业能力的协调发展和综合提高。

4. 辐射示范原则

要充分发挥伙伴课程的示范与辐射效应,带动其他课程(如体感游戏课程等)的建设与发展。

二、仁爱学校个别化教育课程设置

(一) 仁爱学校个别化教育课程图谱

仁爱学校个别化教育课程的开发自2012年至今,在学校领导的带领下,在全校教师参与课程开发及管理的积极配合和努力下,完成了适合本校学生的个别化教育课程图谱,并形成了较为完整的各类学生科目设置体系和课程设置体系,即"仁爱个别化教育课程"。仁爱学校的个别化教育课程设置涵盖了学前教育阶段、义务教育阶段和职业教育阶段。

仁爱学校的学生分为智力障碍学生、脑瘫学生、孤独症学生、多重残障学生等几种类型,在遵循国家课程设置和课程标准的基础上,我校积极开发研制符合本校办学特色和学生发展、适合个别化教育课程,为全面发展学生的能力提供条件,为学生更好地融入主流社会打下坚实的基础。发展学生能力对应着"能"系列课程,这种"能"的内涵是"我能够使我的生活和他人的生活发生改变",体现在以下五个方面。① 个人控制:我能控制我自己的生活。② 乐观:我期待好事情会发生在我身上。③ 自我效能:我能够让我所做的事情成功。④ 自尊:对自己和他人来说,我是一个有价值的人。⑤ 归属感:我属于一个团体(例如家庭或社区)。在这样的理念引导下,仁爱学校个别化课程设置对应以下四类,分别是:育能课程、赋能课程、展能课程、优能课程,如图4-2所示。

1. 育能课程

育能课程是指基础知识和基础能力课程,也称为基础课程(一般性课程)。如仁爱学校个别化教育课程图谱所示,学前教育阶段的基础课程包括言语沟通、认知逻辑、生活自理；义务教育阶段的育能课程包括生活语文、生活数学、生活适应、唱游律动、劳动技能、绘画手工、运动保健；职业教育阶段的育能课程包括生活语文、生活数学、休闲健身、心理健康、职业道法、生涯规划、社会礼仪。职业教育阶段课程是对义务教育阶段课程的巩固和升华。

2. 赋能课程

赋能课程是针对各类学生的特殊需要设置的个别化补偿性康复课程，也称为康复课程。如图4－2所示，学前教育阶段的赋能课程包括粗大动作训练、精细动作训练、感觉统合训练、各项干预疗育。义务教育阶段的赋能课程包括物理康复、作业康复、语言康复、心理辅导、游戏康复五类，每一类别下根据学生实际需要，细化为不同选择性课程。物理康复类别下有运动康复、感统康复、水疗康复、理疗康复、马术康复项目；作业康复类别下音乐治疗、美术治疗、ADL训练等弹性课程；语言康复类别下设置有言语训练、沟通交往、语言训练；心理辅导类别下针对学生的各类情绪和行为问题开设心理咨询、沙盘治疗、情绪疏导、行为管理等支持性课程；游戏康复类别下结合学校现有的信息技术设备为学生提供体感游戏、VR游戏、蒙氏游戏、乐高游戏课程。职业教育阶段的赋能课程是以职业训练为导向，以就业为目标开设的酒店服务、汽车美容、烹饪烘焙、种植园艺、衣物干洗、车间装配、办公文员等课程。

3. 展能课程

展能课程是指与社会、生活相适应的学生自主发展的活动性课程，也称为生活课程。如图4－2所示，学前教育阶段的展能课程包括社会适应、竞赛游戏、伙伴融合；义务教育阶段的展能课程包括自我服务、居家劳动、社区活动、职业准备、伙伴融合；职业教育阶段的展能课程以职前就业实践为主题，设置有酒店实践、车间实践、烘焙实践、洗车实践。

4. 优能课程

优能课程是指挖掘各类学生潜能，促进其发挥优势能力，能展现特长的课程，也称为人文课程。如图4－2所示，学前教育阶段的优能课程包括唱游活动、美工活动、信息技术；义务教育阶段的优能课程包括艺术特长、信息技术、陶艺、纸艺、茶艺、园艺、木艺、花艺；职业教育阶段的优能课程以就职上岗为内容，分为跟岗见习、顶岗实习、就业转衔三大模块。

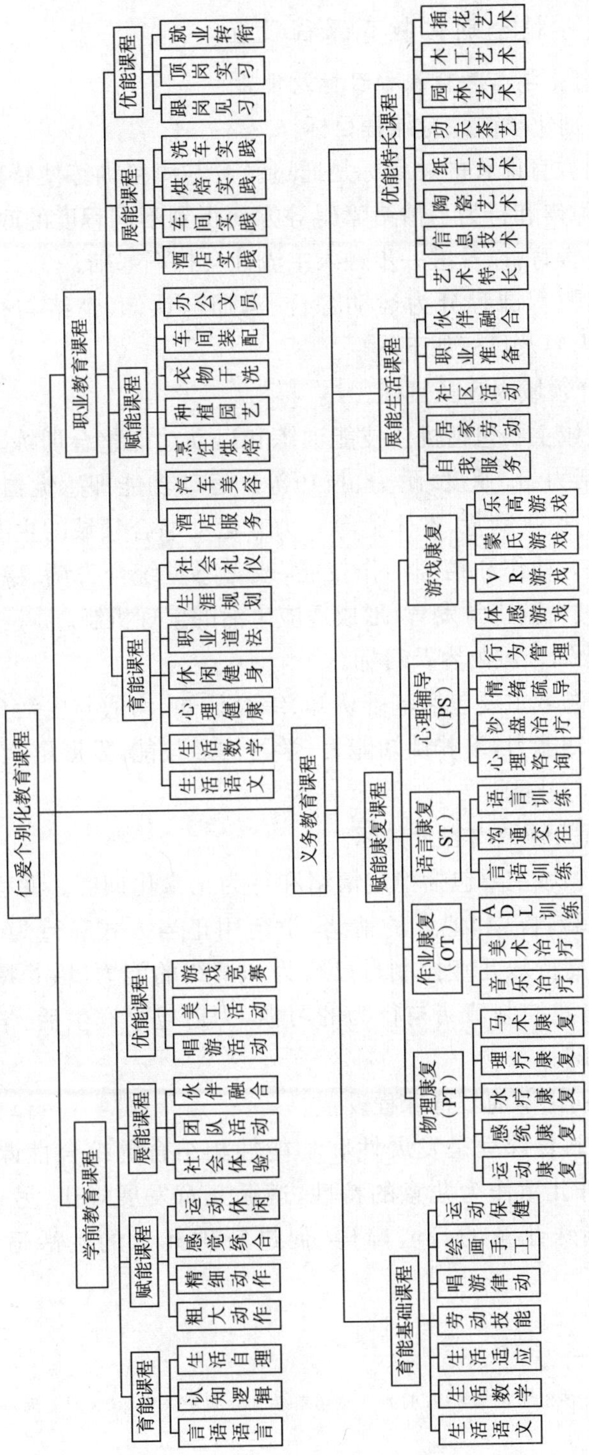

图4－2　仁爱个别化教育课程设置图谱

（二）仁爱学校个别化教育课程设置

1. 仁爱个别化学前教育课程目标及设置

（1）仁爱个别化学前教育课程目标

个别化学前教育课程的总目标是通过教育与康复训练使特殊儿童在社会化障碍、语言障碍和行为与情绪障碍等方面得到不同程度的改善，为他们进入学龄期义务教育，以及进一步融入主流社会打下基础。

个别化学前教育课程分为运动综合、沟通与认知、情绪与行为三大领域，每个领域的内容及目标如下。①

① 运动综合领域内容及目标。

运动综合领域主要包括机体技能训练和运动功能整合训练。机体技能即运动体能，包括力量、速度、耐力、技巧等。运动功能即感觉器官功能，包括听觉、视觉、触觉、平衡觉、本体觉等能力。运动综合领域的主要教育目标是发展基本的粗大动作和精细动作技能，改善感觉统合失调、稳定情绪、培养自我意识、促进大脑正常发育，形成适应生活的生理机制。

② 沟通与认知领域内容及目标。

沟通与认知领域主要包括基础认知、综合认知、沟通与生活自理。其主要目标是完善感知能力，培养认知能力，学习沟通技能，发展语言能力，增强适应生活的行为与技能。

③ 情绪与行为领域内容及目标。

情绪与行为领域主要包括稳定情绪和行为正常化训练。课程着重引导特殊儿童学习体验自己和他人的情绪，学会用正当方式和行为表达情绪。其主要目标是提高特殊儿童控制自己行为和情绪的能力，培养特殊儿童的自我意识，形成自我控制情绪与行为的习惯，为适应家庭生活、学校生活和社会生活打下基础。

（2）仁爱个别化学前教育课程设置

个别化学前教育课程是发展性和功能性相结合的综合性课程。一方面，课程强调特殊儿童作为儿童的特性，遵循儿童发展规律；另一方面，课程也注重改善特殊儿童的身心障碍，促进特殊儿童的生活适应和社会适应。

---

① 北京市朝阳区培智学校课程编写组．特殊儿童学前教育与康复课程标准[M]．天津：天津教育出版社．2011.

① 课程设置列表。

课程以促进特殊儿童全面发展和满足个别需要相结合为出发点，将内容分为运动综合、沟通与认知、情绪与行为三个领域，并以“目标—活动”模式来实施。课程依照特殊儿童身心发展的基本规律，重视基础能力的教育和训练，同时对特殊儿童的外显行为进行规范性训练，以实现适应个人、家庭、学校及社会生活的目的。

课程按照运动综合、沟通与认识、情绪与行为三大领域共设置16门课，课程设置具体见表4-1。

表4-1　学前教育课程设置

<table>
<tr><th>类别
科目</th><th colspan="5">运动综合</th><th colspan="5">沟通与认知</th><th colspan="6">情绪与行为</th></tr>
<tr><td>课程名称</td><td>晨练活动</td><td>精细动作</td><td>运动游戏</td><td>感觉统合</td><td>竞赛游戏</td><td>点心活动</td><td>沟通认知</td><td>言语语言</td><td>生活自理</td><td>融合活动</td><td>亲子活动</td><td>美工活动</td><td>游戏活动</td><td>个人工作坊</td><td>展示活动</td><td>专业治疗</td></tr>
<tr><td>说明</td><td colspan="5">精细动作训练可与个人工作间活动相结合，也可与其他活动结合（如美工），具体安排根据特殊儿童发展情形而定。</td><td colspan="5">沟通与认知课包括沟通训练、认知训练。根据孩子的发展阶段，内容有所侧重。生活自理可与个人工作坊活动结合。融合活动以综合沟通训练为主。</td><td colspan="6">专业治疗主要包括：作业治疗（OT）、物理治疗（PT）、音乐治疗、美术治疗、游戏治疗等。此类课程很多目标应与其他课程相互渗透。</td></tr>
</table>

② 课程比例分配。

根据特殊儿童的身心特点及需求，每位特殊儿童在三大领域的课时分配有所不同。根据他们的情绪行为表现，我们对其进行“教学分类”。

第一类为躁动型：主要指自伤、攻击性行为严重，多动，喊叫不停，情绪经常烦躁不安者。

第二类为安静型：主要指不好动，内向安静，刻板，很少理会他人，常自己独处者。

第三类为混合型：介于以上两类之间，两种行为表现都有，但是不完全符合。

这种分类主要是由教师观察评估1个月左右，然后与相关教师一起研究而定，分类后可参考表4-2设计课程比例。此表只作为课程分配的参考，可根据学生的发展情况及时进行调整，具有灵活性。

表 4－2　学前教育课程比例分配表

课类	混合型	躁动型	安静型
运动综合类	50%左右	60%左右	40%左右
沟通与认知类	40%左右	25%左右	45%左右
情绪与行为类	10%左右	15%左右	15%左右

③ 仁爱个别化学前教育课程总表。

仁爱个别化学前教育课程总表见表 4－3。

表 4－3　仁爱个别化学前教育课程总表

仁爱学校学前课程表									
2019—2020 年度第一学期									
时间／课程／班级	星期一								
	上午					下午			
	晨	1	2	大	3	午	4	5	6
仁1班	练	认识	社会	课	美工	餐	午间兴趣小组	社会	美工
仁2班	晨会	沟通	自理	间	社会	洗漱	午间兴趣小组	感统	感统

时间／课程／班级	星期二								
	上午					下午			
	晨	1	2	大	3	午	4	5	6
仁1班	练	沟通	认识	课	自理	餐	午间兴趣小组	运动	唱游
仁2班	晨会	认知	唱游	间	美工	洗漱	午间兴趣小组	感统	运动

时间／课程／班级	星期三								
	上午					下午			
	晨	1	2	大	3	午	4	5	6
仁1班	练	沟通	认知	课	自理	餐	午间兴趣小组	感统	感统
仁2班	晨会	认知	沟通	间	社会	洗漱	午间兴趣小组	自理	运动

时间／课程／班级	星期四								
	上午					下午			
	晨	1	2	大	3	午	4	5	6
仁1班	练	综合实践	综合实践	课	综合实践	餐	午间兴趣小组		运动
仁2班	晨会	综合实践	综合实践	间	综合实践	洗漱	午间兴趣小组	社会	感统

时间／课程／班级	星期五								
	上午					下午			
	晨	1	2	大	3	午	4	5	6
仁1班	练	沟通	唱游	课	社会	餐	集体实践	感统	感统
仁2班	晨会	沟通	自理	间	认知	洗漱	集体实践	唱游	美工

2. 仁爱个别化义务教育课程目标及设置

(1) 国家义务教育课程目标

2007 年教育部颁布《培智学校义务教育课程设置实验方案(教基【2007】1 号)》(简称《新方案》),《新方案》规定培智学校义务教育课程目标是:全面贯彻党的教育方针,体现社会文明进步要求,使智力残疾学生具有初步的爱国主义、集体主义精神;具有社会公德意识和法治观念;具有乐观向上的生活态度;具有基本的文化科学知识和适应生活、社会及自我服务的技能;养成健康的行为习惯和生活方式,成为适应社会发展的公民。

(2) 国家义务教育课程设置

《新方案》立足于智力残障学生的发展需求,根据课程设置的原则,注重以生活为核心的思路,设计九年一贯制的培智学校课程体系。《新方案》充分考虑了智力残障学生的需求和特点,构建了由一般性课程和选择性课程两部分组成的培智学校课程体系。具体课程设置如表 4－4 所示。

表 4－4　一般性课程和选择性课程

课程 / 年级	一般性课程							选择性课程				
	生活语文	生活数学	生活适应	劳动技能	唱游律动	绘画手工	运动保健	信息技术	康复训练	第二语言	艺术休闲	校本课程
低年级	3—4	2	3—4	1	3—4	3—4	3—4	6—9				
中年级	3—4	2—3	2—3	2	3—4	3—4	3—4	6—9				
高年级	4—5	4—5	1	3—4	2	2	2—3	6—10				

(3) 仁爱个别化义务教育课程设置

根据《新方案》及市、区教育局课程改革相关要求，结合区情、校情并针对学生特点，在课程规划设置上，设置苏州工业园区仁爱学校义务教育课程（以下简称“校本课程”）。具体课程设置如表 4－5 所示。

表 4－5　仁爱学校义务教育课程

课程 / 年级	一般性课程							选择性课程				
	生活语文（语训、绘本、沟通）	生活数学（认知）	生活适应（自理、社会）	劳动技能（职业技能）	唱游律动（唱游）	绘画手工（美工）	运动保健（感觉统合）	信息技术	康复训练	艺术休闲	体感游戏	伙伴实践活动
低年级	3—5	3	3—6	2	3	3	4—6	6—7				
中年级	5	3	2	3	3	3	4	7				
高年级	4	3	2	4	3	3	4	7				

(4) 仁爱个别化义务教育课程目标

依据国家义务教育课程目标，校本课程教育目标包含以下五个方面。①

① 爱国主义教育目标。培养学生具有初步的爱国主义、集体主义精神，有爱家、爱校、爱社区、爱祖国的良好品质。

② 社会公德教育目标。培养学生具有初步的社会公德和法治观念意识，懂得遵纪守法，养成讲文明、懂礼貌、守纪律的良好品质和行为习惯。

③ 文化知识教育目标。培养学生学习并掌握最基本的文化知识。

① 北京市朝阳区培智学校课程编写组. 义务教育课程目标网络手册[M]. 天津：天津教育出版社，2011.

④ 生活技能教育目标。培养学生适应社会及生活的技能，提高学生适应生活、适应社会及自我服务的能力，为他们独立生活、自食其力打下基础。

⑤ 休闲娱乐教育目标。培养学生热爱生活的乐观态度，通过音乐、体育、美术的学习训练，培养学生的审美情趣、审美能力和健康体魄。

学校以 2007 年教育部印发的《培智学校义务教育课程设置实验方案》为指导，统筹规划学校校本课程，包括一般性课程和选择性课程。一般性课程体现对学生素质的基本要求，着眼于学生适应生活、适应社会的基本需求，约占课程比例的 70%；选择性课程着眼于学生的个别化发展需要，注重学生潜能开发、缺陷补偿(身心康复)，强调给学生提供高质量的相关服务，体现学生发展差异的弹性要求，约占课程比例的 30%。一般性课程包括生活语文、生活数学、生活适应、劳动技能、唱游律动、绘画与手工、运动与保健。

生活语文课程目标是提高学生适应生活的语文素养，培育热爱祖国语言文学的情感。在语文学习过程中，培养学生热爱祖国、热爱人民、热爱中国共产党，促进其形成健康的审美情趣、积极的生活态度和正确的价值观；掌握与其生活紧密相关的语文基础知识和技能，具有初步的听、说、读、写能力和社会交往能力；养成良好的学习习惯，能在生活实践中学习和运用语文知识和技能，为其适应生活和适应社会打下基础。

生活数学课程目标是培养学生形成和掌握与生活相关的简单的数学概念、数的运算、时间空间知识及数的运用，会用简单的运算工具，具有初步的计算技能和抽象思维能力，并能应用数学解决日常生活中的一些简单问题。

生活适应课程目标是帮助学生了解基本的生活常识，使其掌握必备的适应性技能，养成良好的行为习惯，形成基本的生活适应能力及良好的品德，成为适应社会生活的公民。

劳动技能课程目标是培养学生掌握各种劳动常识、技能、经验，掌握一定的劳动知识与技能，具有生活自理能力、简单家务劳动能力、自我服务能力和一定的生活劳动能力与职业劳动能力，形成独立或半独立的生活能力，为平等参与社会生活和就业打下基础。

唱游律动课程目标是通过音乐实践活动，在感受、体验音乐美感的过程中，帮助学生发现、领略音乐艺术的魅力，学习基本的音乐知识，获得基础的音乐能力，提高学生听觉、认知、语言、动作、沟通交往的能力，促进学生了解音乐与生活的密切关系，培养学生对音乐的兴趣和对生活的热爱，实现唱游律动课程在育人过程中的教育和康复功能，达到愉悦身心、发展智能、陶冶情操、健全人格的目的。

绘画与手工课程目标是通过“造型表现”“设计应用”“欣赏评述”和“综合探索”四个领域的学习，提高视觉、观察、绘画、手工制作能力，初步学会发现美、感受美和表现美，发展审美情趣，提高审美能力，学会调整情绪和行为，促进社会适应能力的提升。

运动与保健课程目标是通过课程的学习，学生将掌握运动与保健的基础知识、基本技能和方法，发展体能，开发潜能，促进功能康复和补偿；培养参与运动的兴趣和爱好，体验运动的乐趣与成功，逐步养成体育锻炼的好习惯，形成良好的心理品质、合作与交往能力，基本形成健康的生活方式和积极进取、乐观开朗的人生态度，为融入社会打下基础。

选择性课程包括信息技术、康复训练、艺术休闲、体感游戏、伙伴实践活动等科目。

信息技术课程目标是培养学生的信息技术能力。学生信息技术能力主要表现：了解信息技术基础知识；初步掌握信息技术基本技能；初步具备运用信息技术解决日常生活中实际问题的意识和能力；能够按照法律、文化和道德规范的要求使用信息技术等。

康复训练课程目标是力求使学生的身心缺陷得到补偿，受损器官和组织的功能得到一定程度的恢复，身体素质和健康水平得到提高。

艺术休闲课程目标是培养学生学会基本休闲技能，尝试感受美和表现美，丰富、愉悦其精神生活，陶冶其生活情趣和生活品位。

体感游戏课程目标是兼顾“潜能开发”与“缺陷补偿”两类目标相结合，通过学生喜欢且易接受的体感游戏学习内容，以人机交互的学习方式和数字化平台的实时性评价，提高特殊学生健康、语言、社会、科学、艺术等五个领域的能力及其身心健康。

伙伴实践活动课程目标是结合学校“五常”之“我有爱”“我会做”“我懂礼”“我爱学”和“我能行”文化，培养学生“用心灵感受爱、用行动践行爱、用语言表达爱、用知识理解爱、用努力点亮爱”的能力，帮助学生树立正确的生命观、生存观和生活观，为其适应生活、适应社会打下基础。各学科教学目标在校本课程总目标中所占的比例如图 4-3 所示。

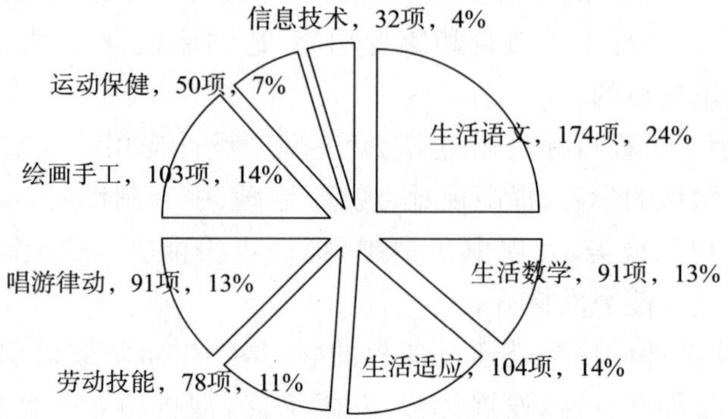

图 4-3　学科教学目标所占比例图

（5）仁爱个别化义务教育课程总表

仁爱个别化义务教育课程总表见表 4-6。

3. 仁爱个别化中等职业教育课程目标及设置

（1）仁爱个别化中等职业教育课程设置

2017 年 9 月，学校正式开办中等职业教育班，开设酒店服务与管理专业，将学生学籍纳入江苏省中等职业学校学籍系统。学校现有四个实训基地：烘焙坊（实体运营）、洗车坊（模拟运营）、酒店服务客房、洗衣房。学校与中职学校、五星级酒店等校企在师资、实训、实习、就业等方面深度合作，逐步提高学校职业教育办学质量。

课程规划设置方面，学校编写了仁爱学校中职班人才培养方案（教学大纲），制订了中职班三年教学科目表，其中酒店服务管理专业的主要课程包括公共基础课和专业课（职业技术课程、职业基础课程、职业拓展课程）两大类别。其中公共基础课占比 50.01%，专业课占比 40.47%，另有 9.52%的校订必修活动科目。在课时分配上，充分考虑了智力障碍学生的学习认知特点，通过公共基础课丰富学生生活认知，巩固与生活紧密联系的知识和技能，全面提高学生的生活素养；通过专业课提高学生的专业认识，打牢一定的专业基础，为日后的方向性就业提供保障。

表 4－6　仁爱个别化义务教育课程总表

仁爱学校学前课程表

2019—2020 年度第一学期

课程 时间 / 班级	星期一									
		上午					下午			
	晨	1	2	大	3	午	4	5	6
义 1 班		生活语文	生活数学		绘画手工		兴趣小组	唱游律动	运动保健
义 2 班	练	生活数学	生活语文	课	语言训练	餐	兴趣小组	运动保健	唱游律动
义 3 班		生活数学	语言训练		语言训练		兴趣小组	生活适应	唱游律动
义 4 班	晨	生活语文	生活数学		生活适应	洗	兴趣小组	康复训练	康复训练
礼 1 班	会	生活语文	生活数学	间	康复训练	漱	兴趣小组	劳动技能	运动保健

课程 时间 / 班级	星期二								
		上午					下午		
	晨	1	2	大	3	午	4	5	6
义 1 班		生活数学	语言训练		运动保健		兴趣小组	康复训练	感觉统合
义 2 班	练	生活语文	生活适应	课	绘画手工	餐	兴趣小组	感觉统合	运动保健
义 3 班		生活适应	生活语文		康复训练		兴趣小组	运动保健	感觉统合
义 4 班	晨	生活适应	绘画手工		唱游律动	洗	兴趣小组	康复训练	康复训练
礼 1 班	会	劳动技能	绘本阅读	间	3D康复	漱	兴趣小组	绘画手工	康复训练

课程 时间 / 班级	星期三								
		上午					下午		
	晨	1	2	大	3	午	4	5	6
义 1 班		语言训练	生活语文		绘画手工		兴趣小组	康复训练	生活适应
义 2 班	练	生活适应	生活语文	课	生活数学	餐	兴趣小组	感觉统合	唱游律动
义 3 班		生活语文	康复训练		生活数学		兴趣小组	感觉统合	绘画手工
义 4 班	晨	生活数学	生活适应		生活语文	洗	兴趣小组	康复训练	康复训练
礼 1 班	会	生活语文	唱游律动	间	生活数学	漱	兴趣小组	绘画手工	3D康复

课程 时间 / 班级	星期四								
		上午					下午		
	晨	1	2	大	3	午	4	5	6
义 1 班		综合实践	综合实践		综合实践		兴趣小组	团队合作	感觉统合
义 2 班	练	综合实践	综合实践	课	综合实践	餐	兴趣小组	团队合作	绘画手工
义 3 班		综合实践	综合实践		综合实践		兴趣小组	团队合作	运动保健
义 4 班	晨	综合实践	综合实践		综合实践	洗	兴趣小组	团队合作	唱游律动
礼 1 班	会	综合实践	综合实践	间	综合实践	漱	兴趣小组	团队合作	运动保健

课程 时间 / 班级	星期五								
		上午					下午		
	晨	1	2	大	3	午	4	5	6
义 1 班		生活语文	生活数学		生活适应		集体实践	唱游律动	生活适应
义 2 班	练	生活数学	生活适应	课	语言训练	餐	集体实践	康复训练	康复训练
义 3 班		生活数学	生活适应		生活语文		集体实践	语言训练	唱游律动
义 4 班	晨	生活语文	绘画手工		生活数学	洗	集体实践	康复训练	康复训练
礼 1 班	会	生活语文	生活数学	间	劳动技能	漱	集体实践	绘本阅读	唱游律动

续表

班级 \ 课程 \ 时间	星期一 上午 晨	1	2	大	3	午	星期一 下午 4	5	6
礼2班	晨练晨会	生活语文	绘本阅读	大课间	运动保健	午餐洗漱	兴趣小组	3D康复	康复训练
礼3班		生活语文	绘本阅读		绘画手工		兴趣小组	唱游律动	运动保健
礼4班		生活语文	生活数学		劳动技能		兴趣小组	绘画手工	3D康复
智1班		生活数学	生活语文		运动保健		兴趣小组	职业技能	职业技能
智2班		3D康复	3D康复		生活语文		兴趣小组	绘本阅读	运动保健
智3班		生活数学	生活语文		信息技术		兴趣小组	绘本阅读	3D康复

班级	星期二 上午 晨	1	2	大	3	午	星期二 下午 4	5	6
礼2班	晨练晨会	生活数学	绘画手工	大课间	绘本阅读	午餐洗漱	兴趣小组	唱游律动	绘画手工
礼3班		生活数学	生活语文		唱游律动		兴趣小组	劳动技能	劳动技能
礼4班		生活适应	绘本阅读		劳动技能		兴趣小组	运动保健	绘画手工
智1班		绘本阅读	3D康复		3D康复		兴趣小组	唱游律动	信息技术
智2班		生活数学	生活语文		职业技能		兴趣小组	信息技术	唱游律动
智3班		信息技术	唱游律动		绘画手工		兴趣小组	3D康复	运动保健

班级	星期三 上午 晨	1	2	大	3	午	星期三 下午 4	5	6
礼2班	晨练晨会	生活数学	生活语文	大课间	劳动技能	午餐洗漱	兴趣小组	唱游律动	康复训练
礼3班		生活数学	绘画手工		康复训练		兴趣小组	劳动技能	运动保健
礼4班		绘本阅读	唱游律动		生活数学		兴趣小组	3D康复	劳动技能
智1班		生活语文	生活数学		信息技术		兴趣小组	劳动技能	绘画手工
智2班		绘画手工	生活数学		运动保健		兴趣小组	职业技能	职业技能
智3班		生活语文	劳动技能		生活数学		兴趣小组	劳动技能	唱游律动

班级	星期四 上午 晨	1	2	大	3	午	星期四 下午 4	5	6
礼2班	晨练晨会	综合实践	综合实践	大课间	综合实践	午餐洗漱	兴趣小组	团队合作	劳动技能
礼3班		综合实践	综合实践		综合实践		兴趣小组	团队合作	康复训练
礼4班		综合实践	综合实践		综合实践		兴趣小组	团队合作	康复训练
智1班		综合实践	综合实践		综合实践		兴趣小组	团队合作	运动保健
智2班		综合实践	综合实践		综合实践		兴趣小组	团队合作	信息技术
智3班		综合实践	综合实践		综合实践		兴趣小组	团队合作	绘画手工

班级	星期五 上午 晨	1	2	大	3	午	星期五 下午 4	5	6
礼2班	晨练晨会	生活数学	劳动技能	大课间	生活语文	午餐洗漱	集体实践	3D康复	运动保健
礼3班		生活数学	生活语文		绘本阅读		集体实践	3D康复	3D康复
礼4班		生活语文	生活数学		康复训练		集体实践	唱游律动	运动保健
智1班		生活语文	生活数学		唱游律动		集体实践	劳动技能	绘画手工
智2班		生活数学	唱游律动		生活语文		集体实践	绘画手工	劳动技能
智3班		生活语文	生活数学		运动保健		集体实践	职业技能	职业技能

续表

课程/时间 班级	星期一								
	上午					下午			
	晨练晨会	1	2	大课间	3	午餐洗漱	4	5	6
智4班		生活语文	生活数学		唱游律动		兴趣小组	康复训练	康复训练

课程/时间 班级	星期二								
	上午					下午			
	晨练晨会	1	2	大课间	3	午餐洗漱	4	5	6
智4班		生活语文	信息技术		绘画手工		兴趣小组	康复训练	康复训练

课程/时间 班级	星期三								
	上午					下午			
	晨练晨会	1	2	大课间	3	午餐洗漱	4	5	6
智4班		生活数学	信息技术		绘画手工		兴趣小组	康复训练	康复训练

课程/时间 班级	星期四								
	上午					下午			
	晨练晨会	1	2	大课间	3	午餐洗漱	4	5	6
智4班		综合实践	综合实践		综合实践		兴趣小组	团队合作	唱游律动

课程/时间 班级	星期五								
	上午					下午			
	晨练晨会	1	2	大课间	3	午餐洗漱	4	5	6
智4班		生活数学	绘本阅读		生活语文		集体实践	康复训练	康复训练

(2) 仁爱个别化中等职业教育课程目标

仁爱中等职业教育课程包括公共基础课程和专业理论实践课程。其中公共基础课程是中等职业学校课程体系的重要组成部分，是培养学生思想政治素质、科学文化素养等的基本途径，对于促进学生可持续发展具有重要意义，其主要目标是培养德智体美劳全面发展的高素质劳动者和技术技能人才。专业理论及实践课程包括酒店服务管理、汽车美容、烹饪烘焙、园艺绿化等科目课程。

酒店服务管理课程目标是树立“成就每个孩子”的职业教育办学理念，全面贯彻党的教育方针，体现社会文明进步要求，使智力障碍学生德智体美劳全面发展，具有良好的文化修养和职业道德，具有乐观向上的生活态度，掌握酒店服务与管理专业对应的职业岗位所必备的专业知识与技能，能够基本适应现代酒店业、餐饮业等服务业一线岗位的需要，初步具备本专业职业生涯发展基础和终身学习能力，能基本胜任酒店服务与管理相关工作。

汽车美容专业课程主要包括汽车美容与装潢的职业素养课程和职业操作技能课程。通过理论与实践相结合的课程学习，学生可以掌握较高的汽车内外清洁(装饰)技能，了解汽车车身结构设计基础知识，能熟练处理汽车漆面伤痕、污痕。本专业涵盖的职业(工种)为汽车内外清洁(装饰)工和汽车初级维修(美容)工。

烘焙烹饪专业课程主要包括烘焙及烹饪所必需的专业基础知识文化课程和技能操作实践课程，其中基础文化课占比 42%，实践操作技能课占比 58%。通过在掌握专业基础理论知识的基础上进行技能操作，学生可以掌握常用烘焙及烹饪的工艺流程和常用原料的加工方法，学会制作西式点心、蛋糕、面包、中式菜肴和各种常用中式面点，制作出色、香、味、形俱佳的餐饮食品。

园艺绿化课程目标是培养与我国现代化建设要求相适应，德智体美劳全面发展，具有与本专业相适应的文化水平、良好的职业道德与产业文化素养，掌握本专业的专业知识和技能，具有园林植物栽培与养护、初级城乡园林规划设计技能，以及具有本专业职业生涯发展能力，面向生产一线的较高素质劳动者和技术技能人才。

(3) 仁爱个别化中等职业教育课程总表

仁爱个别化中等职业教育课程总表，见表 4 - 7 所示。

表 4－7　仁爱个别化中等职业教育课程总表

仁爱学校总课程表

2019—2020 年度第一学期

班级	星期一 上午 晨	1	2	大	3	午	下午 4	5	6
信 1 班	练	园艺	园艺	课	生活语文	餐	午间兴趣小组	个人工作坊	个人工作坊
信 2 班	晨会	生活语文	生活数学	间	体育运动	洗漱	午间兴趣小组	洗车服务	洗车服务

班级	星期二 上午 晨	1	2	大	3	午	下午 4	5	6
信 1 班	练	生活数学	手工制作	课	手工制作	餐	午间兴趣小组	居家服务	社会生活
信 2 班	晨会	演讲与口才	社交礼仪	间	酒店服务英语	洗漱	午间兴趣小组	酒店服务与管理	酒店服务与管理

班级	星期三 上午 晨	1	2	大	3	午	下午 4	5	6
信 1 班	练	社会生活	居家服务	课	生活数学	餐	午间兴趣小组	个人工作坊	个人工作坊
信 2 班	晨会	生活数学	信息技术	间	心理健康	洗漱	午间兴趣小组	酒店服务与管理	酒店服务与管理

班级	星期四 上午 晨	1	2	大	3	午	下午 4	5	6
信 1 班	练	综合实践	综合实践	课	综合实践	餐	午间兴趣小组	团队合作	心理健康
信 2 班	晨会	综合实践	综合实践	间	综合实践	洗漱	午间兴趣小组	酒店服务与管理	酒店服务与管理

班级	星期五 上午 晨	1	2	大	3	午	下午 4	5	6
信 1 班	练	生活语文	烹饪	课	烹饪	餐	集体实践	个人工作坊	个人工作坊
信 2 班	晨会	生活语文	手工制作	间	手工制作	洗漱	集体实践	烹饪	烹饪

三、仁爱学校个别化教育课程评估

（一）基于课程标准的评估

践行新课标理念不但要求特殊教育学校通过课程本位评估来保证课程标准在每门课程的具体课堂教学中得以实施并取得成效，而且要通过动态评估来促进该课程的高质量发展，更要通过生态评估来推动国家课程的创造性实践。要将“国家政策性”课程标准落实为“学校实践性”课程，除了根据学校特殊学生的实际教育需要，进行课程设置的细化和灵活调整，还要基于课程标准开展教学与评价，实现教学、评价与课程标准的一致性。

在新课标生活适应课程中，以低年级段个人生活部分的“认识常见的食物”这一条内容标准为例，我校在课程本位评估中，将此条内容标准等级具体划分为 4 级，分别是：“能认识常见的食物（3 级）”“能认识 4—6 种常见的饭、菜、水果（2 级）”“能认识 1—3 种常见的饭、菜、水果（1 级）”“不能表现出任何对食物的认知（0 级）”，可根据评估标准的等级，选择适当的学习目标。比如，当学生能力在此条目上被评为 1 级，其学习目标就可定为“能认识 4—6 种常见的饭、菜、水果（2 级）”。同时，教师需要在此基础上，根据具体学情完善“怎么学”“学到什么程度”这两个基本要素，使之成为具体的学习目标并将其落实到教学中。

（二）课程本位评估

在对我校部分中重度残障学生进行基于课程标准的评估时，我们发现大部分评估条目中的等级选项缺乏制订教学计划所需要的可靠性和功能性，其收集的数据是零散的、不连续的，在用于制订有意义的教学目标和干预内容方面存在局限。因此，除了以上基于课程标准的评估，我校还积极探索实践个别化课程本位评估。课程本位评估是我国特殊教育课程改革所倡导的评价方式，不仅关注特殊学生的学业成绩，也要求发现和发展其多方面的潜能。课程本位评估依据直接观察和记录学生当前的课程学习表现来决定其教学需要，它可以分析特殊学生的发展性能力，针对特殊学生来改编学习材料和学习进度，制订个别化教育计划的目标，监控特殊学生的进步情况，为教师提供快速而有效的课程学习信息。

针对部分中重度残障学生很容易偏离教学目标或者长期无法达成教学目标的实际情况，在以课程为基础的评估中，我校倡导教师以课程教学内容为出发点，尝试通过观察、记录数据来说明他们无法达到期望目标的原因。此外，应随时监控教师的教学过程与学生的学习过程，反思教学的不足，以学生每次评估前后的变化作为教师设计教学活动的依据；同时，需要调整教学策略和环境，监控学生对教学调整的反应。

实例 4－1

培智学校生活适应课程目标结构及评估分级实例

根据新课程标准，课程目标共分为生活语文、生活数学、生活适应、劳动技能、唱游律动、绘画与手工、运动与保健、信息技术、康复训练、艺术休闲等内容。

以生活适应为例，低年级段个人生活部分课程目标的基本结构如下。

1 个人生活

1.1 饮食习惯

1.1.1 认识常见的食物

1.1.2 认识常见的餐具，并会整理

1.1.3 初步养成良好的进餐习惯

1.2 个人卫生

1.2.1 学会洗手、洗脸、刷牙

1.2.2 及时表达大小便意愿，正确处理如厕事项

1.3 个人着装

1.3.1 认识常见的衣物

1.3.2 会戴帽子、手套

1.3.3 会穿、脱简便的衣服、鞋袜

1.4 疾病预防

1.4.1 能表达身体不适

1.4.2 会向家长或老师寻求帮助

1.5 自我认识

1.5.1 认识身体各部位名称

1.5.2 认识自己的体貌特征

1.5.3 知道自己的姓名、性别、年龄等基本信息

1.6 心理卫生

1.6.1 能对身边事物感兴趣

1.6.2 学习表达自己的需求

1.6.3 有交往的意愿

以项目一“饮食习惯”、项目二“个人卫生”、项目三“个人着装”为例，按照0分、1分、2分、3分四个等级，分值越高，说明该项指标评估等级越高，能力越强。评估等级划分的具体标准如下。

1 个人生活

1.1 饮食习惯

1.1.1 认识常见的食物

3分：能认识常见的食物。

2分：能认识4—6种常见的饭、菜、水果。

1分：能认识1—3种常见的饭、菜、水果。

0分：不能表现出任何对食物的认知。

1.1.2 认识常见的餐具，并会整理

3分：能认识碗、筷子、勺子并会整理。

2分：能认识碗、筷子、勺子，并在辅助下会整理。

1分：能认识碗、筷子、勺子，但不会整理。

0分：不能表现出对任何餐具的认知，并且不会整理。

1.1.3 初步养成良好的进餐习惯

3分：能初步养成良好的进餐习惯，极少挑食，能主动进食。

2分：偏食，在少量辅助下自主进餐。

1分：偏食，以零食代饭，在大量辅助下能自主进餐。

0分：尚未建立良好的进餐习惯，严重厌食、饭来张口、以零食代饭。

1.2 个人卫生

1.2.1 学会洗手、洗脸、刷牙

3分：能独立洗手、洗脸、刷牙，并且比较干净。

2分：能独立洗手、洗脸、刷牙，但过程草率。

1分：能在辅助下进行洗脸、洗手、刷牙中的一项。

0分：完全需要在他人辅助下进行洗手、洗脸、刷牙，并且毫不配合。

1.2.2 及时表达大小便意愿，正确处理如厕事项

3分：能及时表达大小便意愿，并能正确处理如厕事项。

2 分:能及时表达大小便意愿,需在辅助下处理如厕事项。

1 分:能表达大小便意愿,但不能正确处理如厕事项。

0 分:不会表达大小便意愿,不会处理如厕事项。

1.3 个人着装

1.3.1 认识常见的衣物

3 分:能认识 7 种以上常见的衣物,如短裤、裙子、内衣、内裤等。

2 分:能认识 4—6 种常见的衣物及配饰,如帽子、手套、围巾等。

1 分:能认识 1—3 种常见的衣物,如衣服、鞋子。

0 分:不能表现出任何对衣物的认知。

1.3.2 会戴帽子、手套

3 分:能独立戴帽子、手套,并且穿戴得较整齐。

2 分:能独立戴帽子、手套,但比较草率。

1 分:能在辅助下戴帽子或手套。

0 分:完全需要在他人辅助下戴帽子、手套,并且毫不配合。

1.3.3 会穿、脱简便的衣服、鞋袜

3 分:能独立穿、脱简便的衣服、鞋袜,并且穿戴得较整齐。

2 分:能独立穿、脱简便的衣服、鞋袜,但较草率。

1 分:能在辅助下穿、脱简便的衣服、鞋袜,有自主穿、脱的意识。

0 分:完全需要在他人辅助下穿、脱简便的衣服、鞋袜,并且毫不配合。

四、仁爱学校个别化教育课程评估侧面图

在个别化教育平台上,对学生进行课程本位评估后,评估结果会转化成侧面图,直观地呈现出学生的各项能力发展现状,便于教师、家长及其他相关人员作为参考数据,进行分析和使用。

侧面图设置与课程本位评估相匹配,目的是使评估结果更直观、鲜明,便于比较、分析。在课程本位评估之后,将评估结果转化为侧面图,一般包括三类:大领域的综合发展侧面图,各大领域下的次领域发展侧面图,功能性项目侧面图,如图 4-4 所示。

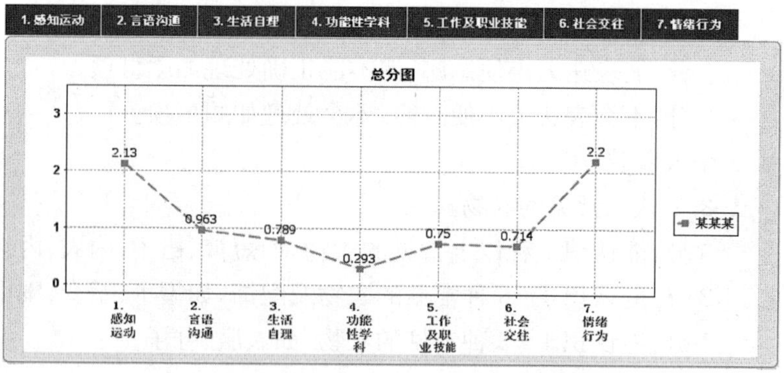

图 4－4　课程本位评估侧面图

教师、家长可依据课程本位评估结果，参看绘制的侧面图，进行评估结果分析，如图 4－5 所示。结合学生日常状况，找出学生在各大领域中的优势和弱势，分析、推断原因后，得出教学策略。系统平台可呈现同一学生在同一知识能力领域和不同学期的评估结果侧面图，通过直观对比分析，准确、科学地分析并得出学生的能力发展动态轨迹。系统平台还可对同伴之间的能力发展进行横向比较，通过对不同学生同一知识能力领域的评估结果做侧面图，进行直观对比，进一步发现学生之间的个体差异，为后面的个别化教育课程调整、优化来提供参考依据。

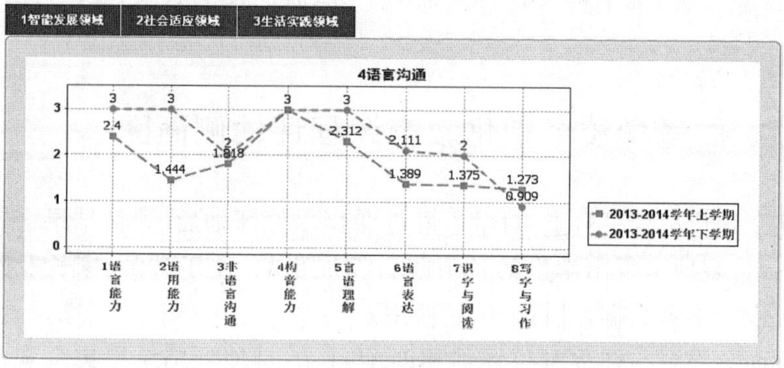

图 4－5　同一学生在不同学期的评估对比图

五、仁爱学校个别化教育课程推荐设置

在个别化教育计划中，每位学生个别化教育的课程表主要分为四个领域课程群，分别是学科知识能力的基础课程、缺陷补偿的康复课程、挖掘潜

能的优能特长课程及适应生活的展能课程。这四个领域课程群中的具体学科是以前面多元评估中生态发展性评估、功能性评估及课程本位评估的结果数据为主要依据确定的。基础课程群学科对应课程本位评估数据，康复课程和优能课程对应生态发展评估和功能评估数据，生活技能课程对应学生日常生活必备的基本能力评估数据。

下文对不同领域课程的推荐设置进行举例说明。

基础课程群领域中，生活语文、生活数学等七门一般性学科是必修课，如生活语文学科，按每三年一个学段分成三个学段，三个学段知识内容目标是由低到高、由简单到复杂编排的，学段一有 24 个教学目标，学段二有 31 个教学目标，学段三有 42 个教学目标，共计 97 个教学目标，对每个目标进行 0、1、2、3 分值赋分，每个学段最高平均分值为 3 分，如果目标评估得分 2.7 分（90%）以上，说明该生已掌握此内容，并推荐其学习高一学段或高一目标的学习内容。如学生 A，男，8 岁，智力障碍，其在 IEP 支持系统中评估结果，如图 4－6 所示。

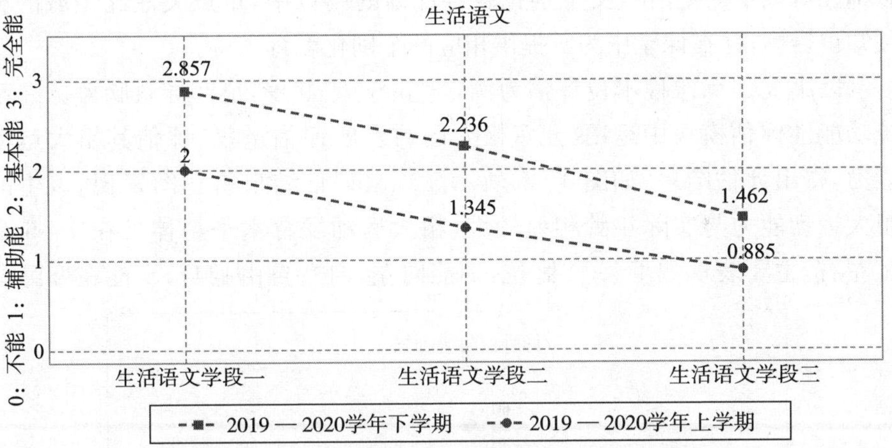

图 4－6　学生 A 的生活语文学段目标评估折线图

观察 2019—2020 学年上学期期初课程本位评估折线图，得出学生 A 在学段一的分值为 2.857 分，已达总分 90%以上，即 2.7 分以上，而他在学段二的分值为 1.345 分，未达到总分的 90%，因此本学期为其开设学段二课程。分析 2019—2020 学年下学期期初课程本位评估结果，发现该生生活语文学段二的分值较上学期有明显提升，从 1.345 分提升至 2.236 分，但仍未达到总分的 90%，因此下学期仍为其开设学段二课程。

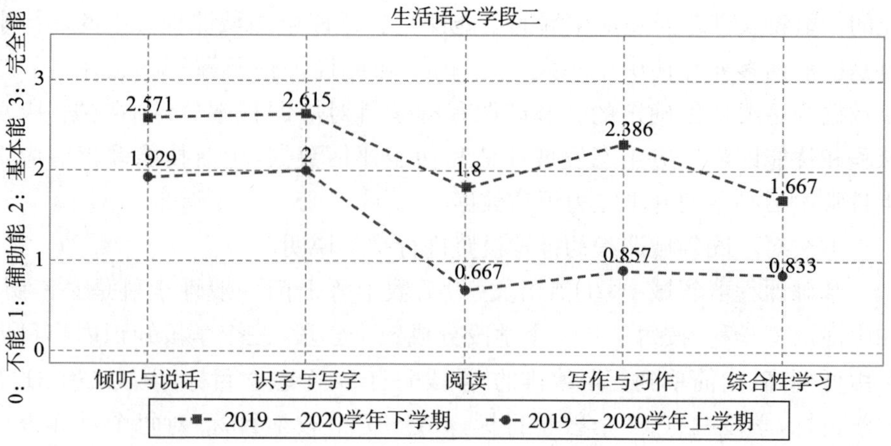

图 4-7　学生 A 的生活语文学段二次领域项目评估折线图

在图 4-7 中，学生 A 生活语文学段二中次分项课程本位评估结果的统计数据显示，其阅读、写作与习作及综合性学习能力明显较弱。因此，建议教师在对该生的生活语文个别化教育计划的制订中，重点关注此领域的相关知识目标，并在课堂中为其提供相应的个别化教育支持。

以康复训练课程本位评估为例，学生 S，女，9 岁，早产导致脑瘫。在系统功能性评估模块中运用《儿童粗大运动发展评估量表》评估其粗大运动能力，得出评估结果，如图 4-8 所示。观察评估结果雷达图发现，该生的粗大运动能力与实际年龄相差较大，粗大运动发育水平整体处在 4—6 个月左右，主要表现如下。① 卧位：不能向左、向右自由翻身，不能在仰卧位

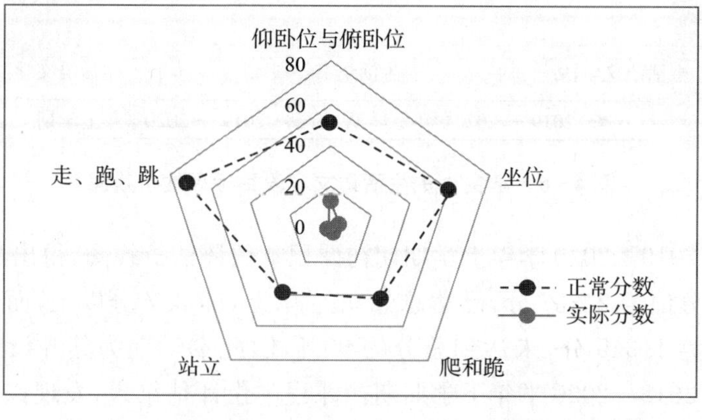

图 4-8　学生 S 的粗大运动能力评估结果图

下用手够到对侧玩具或用手握住脚，处于 4 个月的发展状态。② 坐位：不能从平躺到坐起，能在支持条件下拱背坐，处于 6 个月的发展状态。同时，该学生的部分原始反射存在张力异常，后期康复效果可能非常有限，建议康复训练以抑制异常姿势、功能训练为主，推荐开展专业的一对一物理康复个训课程。

以优能特长课程群领域为例，学生 T，男，8 岁，智力障碍。在系统功能性评估模块中运用《儿童感统能力发展评估量表》评估其感统发展能力，得出评估结果，如图 4－9 所示。

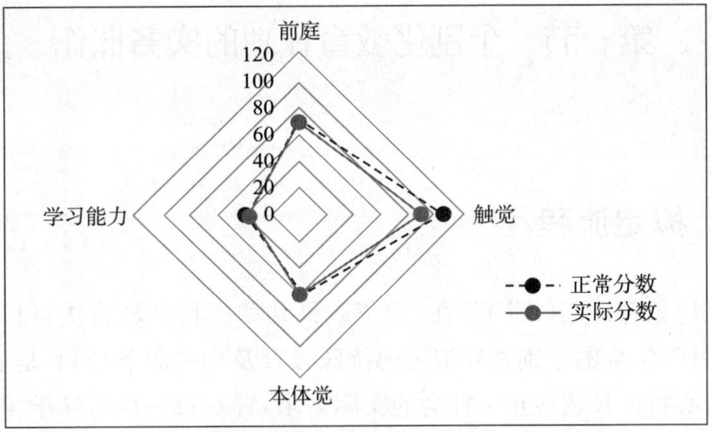

图 4－9　学生 T 的感统能力发展评估结果图

分析感统能力发展评估结果图，发现该生感觉统合能力表现为前庭、触觉、本体觉及学习能力都较好，尤其是前庭和本体觉能力非常突出。前庭能够快速掌管人体平衡和空间方位的感应，而良好的本体觉能够较好地进行自我身体操控。良好的前庭系统与本体觉系统相互配合，提高了肌肉张力，带动肌腱、韧带、骨骼与关节做出平衡动作，并维持姿势。因此，推荐充分发挥其优势势能，开设轮滑训练、动感平衡车等运动类特长课程。

第五章　个别化教育计划制订

第一节　个别化教育计划的实务操作

一、拟定流程

个别化教育计划(IEP)是在《中华人民共和国特殊教育法》(1997)颁布后,针对特殊学生的个别差异拟定的特殊教育及相关服务计划,是依据特殊学生的身心特征及适应正常社会的实际需求,针对每一位特殊学生制订、实施的具体教育方案。拟订 IEP 包括一系列复杂的过程:确定个案、对个案进行教育诊断、发展评估及课程本位评估、开展 IEP 会议、制订长短期目标、形成个别化教育计划。

个别化教育计划是为每一位特殊学生拟订的文件,旨在根据其学习特点与需要,提供贴切的教育服务,一方面是作为教学方向,另一方面也作为教学成效评量的依据。IEP 的拟订被称为特殊教育专业发展的重要路径,其中包括三方面的原因。第一,IEP 的拟订有助于形成有效率、有组织的教学活动,使教学活动的结构条理且有序。第二,IEP 的拟订发挥了教学管理工具的作用,目的是完成目标评鉴和定期评估。第三,IEP 的拟订可以促使家长积极参与计划的制订与监督,同时整合教师与家长对特殊学生的评量和期望,为拟订更加系统和全面的个别化教育计划奠定基础。

个别化教育计划的拟订流程通常包含以下几个部分。

① 搜集学生基本信息。主要包括基本资料、生长史、医疗史、教育史等。

② 个别化教育决策评估。首先,实施全人评估,包括诊断性评估、发展

性评估和功能性评估。其次，进行优势和劣势的分析，依据全人评估结果，综合整理学生的优势能力和劣势能力，提倡多发现学生的优势能力。最后，明确特殊需求。依据学生的优劣势能力来决定学生有哪些迫切的需求，如情绪管理、注意力提升、学习态度改善、辅助使用、物理环境改善、特殊学习策略支持等。注意这里可根据学生特殊需求的迫切程度进行排序，最终形成学生的需求等级表。

③ 召开 IEP 会议。根据前面的内容，邀请与 IEP 相关的人员，如家长、任课教师、班主任、评估师、学校教学主管等参加会议。

④ 拟订长短期目标。依据提供的课程及服务内容，清楚列出所欲达到的一整年的长期目标或一学期的短期目标及学习评量，并设定每月、每周、每日的教学进度及评量方式。

⑤ 设计课程。依据学生需求，提供多元课程，包括学业课程、功能性课程等。

⑥ 评鉴与分析。每学期期末由校方主动邀请家长参与讨论，根据 IEP 执行情况，进行反馈与调整。

苏州工业园区仁爱学校在此基础上，结合学校情况和数字化的 IEP 支持系统进行了校本化修改。

（一）搜集基本资料与全人评估

1. 搜集基本信息

适龄特殊儿童依据国家入学政策，在进入特殊教育学校或由普通学校转到特殊教育学校后，或者已在学校的特殊学生升到更高年级时，作为特殊教育学校的教师在为学生制订 IEP 时首先会收集学生在之前班级的所有资料，或对主要的照顾者进行访谈，或详细咨询前任教师所拟订的 IEP 及教案记录等。收集方式主要包括线下纸质记录和线上电子记录。以下结合仁爱学校的教师收集特殊学生基本资料时的情况进行说明。

在新生入学时，学校先会收集符合入学条件的学生的基本信息，包括基本信息登记表、残疾证复印件、出生医学证明、户籍证明、医疗史、康复史、教育史等资料。同时，学校会组织教师团队利用空余时间对所有入学新生进行家访，通过与家长进行面对面的交流，在详细了解学生的生长史、医疗史、康复史、教育史、兴趣等情况的基础上，完成《儿童回溯式调查表》的填写，以便入学后制订精准的教育和康复计划。个案基本资料主要包括学生基本资料、家庭状况、生长史、医疗史、教育史等。

2. 实施全人评估

在为已入学的学生制订学期初的 IEP 时，新班级的班主任教师会向前任教师咨询，获取学生的发展评估资料，不断补充和完善学生的资料，参考学生最新的生态发展评估资料，完成 IEP 的制订。

无论是刚入学的新生，还是已入学的学生，根据《第二期特殊教育提升计划(2017—2020 年)》和《残疾预防和残疾人康复条例》的相关要求，学校均会组织所有的评估师参与学生的全人评估。全人评估中，评估师会参考学生之前的教育康复资料和医院的诊断建议等，同时还会用标准化或非标准化的评估量表对学生的健康状况、认知发展、生活自理、言语语言、社交沟通、感觉统合、运动发展、职能发展、情绪行为、心理健康、人际关系、学业表现等进行专业的评估，完成评估报告的撰写和分析。评估报告为后期 IEP 的制订提供直接参考。

(二) 线上课程本位评估与分析

1. 实施数字化 IEP 支持系统线上课程本位评估

在所有评估师完成全人评估后，学生所在班级的班主任及学科教师会通过数字化 IEP 支持系统对每个学生的学科发展进行线上课程本位评估和课程本位评估分析。课程本位评估的主要依据是教育部 2016 年颁布的《培智学校义务教育课程标准(2016 年版)》(以下简称《新课标》)，由学科老师分别在生活语文、生活数学、生活适应、劳动技能、绘画与手工、运动与保健、信息技术、康复训练、艺术休闲、唱游律动等学科对学生进行评量。数字化 IEP 支持系统会生成同一学科不同阶段、不同领域的发展折线图，根据学生发展的优势区和弱势区，进行描述和分析。

2. 实施数字化 IEP 支持系统线上课程本位评估分析

实施课程本位评估的教师根据学生的基本信息，参考评估师完成的全人评估和学科教师完成的课程本位评估的结果，同时结合家长对孩子的教育康复期望等信息，综合分析整理，找出学生的优势能力和劣势能力，并结合发展折线图详细地分析学生的优势和劣势发展领域。即使功能较弱的学生仍然有优势可以描述，在进行课程本位评估分析时，应尽量发现学生可供使用或可增强的能力，从而有针对性地补偿缺陷、改善功能和开发潜能。课程本位评估分析的主要目的是找到学生的发展起点和迫切需要发展的领域，为学生的综合发展、生活自理和社会适应等能力做好铺垫并提供支持。

3. 确定学生的特殊需求

在完成对学生的课程本位评估分析后，区特教指导中心和特殊学校的学科教师、评估师、康复师团队会根据学生的优势、劣势、原因分析等明确学生确切的发展需求，并提供支持，比如对于一些存在明显肢体障碍的脑瘫学生，通过康复训练增强其肌肉力量，提高关节的灵活度等。物理治疗师通过了解学生的基本信息，参考运动评估结果，结合康复训练、运动和保健学科的评量结果，对学生进行针对性的康复训练，改善学生的肢体运动功能。学生的特殊需求不仅是某些方面的短期发展需求，还应从长远发展的角度，把学生作为一个全人进行分析，并将影响学生未来发展的重要项目，依据先后顺序，按照迫切程度依次排序，比如对于一名存在明显情绪障碍的特殊学生，其特殊需求的顺序可能是：情绪管理、行为管理、注意力提升、物理环境的改善、学生发展性课程的提供等。特殊教育需求也会为学生下一步的教育安置形式提供参考。

（四）提供教育康复服务及课程设计

1. 提供教育与康复服务

无论特殊学生接受哪一种教育安置方式，在明确其教育康复需求后，资源教师或特殊学校的学科教师、康复师等都会为其提供专业的教育康复服务。

（1）融合教育中的资源教学与支援服务

对于进入普通学校接受随班就读的特殊儿童，在其融合教育中，普通学校要提供一定的资源教学与支援服务。所谓资源教学是指为学生提供直接的教学服务，例如学科的辅导、学生注意力训练、社交技巧的训练、生命教育的学习等。支援服务主要指间接服务，包括学校班级的编制、提供一对一的康复服务（心理治疗、言语治疗等）、为残疾学生申请贫困补助等，是协助满足学生特殊需求的必要措施。

（2）特殊学校中的教育与康复服务

进入特殊教育学校的特殊学生，在完成课程本位评估分析后，学校会根据学生的康复需求、教学需求等提供专业的教育和康复服务，满足其适性发展的需求。

2. 课程设计

教育康复服务，需要通过课程实施来实现。因此，需要设计课程，通过课程设计满足学生的需求，以生为本，提供多元适性的课程。普通学校教师需要考虑学生的特殊需要，在教学评价、教材设计、教学方法等方面进行个别化设计。特殊学校的学生主要接受一般性课程(生活语文、生活数学等)和选择性课程(语言康复、运动康复等),通过一对一的个别化康复课、集体教学、非传统课程日活动、校外实践活动等实现课程的实施。同时,课程设计还需要考虑不同年龄段学生的功能性课程与一般学科性课程的分布比例,课程实施人员的分配、课时分配、评量方式、教材版本的选择、自编教材等,这些均需要在课程设计中做详细说明。

苏州工业园区仁爱学校作为特殊教育学校,发挥着园区特殊教育指导中心的作用,利用网络资源,建立"新特教线上教育"网络学习资源,为在园区普通学校随班就读的特殊儿童提供教育和康复的远程课程支持。仁爱学校利用每周一次的非传统课程日活动,将课程活动化、游戏化,通过传统教育康复课程和非传统课程相结合的模式,为实现特殊儿童"同在蓝天下,同享尊严而有品质的生活"而努力。

(五)制订长短期教育目标、召开 IEP 会议及综合评鉴

1. 制订长短期教育目标

根据学生接受的课程和服务内容,普通学校或特殊学校的教师可根据课程标准,细化学生的发展目标,将一年的发展目标作为长期目标,一学期的发展目标作为短期目标。同时,依据学期目标撰写学期教学计划,制订每月、每周、每节课的目标和教学进度、评价方式、学生的过程性评量与形成性评量的记录、教学策略等。

2. 召开 IEP 会议

根据特殊教育提升计划等政策性文件,结合学校自身条件等,普通学校或特殊学校会邀请 IEP 的相关人员,包括学生本人、家长、评估团队、学科教师、医生、心理咨询师、保育员等,在每学期初召开 IEP 会议,由相关人员同意并签字后才开始执行。

3. 综合评鉴

IEP 拟订的最后一个环节是综合评鉴,主要包括定期评估分析和目标评鉴两部分。学校一般会在每学期期末组织行政领导、学科教师、个别化康复师、评估师、家长及学生本人参与一学期的学科定期评估分析,根据学期初拟订的 IEP 长短期目标设计,对本学期学生完成目标的情况进行评鉴,分析研讨目标的达成效果,提出修改之处并做具体说明,以便为下一学期的目标设计提供参考。一些特殊教育学校通过数字化 IEP 支持系统完成综合评鉴。IEP 综合评鉴的主要内容包括 IEP 目标评鉴、学科能力评鉴、课程本位

评估分析、功能性发展评鉴、评估结果和反馈建议等。具体内容会在下面章节中做详细介绍。

二、研判会议

（一）IEP 会议准备

在进行 IEP 会议前，教育工作人员，如班主任等已经获得个案的各项评估和课程本位评估的相关结果，并根据初步的个别化教育计划拟订各项内容，以及会议召开的流程。整个会议前的流程分为以下步骤，如图 5－1 所示。

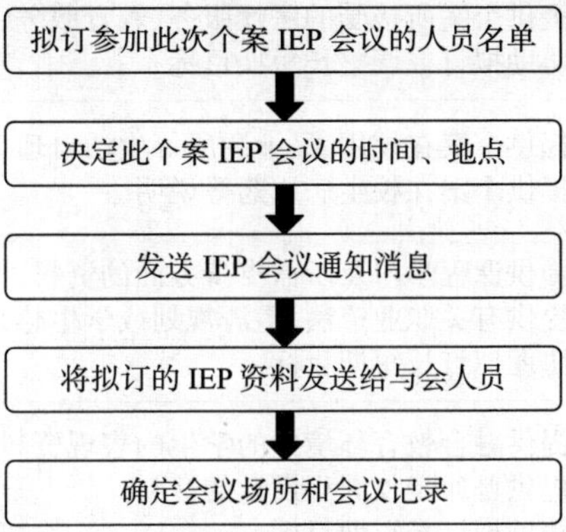

图 5－1　苏州工业园区仁爱学校个别化教育计划会议前的步骤流程

拟订会议名单，一般会根据个案情况的独特性进行分配，每位学生的 IEP 会议名单都不完全相同。一般情况下，班主任（会议主持人）、部分学科教师、学校行政代表、特殊教育教师、家长和个案本身是所有个案研讨会的基本成员。如果个案有独特需要，还可能会安排普通学校的普通班级的教师、转衔服务机构的代表和相关服务（如志愿者协会等）机构代表。具体会议成员及功能，如表 5－1 所示。

表 5－1　个别化教育计划会议成员及功能表

参加 IEP 会议人员	功能
主持人（一般是学生的班主任老师）	主持会议； 协调参会人员的时间； 与家长面对面沟通； 在 IEP 会议做决定的过程中给予协助； 维持会议纪律

续表

参加 IEP 会议人员	功能
特殊教育教师（有可能是学生的班主任/副班主任/学科教师等）	提供有关学生的障碍信息等资料； 明确指出学生目前在特殊教育方面的能力情况及表现； 明确指出学生的特殊教育的需要； 参与资料的解释； 协助制订长短期目标及目标的调整等
评估师（依据个案前期评估结果）	提供个案全人评估中部分评估结果的解释； 提供个案具有迫切康复需求的种类及康复建议
家长	提供个案有关发育、生长等资料和证件； 提供个案所接受的医疗服务、教育服务、康复服务等资料； 协助拟订或调整长短期目标
保育员	提供个案在校用餐、上厕所等生活自理方面的解释； 提供个案在校生病用药等说明
视情况需要——个案本人	提供课程学习及所需支持方面的资料； 提供有关职业道法、生涯规划或学生感兴趣的资料； 协助拟订长短期目标
视情况需要——普通教育教师	提供融合教育环境中的学生的表现资料； 提供普通学校课程设计的资料； 协助拟订长短期目标； 明确指出学生在接受普通教育中的能力和限制
视情况需要——相关服务机构代表（如机构康复人员、社工、心理咨询师等）	解释相关评量资料； 提供有关个案独特需求的建议； 提供相关服务的建议
视情况需要——转衔服务机构代表	学生在接受义务教育(16 岁)或职业教育以后(18 岁)，可以邀请下一阶段的转衔服务代表来参加会议，以提供意见，做好衔接准备

在确定参加 IEP 会议的名单之后，个案的班主任老师会作为会议主持人进一步协调会议的时间、地点和日期。在发送 IEP 会议通知时，确认所有与会人员的时间并请与会人员回复邮件，以便确认家长等能否出席会议。此外，为了促进会议的顺利开展，教育工作人员与家长有必要建立 IEP 会议前的共识。教育工作人员的会议前准备具体如下：(1) 列出个案 IEP 相关的主题；(2) 邀请有召开 IEP 会议经验的学校教师指导；(3) 设计

明确会议程序表；(4) 主持人(班主任)清楚会议研讨的重点，并且尽可能让大家都针对主题进行研讨而不离题；(5) 要认同家长是非常了解他们孩子状况的专家。家长的会议前准备具体如下：(1) 列出孩子的问题并在会议中请教教育工作人员；(2) 准备与孩子相关的材料供大家参考；(3) 在会议中尊重每一个人的看法和意见；(4) 了解现行教育政策体制的某些人力或设备资源上的限制；(5) 会议讨论中要切中主题，不要离题。上述教育工作者和家长的会议前准备工作是很重要的，在发送会议通知的时候，可以将以上要点告知所有与会人员。

(二) IEP 会议程序

个别化教育计划会议是一个沟通讨论并做出决策的过程。会议中针对个案学生的现状描述、长短期目标的制订，有时教育工作者和家长的看法不一致，有时普通教育教师和特殊教育教师的要求不一致，还有时教育工作者与相关服务人员的立场不同，而各种不同意见都需要通过有效的会议沟通达成共识，避免造成后期相关人员的误解和冲突。与一般的高效会议相同的是，IEP 会议也具有一些技巧，如“明确主题”“参与感”“互动”“彼此赞美”“保持活力”及“保持掌握会议的进度时间”①。

在 IEP 会议中，研讨应该以学生下一学期的特殊教育介入内容为重点，为了达成目的，所有与会人员必须先清楚了解此个案的特殊教育需求是什么？现阶段的各项能力发展状况到了什么地步？家长对孩子下一阶段的各项能力发展的期待是什么？教育人员又会为个案设计哪些学习或训练课程？课时是多少？如果个案有一些特殊状况需要经常性或紧急性处理(比如个案需要如厕处理，需要定时吸痰，会不定时出现癫痫或心脏病发作等)，学校的教育人员又会做出哪些应急的处理计划呢？

以下是个别化教育计划会议的程序表，表 5-2 为新入学个案(简称“新生”)入学第一次 IEP 会议的程序表。表 5-3 为已入学个案(简称“老生”)的第 n 次 IEP 会议的程序表。通常新生入学，召开第一次 IEP 会议会花费比较长的时间来进行说明和研讨，如果一些班级有个别新生，建议将新生的 IEP 会议安排在后面，老生的 IEP 会议排在前面，避免因新个案的研讨时间较长而导致后面所有的个案研讨延期举行。

---

① 黄瑞珍，等. 优质 IEP——以特教学生需求为本位的设计与目标管理[M]. 台北：心理出版社股份有限公司，2013.

表 5－2 苏州工业园区仁爱学校新生的第一次 IEP 会议程序表

内容	负责人员	预计时间	备注
会议开始，介绍与会人员	主持人(班主任)	2 分钟	
个案各项评估与课程本位评估报告与特殊教育需求的确认(包括项目内容与时间限制)	班主任、副班主任、科任教师学校行政代表、评估师、相关服务人员等	10—20 分钟	负责人员视个案情况确定
教育人员与家长确认对个案各项资料的评估与特殊教育需求内容	学校行政代表、班主任、副班主任、科任教师、评估师、相关服务人员等	5—10 分钟	负责人员视个案情况确定
各项特殊教育介入负责人对其负责部分的解释，以及长期目标、现状描述与短期目标的说明	各负责人员	15—20 分钟	视个案情况确定
进行特殊情况的研讨，家长与相关人员讨论与澄清不明确之处	主持人	5—10 分钟	
撰写会议决策摘要，会议结束	主持人	5 分钟	

表 5－3 苏州工业园区仁爱学校老生的第 n 次 IEP 会议程序表

内容	负责人员	预计时间	备注
会议开始，介绍与会人员	主持人(班主任)	2 分钟	
个案上一次 IEP 执行的结果	特殊教育教师	5 分钟	
个案各项评估与课程本位评估报告与特殊教育需求的确认(包括项目内容与时间限制)	班主任、副班主任、科任教师学校行政代表、评估师、相关服务人员等	5—8 分钟	负责人员视个案情况确定
教育人员与家长确认对个案各项资料的评估与特殊教育需求内容	学校行政代表、班主任、副班主任、科任教师、评估师、相关服务人员等	3—5 分钟	负责人员视个案情况确定
各项特殊教育介入负责人对其负责部分的解释，长期目标、现状描述与短期目标的说明	各负责人员	15—20 分钟	视个案情况确定
进行特殊情况的研讨，家长与相关人员讨论与澄清不明确之处	主持人	5—10 分钟	
撰写会议决策摘要，会议结束	主持人	5 分钟	

在个案研讨会议结束后，教育人员需要妥善保存会议中所使用的为每一位学生拟订的个别化教育计划草案资料，以便做到个案资料的保密。同时，教育人员要与家长沟通，需要家长完成 IEP 会议反馈表的填写。苏州工业园区仁爱学校召开 IEP 会议的家长反馈表，如表 5－4 所示。

表 5－4　苏州工业园区仁爱学校 IEP 会议家长反馈表

<table>
<tr><td>学生姓名</td><td></td><td>所在班级</td><td></td><td>会议时间</td><td></td></tr>
<tr><td colspan="2">家长在家可能提供的教育服务支持</td><td colspan="4"></td></tr>
<tr><td colspan="2">IEP 修改、教学建议</td><td colspan="4"></td></tr>
<tr><td colspan="6">(　　)我同意此个别化教育的内容及安排</td></tr>
<tr><td colspan="6">(　　)我不同意此个别化教育的内容及安排
原因：</td></tr>
<tr><td colspan="6">家长签字：</td></tr>
</table>

个别化教育计划会议的目的是通过事先完整的教育规划与沟通协调，教育工作人员与家长双方对个案的各项特殊教育介入有充分的了解，双方以合作的方式，为学生的发展与进步携手努力。IEP 研讨为后期完成一份完整的个别化的书面文件做了充分的准备。通过研讨，家长和教育人员达成教育康复的共识，一起为学生的发展而努力。

三、拟订长短期目标

普通学校或特殊学校的教师根据课程标准和学生所接受的课程及服务内容，将学生一年的发展目标作为长期目标，一学期的发展目标作为短期目标。同时，依据学期目标撰写学期教学计划，制订每月、每周、每节课的目标和教学进度、评价方式、学生的过程性评量与形成性评量的记录、教学策略等。长短期目标是个别化教育计划中最基础，也是最重要的部分之一。长短期目标的制订影响着个别化教育计划的实施品质，并且在实施个别化教育的进程中，唯有依靠清楚且量化的长短期目标，才能了解学生的教育内容及进步状况，因此，叙写长短期目标是制订个别化教育计划的关键所在。

（一）概念界定

长期目标：学生在较长一段时间内的教育方向及教育重点，具体时间不一，以各地、各校要求不同而有所变化，但一般是指学生在一年内能达成的目标。

短期目标：为了实现长期目标而将长期目标拆解制订出的阶段性具体目标，一般是在一学期内能达成的目标和期望。

（二）长期目标和短期目标的关系

长期目标从全人角度出发，根据学生的现有能力和兴趣水平设定学生未来一年的发展空间、重点，把握学生教育目标中的大方向，对学生的教育有重要指导意义。长期目标的叙写相对于短期目标来说，不必是可评量的，但是它必须是综合性的、长期性的。短期目标是在短时间内（一般以一学期为一个阶段），为了达到长期目标而制订的，必须是客观的、可评量的、务实的阶段性目标，包括教育内容、过程、进度、步骤、方法、评量手段等。任何人都可以通过短期目标了解学生会在何时、通过何种支持、在何种情境下、以何种行为表现达到目标。短期目标可以说是为了实现长期目标而存在的，当短期目标一步步都实现了，长期目标也就达到了。

（三）长短期目标的叙写

长短期目标的叙写有以下几个共性的原则。

第一，目标内容通常涵盖认知、情意、技能三方面，至于这三方面在长期目标中所占的比例以及目标层次性的高低，取决于学生的能力和需求。

第二，目标的叙写应以学生为主体，而非教师主体，例如“培养学生认识拼音”的叙写方式就是教师导向，可改写为“能认读拼音”。

第三，目标描述的是学习结果而非学习活动，例如“练习一位数进位加法”就是学习活动，可改写为“能正确计算一位数进位加法的算术”。

1. 长期目标的叙写

长期目标的叙写需要遵循以下几个要点。

第一，可评量。以时间、速度、数量等来量化，例如，学生可在一分钟内流畅地朗读 100 字的小短文；学生可以在一分钟内正确完成 10 道 10 以内加减法。

第二，目标应该让学生在规定期限内达成，不能超出学生的能力水平，但与学生目前能力水平相比，也要有进步空间。

第三,必须能够促使学生进步,并且关注学生障碍导致的教育需求。例如,关注阅读障碍学生在阅读领域的教育需求,关注孤独症谱系学生在社交沟通领域的教育需求等。

第四,长期目标必须是通过阶段目标或短期目标可达成的。

第五,长期目标必须是在实际环境中能评量的目标,空泛而脱离实际环境的长期目标可能变成一纸空谈。例如,将长期目标叙写为"学生在校表现良好"不如叙写为"学生能够全程参与而不中途离开"。

第六,必须是符合学生年龄实际的目标,适合学生的发展需要。例如,大龄的学生就不再适宜学习儿歌,青春期的学生可增加性教育方面的目标,具体如表 5-5 所示。

表 5-5　长期目标的叙写举例

长期目标举例
培养正确的金钱观; 加强情绪管理能力; 拓展人际关系; 提示专注力; 认识新校园环境,并做好心理准备; 青春期两性交往中记住自我保护的概念; 提高生活语文的学业能力; 提高口语叙事的能力; 提升阅读理解能力; 提高书写正确率; 提高语言理解能力; 提升社交技巧; 改善亲子关系; 促进大肢体动作的发展; 提高精细动作能力; 提高生活自理能力等

2. 短期目标的叙写

短期目标是由长期目标细分而来,由易到难,层层递进,为长期目标服务。在叙写过程中应把握以下原则。

第一,配合长期目标来拟订,短期目标和长期目标应该是环环相扣的,应注重短期目标和长期目标的关联性。

第二,叙写短期目标时注重目标的功能性,在拟订目标时,教师要思考为何而教,如考虑此目标是否符合该学生的实际年龄,是否是该年龄段普通学生所做的活动之一；是否为满足转衔的需求，是否参考了亲属的诉求，以及能否增加该生的独立性和参与度等。

第三，短期目标的叙写要符合清晰、具体、可评量的标准，它至少需要包含一项具体的行为、动作及行为所完成的结果或内容，这两项合在一起即为目标行为，再加上学生目标行为出现的情境、条件和通过标准。目标行为出现的情境、条件，指的是我们期待目标行为发生的时间、地点和环境状况、需要提供什么样的支持或辅具。

第四，一条短期目标最好只包含一个学习结果，尽量避免在同一个短期目标中包含数项学习结果，这样会增加评量的困难，造成目标清晰度受到影响。

第五，不同课程领域间所设计的目标最好能彼此联系。例如，“能完成超市购物”的目标涉及多个步骤与相关技能，包括阅读标签、保质日期、价格与使用钱币等技能，若学生在这方面能力太弱，则需要生活语文和生活数学课程的支持。生活适应领域的目标为“能完成用餐活动”，生活语文领域可配合教导阅读快餐店的标志和点餐用语，生活数学领域可配合教导使用金钱。

第六，完整叙写，包括目标行为、目标评量的情境和通过标准，其中目标行为是指一项具体的行为、动作及行为所完成的结果或内容，具体如表 5－6 所示。

表 5－6　短期目标的叙写举例

目标行为叙写举例	目标评量的情境举例	目标的通过标准举例
会计算每月的零用钱； 学会合理地使用零用钱； 每周情绪失控的次数； 每天离开座位的次数； 使用合适的方法表达自己的关切； 口语叙述能力； 口语朗读流畅度； 听写一学期学过的生字词； 听懂并完成两个连续的简单指令； 与人做朋友的能力	在学校时间； 在上课时间； 在教室内； 遇见喜欢的异性同学时； 在期末考试时； 面对任何人在没有肢体语言协助下； 在周围老师、同学的评估下	(1)按照独立完成的程度： 独立完成； 在直接口语提示下完成； 在间接口语提示下完成； 在手势提示下完成； 在视觉提示下完成； 在示范动作下完成； 在部分身体提示下完成； 在完全身体提示下完成； (2) 按时间、次数、百分比： 80%的正确率； 1 分钟书写正确字数达 20 个； 至少有 1 个同学是她的朋友； 5 次中有 3 次愿意

除此之外，目标内容通常涵盖认知、情意、技能三方面。根据不同的目标类型，有下列不同情形的叙写方式。

第一，工作分析法，适用于技能类短期目标。例如，长期目标"会洗手"按照工作分析的步骤加上情景、通过标准等就可以作为短期目标，具体如表5－7所示。

表5－7　运用工作分析法叙写短期目标的举例

工作分析步骤	短期目标
打开水龙头	会独立打开水龙头
将手放在水龙头下淋湿	会独立将手放在水龙头下淋湿
关水龙头	会独立关水龙头
给双手涂抹香皂	会给双手涂抹香皂，10次中有8次能涂抹均匀
搓手	会在图片的提示下搓手，照顾到手心、手背和手指，每次搓手时间在30秒以上
冲洗干净	会独立冲洗干净，不残留泡沫

第二，改变行为、情境或标准。行为、情境、标准是短期目标的三要素，改变三要素之间的组合，就可以使短期目标具有层次性。因此也可以改变三要素的程度，使之变得具有层次性，即可成为短期目标，具体如表5－8所示。

表5－8　改变三要素叙写短期目标的举例

短期目标1	愿意参与学校组织的志愿者融合活动，能坐在人群中5分钟以上
短期目标2	愿意参与学校组织的志愿者融合活动，能坐在人群中10分钟以上
短期目标3	愿意参与学校组织的志愿者融合活动，能坐在人群中20分钟以上

3. 长短期目标的配合

个别化教育计划中的长短期目标，作为个别化教育的依据，帮助学生取得进步，收获成长。长短期目标的叙写可以是平行的，也可以是统合的。平行的长短期目标是一个个孤立的目标，为了帮助学生达成一个个技能而设定。统合的长短期目标是在活动中将主动学习情境和自然情境进行融合。统合的长短期目标在功能化的基础上更加生态化。技能被统合在活动中来训练，强调表现得自然、标准，并且为了帮助学生表现出功能性的统合反应，纳入需要的替代或辅助性策略。下面是一些长期目标与短期目标的配合案例，如表 5-9、表 5-10、表 5-11 所示。

① 将特定环境中需要达成的活动作为长期目标，通过拆分等方法来确定短期目标内容。

表 5-9　长短期目标的配合举例

长期目标	短期目标
培养正确的金钱观	1. 学生会计算每月的零用钱，并记录花费的明细，一个学期 5 个月有 4 个月记录正确； 2. 学生学会合理地使用零用钱，并由父母和老师确认，有 80% 的学生使用无误
加强情绪管理能力	1. 学生在学校每周情绪失控的次数由 5 次降为 3 次； 2. 学生的情绪管理能力由父母和任课老师评估，5 人中有 4 人认为有进步
拓展人际关系	学生在学校期间会主动参与班级举办的各种活动，由一学期零次增加到两次
提升专注力	1. 学生在教室上课时，每天离座次数由 5 次降为 3 次； 2. 学生上课的专注力由任课教师评估，有 80% 的教师认为有进步
认识新校园环境并做好心理准备	1. 学生认识新校园的常去场所，不需要任何提示也能独立走到食堂、卫生间、教室、体育馆等场所； 2. 学生表现出去新校园上学的心理准备，经熟悉他的师长评估，80% 认为学生已经准备好
青春期两性交往中记住自我保护的概念	1. 学生会使用合适的方法表达自己的关切，在遇见喜欢的异性同学时有 80% 是正确的表达； 2. 学生知道个人隐私部位不可以任意被触摸，在任何情境下可以明确地做到正确率 100%
提高生活语文的学业能力	学生的语文期末成绩在随班就读的班级中排名前 50%
提高口语叙事的能力	学生在使用故事结构分析法重述故事时，可以说出主要成分达 80% 以上
提高口语朗读流畅度	学生在阅读语文课文时，1 分钟的正确字数达 100 个以上
提高语言理解能力	学生能听懂并完成两个连续的指令，例如拿语文书然后坐好，在没有任何人协助的情况下正确率达 70%
提升社交技巧	学生学会社交技巧，在班级中至少有一位同学是他的朋友
改善亲子关系	学生学会用口语向父母表达自己的情绪、需要、感觉，在周围师长和朋友的评估下，5 人中有 4 人肯定学生的进步

② 将特定的、对于学生来说的重要的技能作为长期目标，将在不同环境下的泛化运用作为短期目标，并确定标准。

表 5 - 10　长短期目标的配合举例

领域	长期目标	短期目标
生活数学	会向他人求助	在下列每一个环境或活动中,能正确使用口语或肢体动作向他人求助,5 次中有 4 次完成。 1. 在寻找必需品时; 2. 在完成数学计算时

③ 长短期目标在不同领域的配合。

表 5 - 11　长短期目标的配合举例

领域	长期目标	短期目标
生活自理	1. 学生能在家中完成 5 项身体清洁活动	1.1 能修剪指甲; 1.2 能处理月经; 1.3 能使用正确的方式刷牙; 1.4 能使用洗发露清洗头发; 1.5 能梳理头发
	2. 能完成厨房中的 3 项清洁活动	2.1 在被提供一个装有适量洗洁精的小瓶的情况下,能清洗碗盘; 2.2 能擦拭餐桌; 2.3 能处理厨余垃圾
	3. 在 3 种重要情境中表现适当的礼仪	3.1 能表现适当的做客礼仪; 3.2 能表现适当的招待客人的礼仪; 3.3 能表现适当的用餐礼仪
	4. 能注意饮食卫生	4.1 能分辨食物是否新鲜; 4.2 能分辨食物是否过期; 4.3 能表现出适当的饮食卫生习惯
社会适应	1. 认识自我所处的环境	1.1 能介绍自己的家; 1.2 能介绍自己的学校; 1.3 能介绍自己的班级; 1.4 能介绍班级任课老师的姓名; 1.5 能介绍班级同学的姓名
	2. 能完成与人交际的活动	2.1 能完成到同学家做客的活动; 2.2 能完成招待客人的活动
	3. 能完成 3 项在社区购物的活动	3.1 能在社区便利店购买小零食; 3.2 能在社区菜场购买蔬果; 3.3 能使用自动贩卖机
	4. 能到 3 种不同类型的商店购买物品	4.1 能到便利店购买物品; 4.2 能到大型超市购买物品; 4.3 能到百货商场购买物品

续表

领域	长期目标	短期目标
休闲教育	1. 能使用3种家庭休闲设施	1.1 能使用家中的电子设备玩游戏； 1.2 能使用家中的电视看节目； 1.3 能在家中安静地阅读绘本
	2. 能进行3种社区休闲活动	2.1 能在社区活动中心阅览书籍； 2.2 能使用小区中的休闲设施； 2.3 能围绕小区散步
职业生活	1. 认识3种职业的工作内容	1.1 能说出清洁人员的工作内容； 1.2 能说出餐厅服务员的工作内容； 1.3 能说出超市收银员的工作内容
	2. 能完成班级中的3项清洁工作	2.1 能扫地； 2.2 能拖地； 2.3 能擦拭桌子
生活语文	1. 知道个人资料中的信息	1.1 能说出自己的姓名； 1.2 能说出自己的性别； 1.3 能说出自己的年龄； 1.4 能说出自己的生日； 1.5 能说出自己的家庭住址； 1.6 能说出自己的手机号
	2. 能正确使用与人交往的用语	2.1 能正确使用招待客人的用语； 2.2 能正确使用到别人家做客的用语
	3. 能认读社区中3种重要场所的标志	3.1 能认读社区医院的标志； 3.2 能认读社区医院的内部标志； 3.3 能认读便利店的标志； 3.4 能认读便利店的内部标志； 3.5 能认读百货商场的标志； 3.6 能认读百货商场的内部标志
	4. 能认读食品类的商品名称	4.1 能认读便利店中商品的名称； 4.2 能认读便利店内食品区的商品名称
	5. 能使用恰当的用语购买物品	5.1 在点餐情境中，能正确使用点餐用语； 5.2 在购物情境中，能正确使用购物用语
生活数学	1. 能使用金钱	1.1 能辨认钱币； 1.2 在点餐情境中，能正确使用金钱购买餐点； 1.3 在购物情境中，能正确使用金钱购买物品
	2. 能认识日期和商品的保存期限	2.1 能说出日历上呈现的日期； 2.2 在购物情境中能辨认商品的保存期限

四、确定个别化教育课程

仁爱学校个别化教育课程有两条主线，一条为适合中重度残障儿童的“主题月教学”课程，可为中重度特殊儿童的自理等基础生存技能服务；另一条为适合轻度特殊儿童的“学科教学”课程，可为轻度儿童职业训练等就业能力服务。当学生发展年龄达到小学阶段时就进入学科教学课程。根据课程内容和学生特点，结合“游戏课程”“生活课程”“职业教育”“体感游戏课程”打造趣味、实用的伙伴课程，遵循生活化、游戏化的教育康复原则，提高教育康复效果。同时，充分运用现代教育技术和虚拟现实技术，优化教学过程，提高教学质量。基于以上原则，本着发展学生能力的诉求，仁爱学校开发出“能”系列课程，即“我能够对我的生活和他人的生活产生改变”，分别包括以下几个方面。

① 个人控制：我能控制住我自己的生活。

② 乐观：我期待好事情会发生在我身上。

③ 自我效能：我能够让我所做的事情成功。

④ 自尊：对自己和他人来说，我是一个有价值的人。

⑤ 归属感：我属于一个团体（例如家庭或社区）。

在这样的理念引导下，仁爱学校个别化课程设置对应以下四类，分别是育能课程、赋能课程、展能课程、优能课程。

育能课程是指基础知识和基础能力课程，也称为基础课程（一般性课程）。学前教育阶段的基础课程包括言语沟通、认知逻辑、生活自理；义务教育阶段的育能课程包括生活语文、生活数学、生活适应、唱游律动、劳动技能、绘画手工、运动保健；职业教育阶段的育能课程包括生活语文、生活数学、休闲健身、心理健康、职业道法、生涯规划、社会礼仪。

赋能课程是针对各类学生的特殊需要设置的个别化补偿性康复课程，也称为康复课程。学前教育阶段的赋能课程包括粗大动作训练、精细动作训练、感觉统合训练、各项干预疗育；义务教育阶段的赋能课程包括物理康复、作业康复、语言康复、心理辅导、游戏康复五类，每一类别下根据学生的实际需要，细化为不同的选择性课程。物理康复类别下设置运动康复、水疗康复、感统康复、理疗康复、马术康复项目；作业康复类别下设置音乐治疗、美术治疗、ADL 训练等弹性课程；语言康复类别下设置言语训练、沟通交往、语言训练；心理辅导类别下针对学生的各类情绪和行为问题开设心理咨询、沙盘治疗、情绪疏导、行为管理等支持性课程；游戏康复类别下结合学校现有的信息技术设备为学生提供体感游戏、乐高游戏、VR游戏、蒙氏游戏课程。职业教育阶段的赋能课程是以职业训练为导向，以就业为目标开设的酒店服务、汽车美容、烹饪烘焙、种植园艺、衣物干洗、车间装配、办公文员等课程。

展能课程是指与社会、生活相适应的学生自主发展的活动性课程，也称为生活课程。学前教育阶段的展能课程包括社会适应、竞赛游戏、伙伴融合；义务教育阶段的展能课程包括自我服务、居家劳动、社区活动、职业准备、伙伴融合；职业教育阶段的展能课程是以职前就业实践为主题，设置酒店实践、烘焙实践、车间实践和洗车实践。

优能课程是指挖掘各类学生潜能，促进其发挥优势能力，能展现特长的课程，也称为人文课程。学前教育阶段的优能课程包括唱游活动、美工活动、信息技术；义务教育阶段的优能课程包括艺术特长、信息技术、陶艺、纸艺、茶艺、园艺、木艺、花艺；职业教育阶段的优能课程是以就职上岗为内容，分为跟岗见习、顶岗实习、就业转衔三大模块。

在确定学生的长短期目标之后，接下来会进行目标和课程的整合。一般来说，根据长期目标的内容，选取适宜实现该长期目标的课程。认知和技能类的目标可以直接与课程进行整合，如表5-12所示。

表5-12 目标与课程的整合举例

目标	课程	课程类型
提升语言理解能力	生活语文	育能课程
提升计算能力	生活数学	
提升感觉统合能力	感统康复	赋能课程
提升美术表达能力	美术治疗个训	
能够按流程完成客房服务	酒店实践	展能课程
能够使用自动化设备清洗车辆	洗车实践	
提升信息技术能力	编程个训	优能课程
增加木工制作能力	木艺	

但是，对于情感、态度、价值观类型的目标需要跨课程合作，在教学过程中需要特别注意。在每次教学活动中，将情感、态度、价值观类型的目标渗透进去，具体见表5-13所示。

表 5－13　需要跨课程达成的目标举例

目标	可匹配的课程
提升有意注意的品质	音乐治疗个训、ADL 个训、乐高游戏等课程
提升人际互动能力	沟通交往个训、社会礼仪、伙伴融合等课程
增加学习动机	艺术特长、唱游律动、美工活动等课程
提升自我接纳程度	心理健康、沙盘个训、行为管理等课程
增加自信心	种植园艺、心理健康、艺术特长等课程

此外，如果学生需要的支持较多，也需要进行跨课程整合。

第二节　典型案例

从前面的章节中，我们了解到一份完整的 IEP 计划除了包含长短期目标，还要纳入学生的生长史、医疗史、教育史、评量、课程本位评量分析等内容。本节提供苏州工业园区仁爱学校的 IEP 范例，表 5－14 中的学生被安置在特殊教育学校，表 5－15 中的学生被安置在普通学校，供特教人士参考。

一、仁爱学校个别化教育计划范例

表 5－14　苏州工业园区仁爱学校个别化教育计划范例

<table>
<tr><td colspan="4">基本信息</td></tr>
<tr><td>姓名</td><td>某某某</td><td>性别</td><td>男</td></tr>
<tr><td>出生年月</td><td>2008 年 1 月 2 日</td><td>残疾证种类等级</td><td>精神 2 级</td></tr>
<tr><td>安置形式</td><td>仁爱学校</td><td>就读班级</td><td>某某班</td></tr>
<tr><td colspan="4">生长史、教育史、医疗史</td></tr>
<tr><td colspan="4">母亲孕期一切正常，该生于预产期顺产出生。1.5 岁时家人察觉该生与其他小朋友玩耍时表现异常。3 岁时，该生开始在某某医院接受语言训练和感统训练。5 岁时，母亲全职在家辅导该生。8 岁起，该生就读仁爱学校。该生平日与爸爸妈妈生活在一起，但爸爸工作繁忙，妈妈生二胎后要照顾小妹妹，对该生的陪伴有所减少。在家中的日常生活除了完成老师布置的作业外，会有些无所事事，有时会弄坏、弄乱家里的物品或玩具</td></tr>
</table>

续表

评估信息汇总									
认知发展		○1 岁	○2 岁	●3 岁	○4 岁	○5 岁	○6 岁以上		
言语语言	口部功能	○下颌异常	○唇异常	○舌异常	●正常				
	语言理解	●句子	○短语	○词语	○无法理解				
	社交沟通	●口语	○肢体	○图片	○其他				
生活自理	大小便	○自理	●受限	○无法控制					
	饮食	●自理	○受限	○喂食					
	穿、脱衣	●受限	○辅助	○不能					
动作	粗大	●抬头	●翻身	●坐位	●爬行	●跪立	●站立	●跑步	●跳跃
	精细	●视觉追踪	●上指关节活动	●抓握	●操作	●手眼协调			
感觉统合	前庭觉	○符合发展年龄	●失调	○严重失调					
	本体觉	○符合发展年龄	●失调	○严重失调					
	触觉	○符合发展年龄	●失调	○严重失调					
职业能力	出行	○独自	●陪同	○不能					
	工具使用	○自如	●受限	○协助	○不能				
	特长	●家事	○艺术	○服务	○农业	○其他	○无		
心理		○内向	●外向	○依赖	○温顺	○倔强	○攻击	○自伤	●刻板
建议康复		●认知	○自理	○感统	●动作	○职能	○心理		
辅具支持		○上肢	○下肢	○移位	○沟通	○日常生活	○其他		

生活目标	
IEP 检讨会议研讨与决议事项	家长反映学生在家完成作业或训练时，情绪比较容易急躁，不喜欢进行手部精细操作；学生在日常生活中需要他人照料起居，由家长代劳较多，或需要较多语言提示和肢体辅助；学生在维持自我清洁方面需要他人提醒，吃饭时容易弄脏衣物或者手、脸等身体部位
短期目标	1. 能够在图片提示下按照七步洗手法洗手； 2. 能够区分可回收垃圾和不可回收垃圾，并进行分类垃圾； 3. 能将玩具和自己的学习用品整理整齐

续表

课程目标	
现状描述	
生活语文	对外界刺激有短暂的注意，需要经常提示才能静坐、等待；能对含有具体动、名词的短句和否定句做适当反应；能主动说出少数特定短句和否定句；能认读两个以上常用的句子；能依样本画出简单但抽象的图形
生活数学	能在现实情境中很好地掌握并理解加法的实际意义；认识“＋”“＝”，能够认读加法算式；能够在实际情境中，使用辅具计算 5 以内的加法；能在提示下使用 5 以内的加减法解决生活中的简单问题
劳动技能	劳动的主动性有待提高；能独立地完成扫地、拖地、擦桌子、折叠小件衣物等生活技能的练习，但完成质量需要提高；能够独立表达操作步骤
康复训练	身体活动量较大，体能尚可，下肢伸直力量比较强，整体肌肉力量尚可，足踝关节存在紧缩现象；走路姿势存在轻微异常；能够追着眼前移动较慢的人或物品看，对于快速移动、出现的物品的应变能力还有待提升；在受到外力作用时，身体平衡容易被打破；完成较复杂的运动时的身体协调能力还需提升
绘画手工	需要大量语言提示才能参与绘画手工活动，尝试简单的捏取动作和手工创作活动，主动参与意识不够强，有时会出现离座行为
唱游律动	能够积极参与唱游律动课堂活动；能够跟随伴奏演唱歌曲；能够用奥尔夫乐器伴奏，大量语言提示和视觉提示下能够理解游戏规则并遵守；能够通过触摸等方式初步感受节奏的快与慢
艺术休闲	能区分上课时间和休闲时间，能在提醒下判断自己的休闲时间并调整自己的行为；知道自己喜欢的休闲活动，能按兴趣爱好选择休闲活动、休闲场所；知道休闲活动中的安全隐患，能在大量提示下了解如何在休闲活动中避开危险
水疗康复	在肌肉力量控制及全身运动技能整合方面需要水疗训练协助，需要重点提升身体综合运用能力，需要提供伙伴、团队构建等方面的支持，以增强该生情绪控制的能力
陶艺	十分喜欢陶艺制作，在陶艺制作时能够表现出很好的注意品质，情绪稳定喜悦；能够根据自己的想象进行捏塑创作，在上色过程中需要老师的少量肢体辅助
优劣势分析	
优势：整体认知能力尚可。长期记忆和语意概念较强，有一定的逻辑推理能力；能与他人进行简单的沟通交流，能够自行阅读内容简单、以图画为主的材料；喜欢得到老师的关注；日常生活中，整体情绪稳定，性情温和，能与老师和大部分同学相处融洽。 劣势：注意品质较弱；对于复杂事件的陈述较无逻辑；精细动作发展较慢，耐心不足，遇到精细活动时习惯逃避应对，挫折容忍度低；穿、脱鞋袜以及大便需要他人协助	

续表

课程	长期目标	短期目标
生活语文	1. 能听懂简单的句子，并做出适当回应； 2. 认读生活中的常用汉字，能用铅笔描写或抄写生活中常用汉字； 3. 对书感兴趣，能模仿成人的样子看书	1. 能够理解他人讲话内容的80%以上； 2. 认识生字，包括足、毛等12个生字，认读正确率在80%以上； 3. 每周至少愿意阅读绘本3次，能够借助阅读支架，保持正确的阅读姿势5分钟以上
生活数学	1. 借助实际情境和操作，理解"加"和"减"的实际意义； 2. 认识"+""-""="3种符号，知道加、减法算式中各部分的名称； 3. 能用10以内的加减法解决生活中的简单问题	1. 10次中有7次能够根据实际情境与操作选择减法计算； 2. 能够命名"+""-""="3种符号，能够读出算式，正确率在80%以上； 3. 能用数一数的方法计算5以内的减法算式，正确率在80%以上
劳动技能	1. 掌握自我服务劳动技能，提升发展家务劳动能力； 2. 掌握规范的操作程序； 3. 形成劳动安全意识，养成自主参与劳动的习惯	1. 能够清洗、晾晒、整理小件衣物； 2. 能够择、洗干净两种以上的蔬菜； 3. 能够把面粉揉成面团
康复训练	1. 提升活动中的专注力； 2. 提升运动中的动作控制能力； 3. 能够参与团体性活动，与同学一起合作	1. 能够在老师示范动作时保持15秒以上的有意注意； 2. 能够在做剪刀腿和左右抬腿动作时，10次有6次动作标准； 3. 能够每节课至少一次主动邀请同学作为自己的搭档来进行游戏
绘画手工	1. 熟练掌握不同的涂色方法和手工技能； 2. 能自如地旋转腕部操作物品； 3. 能够有独立地完成较完整作品的意识与追求	1. 能够10次中有5次使用蜡笔将涂色区域涂满； 2. 能够单手握毛笔涂画3分钟以上； 3. 能够10次中有7次在绘画结束后将作品交给老师而不撕毁
唱游律动	1. 会唱歌曲； 2. 能够自信地演唱； 3. 积极参与音乐游戏活动，能够理解游戏规则并遵守	1. 能够连贯地演唱至少5首歌曲； 2. 能够在老师的语言鼓励下站在讲台上面向班级的所有同学唱歌； 3. 能够关注老师的手势，加入接唱游戏，10次中有5次能够做到

续表

课程	长期目标	短期目标
水疗康复	1. 在运动或受到外力作用时，能维持身体协调； 2. 在人际互动时能关注对方； 3. 能用适当行为选择喜欢的物品或活动	1. 能在水疗池中进行上下蹲站； 2. 能根据要求在水中将大笼球传递给同伴； 3. 能在拿取自己喜欢的物品时先征求他人的意见
陶艺	1. 了解并掌握不同的捏塑手法； 2. 能自如地旋转腕部操作物品； 3. 能够独立创作陶艺捏塑作品	1. 了解不同的捏塑手法，能熟练掌握其中两种； 2. 能够在辅具支持下给陶艺作品上色； 3. 能够在流程图的提示下完成一次陶艺捏塑
支持模式		
教育支持与服务	1. 每学期 1—2 次阶段性评估，包括学科能力评估、发展评估和各项功能性评估； 2. 每学期两次以上校外社会实践活动，如超市购物、秋游等； 3. 每月两次以上普特融合活动，如与共同体学校的学生团队游戏等； 4. 每周 1 次非传统课程日活动，如运动会、美食节、艺术节等； 5. 每日例行活动，如早操晨会时间进行交替半跪训练，午间独立用餐学习餐后收拾和自我清洁，午间休闲时间学习套垃圾袋、擦垫子等技能	
家庭支持	1. 家庭作业指导：复习学科作业、训练生活技能等； 2. 社交沟通指导：引导学生主动进行语言表达，增加表达的机会和信心，能勇敢地和他人交流； 3. 家务劳动指导：辅助学生参与家务劳动，帮助家人进行垃圾分类，使用夹子和衣架晾晒衣服等； 4. 社会融合引导：陪同学生参与社区融合活动，辅助学生独立进行超市购物等活动； 5. 性格品质培养：规范行为习惯，提高指令听从性，鼓励耐心、坚持的良好品质	

课程安排，如表 5 - 15 所示。

表 5 - 15　某某某课程表

	星期一	星期二	星期三	星期四	星期五
早操晨会					
1	生活语文	绘本阅读	生活语文	综合实践	生活语文
2	生活数学	劳动技能	唱游律动	综合实践	劳动技能
3	康复训练	3D 康复	生活数学	综合实践	生活数学

续表

午餐、洗漱					
午间休闲					
4	水疗康复	绘画手工	绘画手工	陶艺	绘本阅读
5	水疗康复	康复训练	3D康复	运动保健	唱游律动

二、普通学校个别化教育计划范例

表 5-16　融合教育资源教室学生个别化教育计划范例

基本信息			
姓名	某某某	性别	男
出生年月	2008 年 6 月 1 日	残疾证种类等级	智力 3 级
安置形式	普通学校	就读班级	某某班、资源教室
生长史、教育史、医疗史			
母亲孕期有早产迹象，该生于 36 周剖腹产出生。婴幼儿时期，该生动作反应略微迟缓，协调性不好，注意力较差。该生平日与父母生活在一起，父亲待业在家，母亲为工厂工人，所以该生主要由父亲照顾。父母的教养态度存在差异，母亲对该生要求较为严格，希望老师能够多给孩子辅导，让孩子有进步，学习成绩能有所提高，生活方面对该生的要求也较高；但是，母亲工作较忙，还要倒班，缺乏时间辅导该生，而父亲对该生的态度较为宠爱和迁就。			

发展性、适应性领域综合课程本位评估（发展及适应能力现状）		
项目	能力现状	评量方式
健康状况	身高：150 厘米，体重：45 千克，与同龄儿童相符。心肺功能和视力正常。障碍等级智力为三级	体检； 相关医院检测
感官知觉	优势：视觉正常，在座位上能够看清黑板上的图文。 限制：重心转移能力迟钝，连续动作计划差。听觉较为敏感，害怕打雷、鞭炮等较响或刺耳的声音	课堂观察与评量
粗大动作	优势：能独立行走，头部能够自由转动，坐着时能够自由转动身体。 限制：四肢协调性较差，影响学习品质	非正式评量； 教师观察； 家长访谈

续表

发展性、适应性领域综合课程本位评估（发展及适应能力现状）		
项目	能力现状	评量方式
精细动作	优势：抓放能力、作业能力、工具使用能力基本正常。 限制：作业能力较弱，书写困难	非正式评量； 教师观察； 家长访谈
生活自理	优势：能独立就餐，能自己穿脱衣裤鞋袜；平时在家能够帮忙做点简单家务，如扫地、拖地、洗碗。 限制：洗澡、洗头需要有人协助，不能自己剪指甲	学校和家庭生活观察
认知	优势：当物品更换位置后，能够寻找物品。 限制：注意力较不集中，推理能力欠缺，理解能力比较有限，解决问题能力有待进一步提高	非正式评量
沟通	优势：对交流中的肢体语言和表情能够正确理解，能够正确表达自己的需求和想法。 限制：说话声音比较小，语言表达不太清晰	学校和家庭生活观察
情绪及社会行为	优势：情绪稳定，无情绪问题，个性比较温和。在校内外都能够与同学玩耍、互动。 限制：语言表述不太清晰	学校和家庭生活观察
语、数学科能力现状描述		
项目	现状	需求
识字	目前认识约 100 个简单汉字，基本会读由这些字组成的词语，用这些字进行组词练习和说简单的句子，对汉字的结构观察不仔细，区分形近字时经常混淆	在识字环节中，需要更多样化的活动方式才能维持学生识字的兴趣，在形近字的区分上需要更精细的支持
写字	书写比较差，汉字间架结构掌握不好，写字不能入格	需要针对手腕手指的康复训练，加强汉字的书写训练，先写大字，再慢慢缩小，使用田字格写字
阅读	对图文结合的材料感兴趣，在老师和同学的帮助下，基本能理解简单课文的内容	在学校和家庭阅读中多提供生活化、多样化、图文并茂的阅读材料，在培养阅读兴趣的前提下逐步增强阅读基本技能，能理解文章的主要内容

续表

<table>
<tr><td colspan="3">语、数学科能力现状描述</td></tr>
<tr><td>项目</td><td>现状</td><td>需求</td></tr>
<tr><td>写话</td><td>能独立写出一句简单通顺的话，会写错别字，或用拼音代替，拼音也会出错。在老师和同学的帮助下能写出几句连贯的、清楚的话</td><td>结合生活实际，建议家长和任课老师在平时日常生活中注意训练孩子说连贯的话，再进行简单的写话训练，从写一句话到写多句话</td></tr>
<tr><td>口语交流</td><td>口齿不清，表达不清楚，仔细倾听才能基本听清该生所要表达的意思，与老师、同学交流有障碍</td><td>多提供课堂内外口头表达的机会，在生活中多创造开口表达的机会，增强该生表达口语的自信心</td></tr>
<tr><td>数与代数</td><td>会写 10 以内的数字，100 以内的数字不能全部说出</td><td>在数学学习中多提供生活化的问题情景，多练习 100 以内的口算</td></tr>
<tr><td>空间图形</td><td>空间感及想象力有一定的发展，可以仿照老师的样子画图，但是不能理解其中的含义</td><td>注重在实际生活中学会进一步辨别方位和路线，加强对三角形、长方形、正方形、平行四边形的实物感知</td></tr>
<tr><td>统计概率</td><td>可以明白一些简单的与概率相关的题目</td><td>在生活中学习使用手机和整理数据的简单方法</td></tr>
<tr><td>综合实践</td><td>语言表述方面存在困难，基本不会读题，不明白题目的意思</td><td>在生活实践中加强数学基础知识的学习，运用功能性课程帮助其解决有关的数学问题</td></tr>
<tr><td colspan="3">综合分析与建议</td></tr>
<tr><td>优势能力分析</td><td colspan="2">优势：情绪稳定，无情绪问题，个性比较温和。在校内外都能够与同学玩耍、互动</td></tr>
<tr><td>障碍状况对其在普通班上课及生活影响</td><td colspan="2">学习的时候非常容易分心，注意力不集中，好动，记忆力品质不高。因为肢体和智力发展水平的限制，平日里难以按时和按量完成与书写有关的学习任务</td></tr>
<tr><td>适合的评量方式</td><td colspan="2">根据该生书写困难的状况，需采用问答、画圈、打钩、配对等方式对作业和考试进行恰当的设计和灵活的评量</td></tr>
<tr><td colspan="3">学期年度教学目标</td></tr>
<tr><td colspan="3">目标 1——语文</td></tr>
<tr><td>目前水平</td><td colspan="2">口齿不清，语言表达不流畅，能理解 50%的日常生活词组及短句，但在理解抽象词组上比较困难；对汉字的兴趣一般，可以仿写比较简单的汉字，能认识 50—100 个日常字词</td></tr>
</table>

续表

学期年度教学目标	
目标 1——语文	
长期目标	该生的语文学习能力能达到 1 年级的水平； 提升该生听说读写、理解、表达和日常沟通的能力
短期目标	1. 朗读 10 个课文中随机抽出的短句，正确率达 60％； 2. 听写 10 个课文中随机抽出的短句，错误(字)率低于 50％； 3. 能理解全学期课程活动相关词组 40 个，在期末总评时，正确率达 40％； 4. 能听写全学期课程活动相关字词 20 个，在期末总评时，正确率达 50％
评价依据	数据收集、教师观察、作业本、录音(像)等
实施环境	资源教室、家庭作业
目标 2——数学	
目前水平	能口算 10 以内的加减法，可以通过不同位置观察简单物体的形状，对长短有直观认识，能仿画图
长期目标	该生的数学学习能力能达到 1 年级的水平； 提升该生听说、理解、表达和日常沟通的能力
短期目标	1. 能够口算 20 以内的加减法，正确率达 75％； 2. 能够辨别和书写长度单位米和厘米，正确率达 90％； 3. 能够进行米和厘米的换算，正确率达 60％； 4. 能够模仿使用刻度尺量物体，正确率达 60％； 5. 能够认识条形统计图和统计表，根据统计表中的数据回答简单问题，正确率达 60％
评价依据	数据收集、教师观察、作业本、录音(像)等
实施环境	资源教室、家庭作业
目标 3——社会适应(交往/情绪行为)	
目前水平	该生在人际互动方面比较主动，会听指令和同学手牵手绕着校园散步，多数时间则喜欢独自玩文具。在环境适应上表现不错，在团体游戏上有轮流和等待的能力，但在主动参与以及理解游戏规则上有困难
长期目标	提高人际互动交往的能力
短期目标	1. 在口头鼓励下，愿意参与团体游戏，5 次中有 4 次愿意； 2. 能在求助情境下表现出适宜的社交技能，5 次中有 4 次达成
评价依据	数据收集、教师观察、录音(像)等
实施环境	课堂活动、课间活动

课程安排，如表 5－17 所示。

表 5－17　某某某课程表

某某某课程表					
	星期一	星期二	星期三	星期四	星期五
1	普通班	普通班	普通班	普通班	普通班
2	普通班	普通班	普通班	普通班	普通班
3	普通班	普通班	普通班	普通班	普通班
4	资源教室个训（学习策略）	资源教室个训（数学）	资源教室个训（小组语文）	资源教室个训（数学）	资源教室个训（注意力）
午休					
5	普通班	普通班	普通班	普通班	普通班
6	资源教室个训（学习策略）	资源教室个训（数学）	资源教室个训（小组语文）	资源教室个训（数学）	资源教室个训（注意力）
7	普通班	普通班	普通班	普通班	普通班

第六章 个别化教育课程实施

第一节 个别化教育课程实施概述

一、课程实施的概念

课程实施最早来源于西方国家,旨在关注课程方案的执行和落实。[①] 课程实施是课程论和教学论研究领域的重要课题。从课程论角度,可以将课程实施视为课程开发过程中一个重要的环节,而在教学论意义上的课程实施,至少包括教学设计和教学过程。无论从何种角度理解,课程实施都是实现预期教育结果的手段。

对于课程实施的内涵,有两种观点的影响较大。一种观点认为,课程实施问题就是研究一个课程方案的执行情况,对课程实施的研究重点就是考察课程方案中所设计内容的落实程度。这种观点是将课程方案看作固定的、不可变更的,实施就是一个执行的过程。作为课程执行者的学校和教师,应当很好地理解和运用课程,忠实地执行课程方案中规定的项目,而实施的效果如何,决定于课程执行者对课程方案的理解水平和落实程度。另一种观点则认为,课程实施是作为一个动态的过程而存在的。课程实施是把一项课程改革付诸实践的过程。实施的焦点是实践中发生改革的程度和影响改革程度的那些因素。因此,课程实施问题不只是研究课程方案的落实程度,还要研究学校和教师在执行一个具体课程的过程中,是否能按照实际的情况对课程进行调适,以及影响课程改革程度的因素。

---

① 杨明全.课程综合化实施的理论旨趣与实践路径[J].教育学报,2018(6):7.

以上是两种比较典型的对课程实施的认识。可以说，对课程实施的不同认识，导致了课程实施的策略选择、课程实施取向，以及实施过程中问题解决方式的不同。持第一种观点的人更倾向以国家或地方为中心来推行改革，认为改革的过程即是忠实地执行计划的过程；而持第二种观点的人则强调在一个连续的、动态的实施过程中，将学校、教师、学生作为改革的主体，赋予其更多的自主权来实施变革，没有课堂教学层面的改革，就不可能有真正的新课程实施。新课程改革的核心是课堂教学改革。①

二、培智学校课程实施的特点

教育部在2016年11月正式发布了《培智学校义务教育课程标准(2016年版)》，随后陆续出版了生活语文、生活数学和生活适应等学科的各年级教材。国家所规定的课程都是经过一段时间的研究、实践和论证而形成的。从总体上看，具有科学性和可行性。由于我国地区之间的差别较大，加之特殊教育的特殊性，在具体实施的过程中，不可避免地会遇到一些问题，所以，在实施培智课程时，课程计划应当是可以调整和改变的，判断课程实施的成败也不应以对原有计划的执行程度为标准，而应关注执行过程中的教师在特定的情境下对课程计划的调适和改造。当前，培智课程的实施是将规划课程付诸实际教学行动、不断调整、不断优化的实践历程。

实施培智学校新课程标准的核心不仅是将新课程转化为教学实践，也是把新课程落地施行的过程。前者要特教教师、特教专家及教育行政人员等多方共同努力；后者需要特教学校结合学生实际情况，充分发挥主观能动性，将课程落实到教学层面。因此，教师在课堂教学中起着主导作用。教师的课程实施是通过将预先制订的课程计划转化为学生可以接受的具体课程形式(比如培智学校的教师需要先根据课标结合智障学生的个别化教育计划确定教学目标，然后设计具体的教学方案)，从而转化为学生的学习成果。② 培智学校的课程实施是学校、教师重构国家课程的过程，培智课程的实施具有以下特点。

---

① 钟启泉.课程的逻辑[M].上海：华东师范大学出版社，2008.

② 陆莎，孙颖.新课标背景下培智学校课程实施路径探析——以北京市为例[J].现代特殊教育，2019(23)：33-36.

（一）个别化

培智学校的学生障碍类型复杂，障碍程度不同，每位学生的学习起点、学习方式、学习能力存在差异。教师需要通过评估学生的学习需求与身心特点，进而了解学生的起点行为与先备能力。培智课程实施的个别化主要体现在两个方面，一是教学目标、内容和重点选择的个别化，二是教学策略、方法和支持方式选择的个别化，据此方能实施一生一案的个别化教育计划。

（二）生活化

培智课程实施的目标是致力于帮助学生学会生活、适应社会、提高生活品质，因此要始终把培养、提高学生生活与社会适应能力作为课程实施的出发点和归宿。培智课程实施的生活化主要体现在两个方面，一是课程内容的选择需要充分考虑学生的生活需要，二是课程内容的呈现形式需要结合学生熟悉的生活情境，帮助学生泛化、运用所学的知识和技能。

（三）实践性

实践是学生学习知识与技能的重要途径。在课程实施的过程中，要重视围绕教学主题开展实践性活动；应充分利用学校、家庭、社区的教育教学资源，拓展学习空间，增加实践机会，促进学生不断积累和丰富实践经验，提高综合应用能力。培智课程实施的实践性主要体现在两个方面，一是在教育教学过程中注重实践性，引导学生“做中学”，二是在课程内容的泛化和运用方面注重实践性，着重培养学生根据现实生活情境运用知识和技能的能力，要让学生“学得会”“用得出”。

三、仁爱个别化教育课程的实施路径

《培智学校义务教育课程标准（2016 年版）》的颁布，为培智教育提供了内容选择、理论架构和策略方法等方面的指导，但如何真正落实课程标准，有效设置和实施课程，是推进培智学校课程改革中面临的一个新挑战。仁爱学校在适性教育理念和个别化教育理念的导向下，一直以来积极推进培智课程的实践和创新，开辟出一条由评估环节、IEP 制订环节、课程设置环节和课程实施环节组成的仁爱个别化教育课程的实施路径。

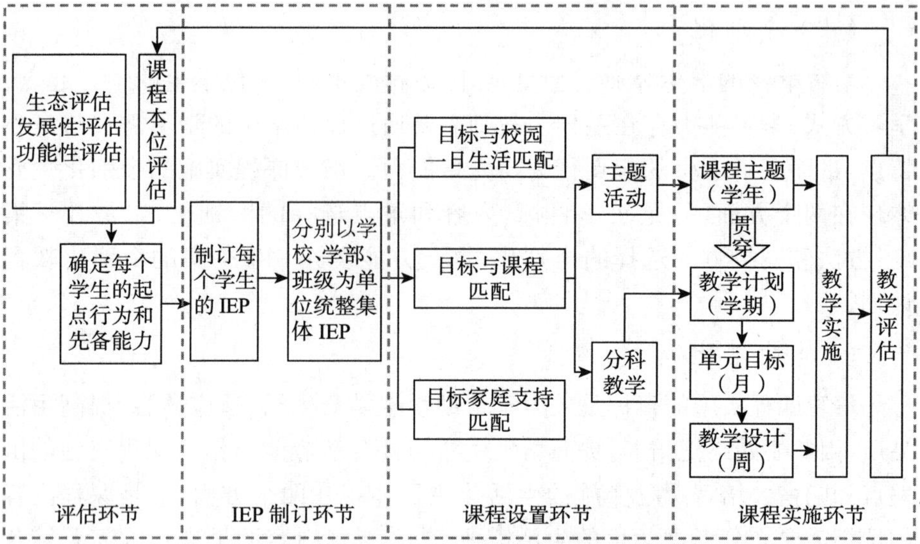

图6-1　基于个别化教育的仁爱伙伴课程实施路径

（一）评估环节

评估是教育教学的起点，在特殊教育过程中起到了举足轻重的作用，它贯穿特殊教育的全过程。评估的主要目的是确定每个学生的起点行为和先备能力，这直接影响到个别化教育计划（IEP）的制订与实施、课程的设置与实施过程，同时追踪实际教育状况也依赖于过程性评估和终结性评估。因此，科学有效的评估活动是提高教育干预成效、促进儿童发展的重要保障。①仁爱个别化教育课程评估的具体内容主要包括生态评估、发展性评估、功能性评估和课程本位评估。

1. 生态评估

生态评估理念来源于1979年布朗芬布伦纳提出的生态系统理论。该理论认为人不是孤立的存在，而是处在一个环境网络中，人的发展是通过自身与家庭、同伴群体、学校、社区及社会等环境相互作用形成的。生态评估研究学生与其所处的生态环境间的关系，分析各生态环境因子间的复杂关联及其在培养学生能力中的动态发展关系，甚至是学生的性格特点、爱好兴趣，进而找寻适合学生发展的活动和行为。我国台湾学者陈静江认

① 刘明，邓赐平. 美英特殊儿童评估现状及启示[J]. 中国特殊教育，2009(9)：14-18.

为，我们每个人都是处在多个生态系统中，且系统间存在重叠，微观系统（家庭、学校）对儿童行为的影响要大于宏观系统（国家、社会）的影响。生态评估要求用全面、发展和变化的观点来掌握学生在不同环境因子中呈现的变化，从动态视角把握学生能力和行为的发展脉络，追求学生“可持续发展”价值的体现。①

2. 发展性评估

发展性评估是指依据智力发展障碍儿童的身心发展规律及与此相适应的发展目标，运用教育评价的理论和方法，对他们的言语能力、认知能力、生活自理能力、运动能力、社会性发展水平等方面进行价值判断的过程。我们知道，适切的教育需要按照儿童实际的心智水平，选择最适合他们的教材，并运用他们能听懂的教学语言和与他们心智发展水平相适应的教学形式，这样才能有效开展教学，达到预期的个别化教育目标。发展性评估是教师获取教育对象的教育起点的基本依据，是开展个别化教育的基础和必要前提。

3. 功能性评估

功能性评估通常又称为“行为和临床评价”，是专门对智力发展障碍儿童发展过程中身体各部分机能等水平进行实际测量和评价的过程。功能性评估就是获取每一个儿童的“可信而有效的信息”，既要包括他们存在的问题，又要包括“儿童那些积极的应对策略、他们的成绩和自我保护因素”，“直接的和家庭外提供的因素”（《儿童评价》，萨特勒），以及其他影响儿童发展的因素。所以，功能性评估是教师对教育对象实施个别化教育的基本依据，是进行教育康复的必要条件。②

4. 课程本位评估

课程本位是指分门别类的、有系统的知识教育，比如生活语文、生活数学、生活适应、劳动技能、运动康复等，是以传授知识为主，按照特定的学科课程体系方式来进行，强调基础训练和系统理论教学，知识结构呈网络状。因此，课程本位评估一般为定量化评估，有明显的评估标准，旨在精准确定每个学生在各个学科课程领域的知识结构和体系中，所掌握和达到的具体

① 王姗姗，韩梅，韩同振. 从生态评估视角探讨随班就读质量的提升[J]. 绥化学院学报，2015，35(10)：15-17.

② 谢明. 对智障儿童发展性评估与功能性评估的思考[J]. 现代特殊教育，2014(1)：12-14.

情况。① 课程本位评估是各学科教师开展教学的基本依据，是分科教学有效实施的重要保障。本章第二节将详细介绍课程本位评估的具体内容。

（二）IEP 制订环节

个别化教育计划是指为接受特殊教育的每一位特需学生而制订的适应其个人发展需要的教育方案。一方面，个别化教育计划需要适切每个学生的发展需要、自身特点和实际能力，因此 IEP 具有极强的针对性和差异性；另一方面，学校是集体办学，为了实现教学效率最优化，必须找到 IEP 中的共性目标、同类目标，统筹协调，才能合理组织和安排课程。因此，本环节的工作内容主要围绕制订 IEP 和统整 IEP 展开。

1. 制订 IEP

根据规范科学的个别化教育计划内容结构，结合本校资源、学生特点及学生家庭环境等实际情况，仁爱学校将伙伴课程的个别化教育计划划分为五大版块，分别是评估版块、会议纲要版块、生活 IEP 版块、学科 IEP 版块和支持模式版块。

① 评估版块：以简明的形式，反映学生评估的内容和结果，包括认知能力、言语能力、运动能力、职业能力、心理特点等内容，方便家长、任课教师了解学生的发展现状和特点。

② 会议纲要版块：记录学生家长、班主任及学生本人（具备一定认知能力）在 IEP 检讨会议中提出的教育需求和决议事项，便于制订具体的长期或短期目标，也便于统一家校的教育教养环境。

③ 生活 IEP 版块：聚焦能力本位，制订具体的生活目标，内容涵盖生活技能、劳动能力、行为习惯、性格培养等领域。

④ 学科 IEP 版块：聚焦学科本位，制订各个学科的长期目标和短期目标，内容包括一般性课程、选择性课程和校本课程的具体目标。

⑤ 支持模式版块：包括学校支持和家庭支持，根据 IEP 检讨会议的协商分工，明确学校支持和家庭支持的具体内容和形式。例如，学校提供融合活动支持、社交沟通支持，家庭提供生活习惯培养支持、社会实践支持等。

---

① 田明山. 学科本位与能力本位之异同及其转变[J]. 石家庄铁路工程职业技术学院学报，2002(1)：6－10.

2019-2020学年第一学期 苏州工业园区仁爱学校个别化教育计划

姓名：某某某　性别：男　出生年月：某年某月某日　残疾证种类等级：精神一级　班级：某（几）班

评估信息汇总	认知发展	○1岁○2岁●3岁○4岁○5岁○6岁以上	言语语言	口部功能：○下颌异常○唇异常○舌异常●正常　言语清晰度●正常○尚可○偏低○无法测得 语言理解：●句子○短语○词语○无法理解　语言表达●句子○短语○词语○无法表达 社交沟通：●口语○肢体○图片○其他
	生活自理	大小便：○自理●受限○无法控制　饮食：●自理○受限○喂食 穿脱衣：○自理●受限○辅助○不能		
	动作	粗大：●抬头●翻身●坐位●爬行●跪立●站立●跑步●跳跃 精细：●视觉追踪●上指关节活动能力●抓握能力●操作能力●手眼协调能力	感觉统合	前庭觉：○符合发展年龄●失调○严重失调　触觉：●超敏○正常○迟钝 本体觉：○符合发展年龄●失调○严重失调
	职业能力	出行：○独自●陪同○不能　工具使用：○自如●受限○协助○不能 特长：●家事○艺术○服务○农业○其他 ○无	心理	●内向○外向○依赖●温顺○倔强○攻击○自伤●刻板
	建议康复	●认知○自理○感统●动作●职能○心理	辅具	○上肢○下肢○移位○沟通○日常生活○其他

学期目标	IEP检讨会议研讨与决议事项	1. 母亲反映，最近学生常逃避指令。当家长发出指令后，学生会通过假装听不到、唱歌、念广告词等方式逃避执行指令；有些必要做的事，也拖拖拉拉，家长要叫几遍学生才愿意去做。母亲希望提高学生做事的积极性。 2. 奶奶反映，学生主动语言变少。之前学生要找什么东西，或者需要帮助，会和奶奶说“奶奶，帮我……”，最近则是不太说话，自己翻箱倒柜找东西，没办法了就直接和奶奶说“找……”或者“我要……”。奶奶希望提高学生表达需要的主动性。 3. 母亲反映，家里生了妹妹，害怕学生感到嫉妒或者排斥，担心孩子的心理健康问题。 4. 学生在一个月内，出现两次在家人不知情的情况下独自出去玩的状况，分别离家1小时和2小时，家长十分担忧学生的安全问题。家长希望学生能够养成外出和家人打招呼的习惯，并且提高安全意识。 5. 学生喜爱看动画，并且有重复念广告词、台词及歌词的刻板行为，最近这一刻板行为发生的次数增加、持续的时间增长，学生也不能区分场合与时间，导致严重影响注意力，进而影响学习及其他日常活动的效率。良好的注意品质对学生的学习、生活，甚至将来的就业有着重要意义，因此需要加强干预该刻板行为，提高注意品质。	学期目标	目标达成度（%）
			①能立刻通过语言回应他人的要求或请求，如“好的”或“等一下”；对于必要做的事情，能立刻采取行动，不拖拉。	
			②在需要他人帮助的时候，能够主动、有礼貌地通过完整的语言寻求他人帮助。	
			③认识妹妹是自己的家庭成员，理解哥哥和妹妹的关系，具有照顾、谦让妹妹的意识和习惯。	
			④需要离开看护者视线时，能够主动通过语言告知，如“我想去……”，得到同意后再离开；另外，知道独自上街的危险性。	
			⑤从事任务时，每次能维持5分钟以上的注意稳定，期间不念词；知道需要在休息时间，不打扰他人的情况下才能念词。	

	学科	长期目标	现状描述（学科特点）	短期目标	目标达成度（%）
课程目标	生活语文 杨婧	①能在生活情境中进行简单对话；	能够使用简短的语句表达自己的需要；能够关注汉字，具有识字的兴趣；能够认识常用汉字120字左右；能书写简单汉字50个左右，能朗读简单儿歌。	①会使用句式“....和....一起....”“......正在......”“又....又.....”等句式5个；	
		②认读生活中常用汉字50-300个，能用铅笔描写或抄写生活中常用汉字；		②能认识“拖把、扫帚、拖、拿”等汉字40个；会写“扫、有、布”等生字20个；	
		③能用普通话朗读简单句。		③能正确朗读30字以内的课文6篇；能遵守课堂规则，不喧哗、唱歌。	
	生活数学 顾义寒	①能进行百以内的加法和减法的计算；	能笔算20以内的进位加法和退位减法；能列竖式计算两位数与一位数的不进位加法和不退位减法；能笔算两件商品的价格；能按图例完成拼图。	①能够列竖式计算两位数与一位数进位加法，并以此解决商品总价结算与付款问题；	
		②通过观察触摸，初步认识梯形和半圆形等简单的平面图形；		②能辨识常见的平面图形，能根据图例使用七巧板拼图；	
		③经历简单的数据收集和整理过程，会用一定的方式呈现整理后的结果。		③认识统计表，能进行100以内的统计。	
	绘画手工 王隆基	①能遵守课堂秩序，认识更多的颜色，熟练掌握不同的涂色方法和手工技能；	能命名和指认简单的线条、形状和颜色，在老师的辅助下，学会毛笔的使用，能画出不同的线条、形状和图形组合。能掌握简单的涂色方法，能在老师辅助下，完成粘贴等简单装饰方法。内心阳光，偏爱暖色系的颜色。	①能够养成好的绘画习惯；	
		②能够在提示和辅助下画线条和形状的组成，能够将生活经验通过绘画表现；		②能自如地拿取、摆放物品；	
		③能够有独立的完成较完整作品的意识与追求。		③穿插手部精细动作的训练。	
	绘本阅读 杨婧	①能阅读情节简单的图画故事书，了解大意；	能够从图片中找出熟悉的人、物和生活情景；能认识标点符号1个；能阅读背景简单的图画，但不了解大意；愿意参与有角色扮演类的绘本活动，一节课内连续关注绘本时长为2分钟。	①能在一节课内关注绘本图片、故事15分钟；	
		②能认识句号、逗号、问号、感叹号；		②能猜测绘本故事发展，并用一句话表述；	
		③能结合图片的内容，理解词、句的意思。		③能理解一本绘本故事的寓意。	
	劳动技能 黄群	①整理用品，折叠小件衣物；	能独立完成折叠毛巾、擦桌子及收拾玩具等简单的劳动技能，能独立完成收拾笔盒等整理类劳动。双手协调能力较好，动手能力较佳，但劳动主动性不强，课堂任务需重复指令才能完成。	①能独立收拾自己的笔盒、整理书本，折叠长袖套头衫等小件的衣物；	
		③清洗常见的水果；		③能独立清洗苹果、雪梨等水果；	
		④使用简单的工具。		④能独立使用双面胶、剪刀等工具。	
	运动保健 李文	①做出基本身体活动动作，如能完成多种形式的跑、抛、钻、投、滚动等动作；	喜欢运动，运动能力一般，模仿能力较好，能在老师的简单辅导下模仿相应的运动动作，对运动的坚持度不够，需要提高，上下肢的力量协调能力需要提高。	①学会基本运动技能，跑、跳、投、球类；	
		②体验运动的乐趣和成功，坚持运动；		②能够喜欢上运动并能坚持下去；	
		③掌握运动技能和方法。		③提高学生上下肢力量、协调能力。	
	康复训练 蒋怡舟	①粗大动作方面能腹爬、四点爬，能双脚跳，能在四点跪位、立位进行活动；	该生在肌肉力量控制及全身运动技能整合方面需要康复训练协助，本学期重点提升触觉、前庭觉、本体觉及综合运用能力，帮助学生满足不同信息接受需求的前提下，减少不适行为，加入运动、工具操作等方面的支持。	①粗大动作训练方面能独立腹爬50米，跳远1米以上，能独立进行篮球运球训练；	
		②感知觉方面能在前庭与本体觉中能在收到外力作用时维持身体平衡与协调；		②感知觉训练方面能能进行T型秋千、晃动平衡木、触觉板、平衡车等训练；	
		③情绪与行为训练中能辨别不同情境并理解他人的情绪。		③情绪与行为训练中能在课堂中起到示范作用，能主动帮助他人。	
	唱游律动 马泽阳	①认识常见的乐器；	学生能够和老师进行一定的沟通，能够在教师的指示下完成每一个指令。能够进行课堂教学，能够区分不同乐器发出的音色，和乐器所演奏乐曲的速度以及情绪等。	①认识吉他、钢琴、手鼓、非洲鼓；	
		②能听辨声音的强弱、快慢、长短；		②能初步感受声音的强弱、高低、节奏；	
		③能聆听范唱，用自然的声音模仿歌唱；能进行有节奏的模仿和练习。		③能在较少的提示下模仿歌唱；能够认识2/4拍、4/4拍的特点。	
	3D康复 张紫航	①能较长时间在立位稳定活动，保持身体平衡；	粗大动作能力较好，手指精细能力一般，能完成常见的精细活动；情绪与行为方面良好，能识别和表达基本情绪，还不足以很好的控制与管理自己的情绪与行为。	①在立位稳定活动，维持身体平衡；	
		②能利用视觉完成较复杂的动作模仿；		②利用视觉进行简单动作的模仿；	
		③能在不同的状态能感知身体各部的位置。		③在运动中能感知身体各部位置。	
	数学个训 顾义寒	①会正确选择加减运算解决简单的实际问题；	能笔算两位数与一位数的不进位加法和不退位减法，尚不能通过运算解决实际生活问题；认识部分常见的平面图形，但对几何基础知识理解较少；缺乏统计知识，尚不能理解统计图表。	①能列竖式计算两位数和一位数的进位加法，能解一步加减法应用题；	
		②能直观辨认平面图形，并按照平面图形的形状、大小和其他特性进行分类；		②能认识和区分点、线、面，能进行一定的测量，能按条件分类；	
		③经历简单的数据收集和整理过程，会用一定的方式呈现整理后的结果。		③能进行数量统计，认识简单的统计表和统计图，能填写图表反映统计结果。	

支持模式	教育支持与服务	①每学期1-2次阶段性评估，包括：学科能力评估、发展评估和各项功能性评估； ②每学期3次以上的校外社会实践活动，如：体验坐地铁、超市购物、秋游、马术训练等； ③每月2次以上的普特融合活动，如：与结对幼儿园、小学的集体手工制作活动、团队游戏活动等； ④每周1次的非传统课程日活动，如：迎新联欢会、运动会、美食节、艺术节、买菜日等； ⑤每日例行活动，如：晨间的礼仪活动、一日自选活动安排，午间的独立用餐、洗漱、清洁活动，以及下午的班级劳作、物品整理等。	家庭支持	①家庭作业指导，如：复习学科作业、辅助康复训练等； ②社交沟通指导，如：鼓励主动沟通、培养语言习惯、训练句式、丰富词汇等； ③家务劳动指导，如：收纳自己的衣服、玩具，整理自己的床铺，清洁自己的餐具等； ④社会融合引导：如：引导自己购买生活用品、点餐，鼓励与同龄儿童一起游戏等； ⑤性格品质培养：如：规范行为习惯，提示文明礼仪，鼓励自信、耐心和坚持的品质等。

日期：　年　月　日　班主任签字：　副班主任签字：　评估师签字：　保育员签字：　家长签字：

图6-2　某学生的个别化教育计划(IEP)

2. 统整 IEP

基于不同学生的需要和特点而制订的个别化教育计划各不相同，但其中有共性的目标或相同的领域，分别以学校、学部、班级为单位，将学生的个别化教育计划进行统整，分门别类，以便明确任务分工、设置对应的课程，组织高效的教育教学活动。

（1）学校层面：统整全校的个别化教育计划，明确各目标所属领域适合的课程和教学组织形式，便于规划全校的课程设置。

（2）学部层面：统整整个学部的个别化教育计划，明确各目标所属学段及学段跨度，便于设计部内活动计划、组织部内集体备课活动。

（3）班级层面：统整整个班级的个别化教育计划，明确实现各目标的具体策略和方法，便于制订班级特色活动计划、设计班级常规例行活动。

（三）课程设置环节

学生的个别化教育计划涉及其生活、学习、休闲甚至未来工作的方方面面，不同领域的目标也适合不同的教学环境和教育支持。个别化教育计划的落实需要学校、家庭、社区（乃至社会）的共同参与和相互协作。因此，在规划仁爱个别化教育课程设置时，我们考虑了学生长期、短期目标与环境的契合匹配，包括目标与校园一日生活匹配、目标与课程匹配、目标与家庭支持匹配。

1. 目标与校园一日生活匹配

在学生的个别化教育计划中，部分领域目标需要在现实环境中学习和泛化，例如行为习惯、情绪调节、兴趣培养、社交沟通、文明礼仪等领域的目标，这类目标的实施将优先考虑与校园一日生活课程结合，渗透在学生入校后的所有例行活动中。学校则需要合理设置校园一日生活课程，充分利用晨会、大课间、午餐时间、午间生活与休闲、放学时间等时段，充分组织各种形式的教育和训练活动，将落实生活目标的教育渗透在学生校园一日生活的每一分钟。

表 6-1　学生校园一日生活课程安排表

时段	时间	校园一日生活课程	课程内容	课程目标
上午	8:10—8:20	晨检、晨卫	安全养成教育	改善卫生习惯，掌握卫生知识
	8:20—8:50	晨练	健康养成教育	掌握运动技能，提高运动能力

续表

时段	时间	校园一日生活课程	课程内容	课程目标
上午	8:50—9:05	晨会	礼仪养成教育 心理健康教育	提升文明礼仪，维持心理健康
	9:05—9:15	课间休息	习惯养成教育	如厕、整理等行为习惯的培养
	9:15—9:50	第一节课	学科教学	提高学习能力，改善学习习惯
	9:50—10:00	课间休息	习惯养成教育	如厕、整理等行为习惯的培养
	10:00—10:35	第二节课	学科教学	提高学习能力，改善学习习惯
	10:35—10:55	大课间 （阳光体育活动）	特长养成教育	培养体育爱好，发展运动特长
	10:55—11:30	第三节课	学科教学	提高学习能力，改善学习习惯
	11:30—12:05	午餐	习惯养成教育	改善用餐习惯，培养用餐礼仪
	12:05—12:25	餐后卫生	生活技能训练	提高收拾餐具、自我清洁等技能
	12:25—13:25	午间生活与休闲 （生活技能训练/兴趣社团）	生活技能训练 兴趣养成教育	提高自理和劳动技能，培养艺术兴趣和特长
	13:25—13:35	课间休息	习惯养成教育	如厕、整理等行为习惯的培养
下午	13:35—14:10	第四节课	学科教学	提高学习能力，改善学习习惯
	14:10—14:20	课间休息	习惯养成教育	如厕、整理等行为习惯的培养
	14:20—14:55	第五节课	学科教学	提高学习能力，改善学习习惯
	14:55—15:05	义务段学部放学	习惯养成教育 礼仪养成教育	培养整理习惯，养成告别礼仪
	15:05—15:40	信部第六节课	学科教学	提高学习能力，改善学习习惯
	15:40—15:50	信部放学	习惯养成教育 礼仪养成教育	培养整理习惯，养成告别礼仪

2. 目标与课程匹配

在学生的个别化教育计划中，部分领域目标需要专业、系统的教学或训练，例如识字阅读、计算统计、运动康复、美术音乐、信息技术、职业技能等领域的目标，这类目标的实施将优先考虑与教学课程结合。具体来说，包括主题活动和分科教学两个部分，分科教学强调知识技能的系统学习和强化，主题活动强调知识技能的运用和泛化，两者结合保证了教学的有效性。

(1) 主题活动

主题活动是指在集体教学活动中，以一个主题为线索，围绕主题进行活动与交流。主题是与分科教学课程的知识点紧密结合，完成主题的同时也完成了知识点的运用和泛化，并进一步推动了主题的深入。仁爱个别化教育课程为每个月设置了主题活动，它们既各有侧重，又互相关联，结合分科教学课程内容，每个月的主题活动下又设置支线活动，保证了主题活动的系统性和科学性。主题活动使学生从中提高原有知识和技能的运用和泛化能力，同时派生出新的探索和实践能力。

(2) 分科教学

分科教学是依据学习者的身心发展特点、学科自身的结构与逻辑顺序，以及社会需要，围绕不同学科门类而组织的教学活动，具有系统性、逻辑性、独立性、简约性等特点。仁爱个别化教育课程所设置的学科可以概括为“四能”课程，分别是以“缺陷补偿”为目标的育能课程、赋能课程和以“潜能开发”为目标的展能课程、优能课程。育能课程以通识教育为主要内容，包括生活语文、生活数学、生活适应、劳动技能、唱游律动、绘画手工、运动保健等；赋能课程以干预疗育为主要内容，包括物理康复(PT)、作业康复(OT)、语言康复(ST)、心理辅导(PS)、游戏康复等；展能课程以综合实践为主要内容，包括自我服务、居家服务、社区活动、职业准备、伙伴融合、社会实践、工作实习等；优能课程以特长专业开发为主要内容，包括特奥训练、乐队合唱、绘画摄影、信息技术、陶艺、纸艺、茶艺、园艺、酒店服务、汽车美容、烹饪烘焙等。分科教学依然需要结合每个月的活动主题，在保证整体教学主题协调一致的同时，使学生在各学科领域得到专业、科学的支持，在缺陷补偿和潜能开发两方面均得到必要提升，获得必要的学习能力。

3. 目标与家庭支持匹配

学生个别化教育计划的落实，不能仅仅局限于学校教育，家庭支持在学生长期和短期目标的达成过程中，一样举足轻重。学生的个别化教育计划中，部分领域目标需要家校合作，例如行为习惯、情绪调控、自理能力和劳动能力的培养等，家校需要为学生提供统一的标准、要求和环境，若家校“双

苏州工业园区仁爱学校
居家亲子主题活动指南（家长版）

班级	某（几）班	姓名	某某某
日期	2020年2月10日—2月16日		
仁爱五常	推荐活动	具体内容	
我爱学	1. 健康教育	了解“什么是新型冠状病毒”	
	2. 倾听表达	说一说“为什么不能出门”	
我能行	3. 自我服务	练习“戴口罩”	
	4. 家庭劳动	练习“清洗碗筷”	
我懂礼	5. 绘本阅读	阅读《谁咬了我的大饼》	
	6. 居家观影	观看《飞屋环游记》	
我会做	7. 亲子游戏	玩一玩“喇叭传话”	
	8. 体育运动	练一练“持中等重量物品行走”	
我有爱	9. 唱游律动	唱唱跳跳《快乐的音乐娃》	
	10. 绘画手工	“认识剪刀”，学用剪刀剪纸	

亲子学习任务完成情况描述：

亲爱的家长朋友，如果您愿意，可以每周拍摄一张照片，编辑一段文字描述孩子本周的主题活动完成情况，发送给班主任老师，方便老师及时了解孩子的学习情况。感谢您的配合！

苏州工业园区仁爱学校
居家亲子主题活动指南（学生版）

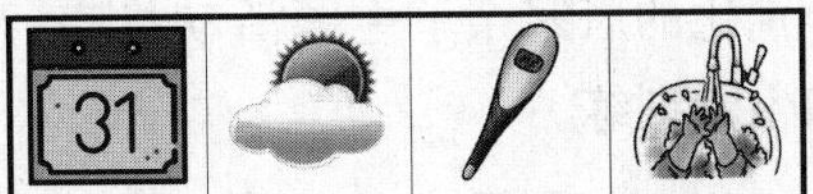

今日日期（写一写）	今日天气（圈一圈）	今日体温（量一量）	今日洗手（数一数）
□□月□□日		□□.□℃	洗手□□次
□□月□□日		□□.□℃	洗手□□次
□□月□□日		□□.□℃	洗手□□次
□□月□□日		□□.□℃	洗手□□次
□□月□□日		□□.□℃	洗手□□次
□□月□□日		□□.□℃	洗手□□次
□□月□□日		□□.□℃	洗手□□次

二、我能行

自我服务：

小朋友，我们知道，可怕的病毒可以通过呼吸进入我们的身体，从而让我们生病。但是，我们可以戴口罩防止被感染！快让我们来练习一下，怎样戴口罩！

小任务：

练习一下，如何“戴口罩”！

http://xuetang.ra.sipedu.org
生活技能训练课程 > 第2章：自我服务 > 课时12：戴口罩

家庭劳动：

小朋友，我们在家的时候，也需要做一下家务，这样既可以帮助辛苦的爸爸妈妈，我们自己也可以得到锻炼，提高自己的动手操作能力和家务劳动能力！

小任务：

练习一下，如何帮助爸妈“清洗碗筷”！

http://xuetang.ra.sipedu.org
生活技能训练课程 > 第3章：家政劳动 > 课时46：清洗碗筷

五、我有爱

唱游律动：

小朋友，你喜欢音乐吗？你喜欢跳舞吗？音乐和舞蹈可以帮助你放松身心、增强身体协调性，好处多多呢！今天让我们一起来唱唱跳跳吧！

小任务：

唱一唱，跳一跳《快乐的音乐娃》！

打开微信扫一扫
跟着视频一起做

我们一起来唱歌，我们一起来跳舞，
我们一起来听音乐，我们大家真快乐！
我们一起来唱歌，我们一起来跳舞，
我们一起来做游戏，音乐娃娃真快乐！

绘画手工：

小朋友，你喜欢做手工吗？做手工可以帮助我们锻炼小手的控制能力，能够激发我们的创造力！今天我们就一起来认识一个做手工的小工具！

小任务：

“认识剪刀”，学用剪刀剪纸！

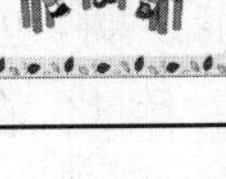

http://xuetang.ra.sipedu.org
《绘画与手工》校本教材 > 课时1：《认识剪刀》

图 6-3 某学生的居家亲子主题活动指南

标”，不但会使教育效果大打折扣，而且会使学生产生混乱，引发更多情绪和行为问题。因此，学校需要指导家长，严格按照双方在个别化教育计划中协商制订的家校支持模式，切实落实家庭支持。学校也可以为每位学生设计个别化的居家亲子主题活动指南，帮助家长合理指导学生的家庭学习活动和生活训练。

（四）课程实施环节

课程实施是指按照课程设置开展具体教学活动的过程，包括教学活动准备与教学活动实施，是教与学双方按预先设定的活动方式、步骤在一定的教学场景和教学时空中展开的教学行动，是将预定的目标方案，经师生双方努力，形成学生的知识与能力的过程。仁爱个别化教育课程的实施环节包括教学安排、教学实施和教学评估三个部分。

1. 教学安排

教学安排属于教学活动的准备阶段，是根据课程设置而设计教学实施的具体计划、方案和方法的过程。科学合理的教学安排是教学实施的基础。“着眼于长期发展、着手于短期目标”，仁爱个别化教育课程在进行教学安排时，通常以学年为单位制订课程主题，以学期为单位制订教学计划，以月为单位制订单元目标，以周为单位制订每个课时的教学设计。课程层层展开，逐步具体，将长期目标细致到各个短期目标，将短期目标具体到各个行动方案，保证教学实施的科学性和系统性。本章第三节将详细介绍教学安排的具体内容。

2. 教学实施

教学实施是指教师与学生在互动中，双方按教学设计，教师教、学生学，促进学生达到教学目标的行动过程，属于教学的实践阶段，需要教学双方参与。教学实施是将一切理论和设计转化为实践和成果的关键过程，是实现IEP的具体行动环节。为了达到更好的教学实施效果，仁爱个别化教育课程在教学实施过程中，遵循以下原则。

（1）个别化原则

针对特殊学生的不同需要，教学实施要体现个别化的原则。虽然在教学安排中，已经对教学目标、教学内容、教学策略及方法进行了个别化设计，但是学生的临场反应很难预期，包括课堂上对教学内容的掌握情况、情绪状态和兴趣水平均有差异。因此，在教学实施的过程中，要做好个别化的调整，充分利用教学情境和环境，在课堂上给予学生适合且必要的个别化支持。

(2) 多样化原则

针对不同的课程内容和特点，教学实施要体现多样化的原则，灵活调整教学实施的形式。教学形式上，应根据教学内容、教学环境等条件，合理选择结构化教学或开放式教学；组织形式上，应根据学生特点、内容特点，合理选择或综合运用团体教学、小组教学和个别教学。

(3) 科学性原则

教学实施遵循科学性原则。应根据特殊儿童的思维方式和认知特点，在教学实施过程中，采用理论联系实际、直观性、启发式、循序渐进的教学方法。另外，教育教学不能看作对特殊学生单方面能力的训练，应以全人发展的视角，尊重学生的多元智慧，促进每个学生的多元智慧发展。

(4) 发展性原则

教学实施遵循发展性原则，应以学生的生活为核心，引导学生综合能力的发展。在教育教学过程中，要注重学生个性的发展，培养学生自主学习、自我教育的能力。教学活动要传递知识、形成能力，必须是有情感的培养，既要教书，又要育人。

3. 教学评估

教学评估是以教学目标为依据，按照科学的标准，运用一切有效的技术手段，对教学过程及结果进行测量，并给予价值判断的过程。教学评估主要是对学生学习效果的评估和对教师教学工作的评估。①

教学评估是教学活动的检验者与导向者，课堂教学评估的方法是依据一定的评价标准，根据教学活动的一般规律，对教学计划、教学内容、教学方法手段、教学环境、学生表现、测验结果、教学管理等因素的评估。在伙伴课程实施过程中，教学评估的方法可以归纳为对教学活动的评估、对教学效果的评估和对教学评价的评估三个方面。

(1) 对教学活动的评估

在分科教学中，各学科根据学生的个别化教育计划，结合其发展特点和现状，进行了面向不同领域的教学设计和实施活动，这些教学活动是否能够契合计划与目标，就需要教学评估来考量各学科的目标制订、教学计划、教学策略、实施内容、训练方法、教学环境等因素。

(2) 对教学效果的评估

教学效果是教学有效性的直观体现，对教学活动具有反馈作用。对教

① 程书肖.教育评价方法技术[M].北京：北京师范大学出版社，2004.

学效果的评价需要考量教学前后学生在课堂表现、参与度与专注度、行为习惯、情绪情感、智能发展等多方面的变化情况。该项教学评估的结果也为新一轮的课程本位评估提供了依据。

(3) 对教学评价的评估

教学评价是反映教学效果、提供教学反馈的重要指标,其准确性是教学评估的重要内容之一。评估教学评价活动的内容应该包括评价目标、评价策略、评价方法、评价内容、评价结果,以及评价的有效性、全面性等方面。

第二节　个别化教育课程本位评估

课程本位评估是运用某一课程的评量标准,在该课程所涉及的领域、项目对学生做广义的动态性评估。实施个别化教育课程本位评估的目的在于找到根据学生个别化教育计划所配置的个别化课程的教育教学起点,把握学生各项目能力分布状况及相互关系,为具体实施个别化教育课程提供有效、可信的参照和依据。①

一、课程本位评估的意义

(一) 提供全面、完整、准确的教育诊断信息

1. 全面的教育诊断

个别化教育课程以全人为对象,课程范围包含学生的一切教育教学活动,并且各课程之间相互联系、互相作用,而不是各个单科课程的简单累加,课程的内容选择和目标设定涵盖学生某一人生阶段的方方面面。课程本位评估立足学生的整体发展和全面发展,给出学生在各课程领域的能力分布,是个别化教育课程起点的全貌。

2. 完整的教育诊断

课程本位评估强调评估内容和评估构成的完整性。从领域设置到各领域下的项目及细目,各级目标从属关系明确,层层相依,每一级的目标均可

① 闫守轩. 课程与教学论 基础、原理与变革[M]. 北京:北京师范大学出版社,2015.

评量，因而形成全面、完整、多级次、多角度的评估目标体系。

3. 准确的教育诊断

为确保评估的准确性，课程本位评估对评估目标和评估标准有具体的要求。目标的评估具有可操作性，并强调以具体行为目标来表述，包括谁、在什么情况下、以多少成功率、做什么，比如“学生能双脚跳远 1 米以上”“学生能仿画圆形”，就比“学生能双脚跳”“学生会仿画”更具操作性。评估标准一般以该项适应环境的能力及该生所需协助程度分级设定，如表 6－2 所示。

表 6－2　课程本位评估标准的分级设定

分类等级	标准	指导或生活功能含义
0	学生不会或完全无法适应环境需要	完全需要他人照顾，在完全协助下也感到困难
1	具有微弱能力或小部分会，或偶尔通过	大部分时候需要他人照顾，需要直接的动作协助或特别协助
2	已具有较多能力，或大部分会，或经常通过	偶尔需要他人照顾，只需语言提示就能适应环境需要
3	具有适应环境能力，或全部通过	完全不需要他人照顾、提示，可独立完成任务

（二）直接用于个别化教育计划的调整与实施

1. 课程本位评估是调整个别化教育计划的长短期目标设置的依据

个别化教育计划的长期目标由老师根据发展性评估与功能性评估建议拟出，短期目标则是达成长期目标的具体步骤或内容，直接关联各课程的具体目标。但是，长短期目标与课程目标的导向不同，前者是学生发展导向，后者是学科导向，因此需要根据课程本位评估的结果来进行调整和统合，保证长短期目标与课程目标之间的适配。

2. 课程本位评估是构建个别化教育实施策略和支持辅助系统的依据

实施个别化教育计划的每个短程活动，均需安排一定的教学策略系统。课程本位评估提供教学人员以实施策略和支持辅助系统建立个别化教育的依据。比如，根据课程本位评估结果，发现某生的生活适应领域目标“学会洗手、洗脸、刷牙”，在运用与迁移方面存在障碍，那就需要采取基于日常生活的情境教学策略（如在课间、午间、睡前安排盥洗活动），分别由家长、教师在不同场景进行引导，另外，还需安排每周两个下午的个别训练课程，以游戏为主要形式开展，这就是为完成该目标而建立的支持辅助系统。

二、课程本位评估的特点

课程本位评估是置于生态环境中的动态性评量。生态化、动态性是评估的最大特点，也是其生命力所在。

（一）课程本位评估的生态化

课程本位评估的生态化是指无论做发展性课程本位评估，还是做适应性课程本位评估，均应将评估置于学生的生态环境中。先对学生的环境生态做分析，了解学生的家庭生活、学校生活、社会生活中涉及的人、事、物及各种关系和组合，再将课程本位评估中的相关项目放在学生的具体生活环境中，注重学生在该项目上对日常生活的适应程度或能力水平。有时，同样的项目在不同环境下的表现并不一致。例如就餐，某生在学校食堂就餐和在家庭就餐的表现就可能有差异。因此，加入环境生态的课程本位评估，还应包括谁、何时、何地、与谁一起、做什么、怎么做、做得怎样。这种评估除了能给出学生在某项能力上适应生活的水平，还能了解表现此项能力时的具体环境及相关人、事、物，便于建立自然支持系统。

施评者是该生家长和教师，由教师主持，必要时可加入专业人员。教师与家长共同完成的课程本位评估能较准确、真实地反映学生现况。

（二）课程本位评估的动态性

1. 连续性评估

课程本位评估是非一次性的，它始终伴随着课程实施的进程而进行，既重过程又重结果。课程本位评估后拟订的课程目标，要融入教学、生活活动中，每节课、每日、每周、每月、每半学期均有阶段性评估。期末的课程本位评估是个别化教育计划综合评鉴的内容之一，是对学期教育教学效果的评估，目的在于检核学生个别化教育计划短程目标的达成度，并通过对比前、后测结果，检查教育介入效果，拟订后续个别化教育计划。

2. 全面教育介入

课程本位评估的前测与后测之间是全面的教育介入，包括教学模式选取，教学活动设计，教学方法、教学策略选择，教学环境、教学资源优化，支持辅助系统建立等，形成以教师为主导、学生为主体，师生密切互动，有指导协助、应答反馈，不断改进、创新的全面、完整的教育。

三、课程本位评估的流程

（一）选择适当课程

任教教师、评估师和家长根据学生的个别化教育计划，选择适当课程，熟悉课程内容及评量标准。

（二）期初评估

用大约一个月时间按照所选课程对学生进行逐项评量，尽量在具体生活场景中多次观察，再做出评量，教师、家长均拿不准的项目可通过设计活动、创设情境等，引发相应的行为，再进行评量，相互讨论后确定评量等级。

（三）整理和分析记录

在实施课程本位评估的过程中，按评估操作程序做好评估记录或摘录，除等级分值外还应有部分文字说明，并将评估分值转到侧面图上。

（四）拟订课程实施计划

依据期初课程本位评估结果和个案讨论决策建议，教师、家长应一起拟订一生一案的课程实施计划，并合作实施。

（五）期末课程本位评估分析

按计划实施学期课程后，再进行课程本位评估，对比期初评估结果和期末评估结果，进行教学分析。该过程是重要的教育评估环节，需深入探究，以便后续个别化教育计划的调整，以及课程实施计划的改进。

四、课程本位评估的路径选择

课程本位评估在特殊儿童教育诊断中的积极意义和作用，正逐渐引起教师、家长的重视，目前，国内特殊教育课程评估工作还有待发展。促进课程本位评估，完善教育诊断，可从以下几个方面着手。一是建立课程本位评估体系，这是完整课程的必备要素。它要求内容全面、层次分明、信息丰富、准确度高，评估方法便于操作，其结果应直观、具体、清晰。二是课程本位评估应结合其他评估资料。教育评估引入课程本位评估以后，应考虑其他评估和资料如何与课程本位评估互补，怎样综合分析，做出更为准确的教育评估等。三是课程本位评估应有效作用于个别化教育计划。前者必须与后者的调整和实施连在一起，否则课程本位评估就会失去其效用。因此，教师对课程本位评估结果的分析、解释能力的养成非常关键。在个别化教育计划的调整、教学活动设计和实施中，如何运用课程本位评估的信息，也是极具实践性和挑战性的环节。①

五、培智学校个别化教育课程本位评估

如何让新颁布的课程标准在较短时间内转化为学校教育教学的现实，是广大培智学校及特殊教育工作者面临的新挑战，而科学、有效的课程本位评估是迎接这一挑战的首要任务。苏州工业园区仁爱学校个别化教育信息平台(简称 IEP 平台)中的课程本位评估服务具有以下特点。

1. 课程本位评估批量化、可视化

IEP 平台载入学校使用的主要课程，可对全班学生同时进行课程本位评估，系统根据评估分数自动生成分析曲线图，使学生各课程领域的发展情况一目了然。同时，IEP 平台支持对多个班级、多个学生的评估结果进行对比，直观、准确地反映班级学生总体发展水平和发展差异，以便制订下一步课程实施计划。

2. 快速、准确地拟定学生的课程目标

教师针对学生实际情况，从课程本位评估结果中，选择适宜的内容作为课程目标，制订科学、详细的课程实施计划。此外，系统还提供课程目标汇总功能，方便学科教师分配课程目标，规划教学主题、教学计划、单元目标与教学设计。

3. 形成过程性评估记录

IEP 平台能够记录每个学生所有学期的课程本位评估结果，作为过程性资料，能够帮助教师、家长及时了解学生发展动态，为指定下一阶段的个别化教育计划提供参照和依据。

下面以仁爱学校个别化教育信息平台为例，介绍课程本位评估的实操步骤。

第一步：打开 IEP 平台。进入平台后，点击左侧条目中的“课程本位评估”，如图 6－4 所示，就会看到所有学生的课程本位评估结果，可以根据评估或查看的需要在相应的下拉菜单中选择合适的选项。评估的创建者、进度及时间会有显示，便于查看。

① 张文京.促进课程评量，完善弱智儿童教育诊断[J].中国特殊教育，1999(2)：40－42.

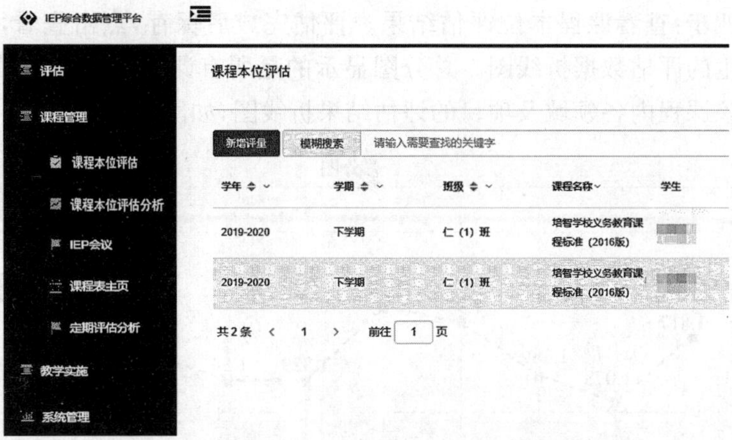

图 6－4 仁爱学校 IEP 平台课程本位评估界面

第二步：完成第一步选择后，点击“查看”或“填写”。最右侧依次有“查看”“填写”和“删除”选项。选择课程本位评估填写界面后，需要选择课程类型，如“2016 新课标”，还需要选择相应的领域、次领域及项目，如图 6－5 所示，选择或填写后要及时保存。

图 6－5 仁爱学校 IEP 平台填写课程本位评估界面

第三步：根据菜单选项，结合学生实际发展水平，填写学生的评估结果。所有课程及各领域完成后，会自动显示完成进度为 100%，已经完成评估的条目前方会有对勾标记。

第四步：查看课程本位评估结果。评估完成后保存，点击查看，会看到该名学生的评估数据折线图。总分图显示的是所有课程，点击相应的课程，会看到该课程内各领域及项目的评估结果折线图，如图 6－6 所示。

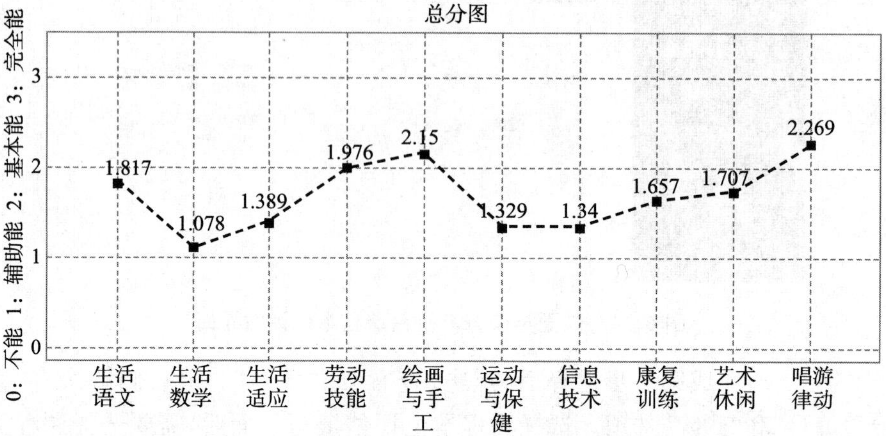

图 6－6　仁爱学校 IEP 平台某学生课程本位评估结果查看界面

第五步：填写课程本位评估分析。点击左侧菜单栏，选取课程本位评估分析。根据评估结果的数据统计，各课程任课教师填写评估分析。评估分析的描述需要紧密围绕学生的发展特点和教育需要，既可以分各领域及各项目依次填写，又可以从量化和性质的角度，进行综合说明和阐述。通过以上的平台操作，即可完成课程本位评估的完整过程。

第三节　个别化教育课程实施路径

一、课程主题

（一）主题教学的内涵

要理解什么是课程主题，先要理解主题教学的内涵。

主题教学是指在建构主义学习理论和多元智能理论的指导下，通过跨学科领域的主题探究与活动来发挥学生的主体建构性和主观能动性，从而实现学生全面发展的教学活动方式。具体而言，主题教学是以课程主题为中心开展的教育教学活动，它关注学生的个体差异及自主建构性，倡导学科之间的整合，通过多学科、跨学科的教学形式，围绕课程主题展开教学活动，促进学生素质的全面发展。主题教学是一种通过有机的组织和运用具有某种内在关联的两个及两个以上学科的知识观和方法论，考察和探究一个主题或者中心领域的教学组织形式。①

（二）课程主题的内涵

课程主题是指主题教学围绕的中心，是开展主题活动的具体内容。课程主题的选择应依据特殊学生的身心发展特点、规律及需要，着眼于学生的未来生活甚至工作。在广泛征询家长意见的基础上，学校组织各门课程教师进行专题讨论，遵从社会生态模型，按照学生发展的需要，从学生自身的生活事件、学校的重要事件、社区生活、社会生活等方面着手，确定符合学生年龄特征、生活经验并适宜学生探究的主题。此外，所选取的主题应广泛地适用于各个科目领域，与科目的所有层面有密切联系。② 仁爱个别化教育课程主题以学年为单位制订。

（三）仁爱个别化教育课程的“学科＋主题”教学模式

分科教学尊重各门学科的教学规律、教学原理和教学方法，也尊重特殊学生的认知发展规律和特点，在重视基础知识教学的同时，强调开发智力和培养能力，特别是培养和发展学生的思维能力和独立学习的能力。分科教学强调教学的系统性、逻辑性、独立性和简约性。

相比于传统的分科教学，主题教学通过跨学科的综合性教学，使学习内容更接近学生真实的生活经验，强调“通过多种智能而教”，强调在学科学习中发展学生的多元智能。这种更加综合开放的教学方式使教学中学生的学习更加丰富多彩。主题教学强调教学的整体性、功能性、联系性和应用性。

分科教学与主题教学之争延续已久。然而，这两种教学模式并非不可兼容，非此即彼。仁爱个别化教育课程的实施，就兼顾了这两种教学模式，将两者融会贯通、取长补短，形成了“学科×主题”教学模式。具体包含以下三种实施模式，它们各有侧重和特点，适合不同场景、不同目标的教学内容，

---

① 欧阳慧霖. 创意美术活动在幼儿园的主题教学研究[D]. 信阳：信阳师范学院，2015.

② 俞林亚. 培智学校综合主题教学的实践与思考[J]. 现代特殊教育，2016(12)：49－53.

教师可根据需要灵活使用。

1. 基于单学科的主题教学模式

在这种模式中，主题直接来自某一学科科目（例如生活数学），而且很多时候，这种主题就是一个概念或一个定理。这种主题教学与传统学科教学非常相近，因为它都是对某一学科知识点的教与学，但它又与传统教学有区别，区别在于传统分科教学不具有跨学科性质。如生活数学学科知识点的学习是由数学讲解、习题演算和练习来进行，很少采用其他学科的概念、方式来学习；而在多元智能的主题教学中，数学学科可以利用其他学科的技巧、方式来加强对概念或原理的理解。例如，在生活数学学科的教学中，用艺术舞蹈的方式来学习“对称”的概念，用绘本阅读的方式来学习“倍数”的概念，通过唱游律动的方式来学习“时间——时、分”的概念等。

在这种主题模式下，所谈的跨学科教学更趋向于一种教与学的技巧，在课程的层次上，还不太涉及统整的概念，因而具有传统学科分科教学的很多特点，如主题常局限于一个学科之内，主题单元的学习时间安排得很集中，往往由某一学科教师单独担任主题教学等。不过，在这种基于单学科的主题教学模式中，它特别强调多元智能与学科的统整与融合。

2. 基于多学科的主题教学模式

在这种模式中，主题并不局限于某一分科学科的课程内容，而是通过学科之外的一个主题或议题联结各学科，但依然保持完整的学科框架特色，在具体的教学内容及活动安排上依然完整地保留着各个学科的独特内容。在这一模式中，学科知识及概念仍是学习的重要目标，主题似乎是各学科间学习的一种组织中心，而非直接的学习目标。

基于多学科的主题教学模式下，学科的统整只是把各学科中与主题有关的内容经过有目的地选择，组织“放置”在一起，形成一个单元时间内共同的“知识群”，它并没有破坏和消解学科的界限。与第一种基于单学科的主题教学模式相比，它在学科课程的统整层次上有所提升，要求深入分析各学科的具体内容，以寻找一个可能的共同主题来组织各学科的学习内容，虽然没有突破学科的框架，但各个分科课程的学习不再是内容上（而不仅仅指方法上）完全没有联系的隔离状态。

3. 基于跨学科的主题教学模式

在这种模式中，主题也同样超越某一具体的分科学科，但与基于多学科的主题教学模式的差异在于，这种主题教学之下学科的框架和界限或有部分保留，或完全没有保留，在课程层次上真正实现了统整。

学科知识已不再是整个教学设计中的目标和起点，教学主题起源于学生真实的生活经验或生活需要，因此要将学科学习和主题活动有机结合。在这种主题教学中，学科学习只是实现主题学习的众多方式之一。而且，正是由于突破了学科的界限与体系，基于跨学科的主题教学模式才具有了比前两种模式大得多的开放性，这种开放性不仅体现为课程的充分统整，还表现为教学时空上的完全开放。在这次主题教学中，平等看待每一位特殊学生并使其广泛参与，成为学习的特色之一。教学中每一位特殊学生都有广泛参与学习的机会，特殊学生以不同的组合（个人、小组、集体）进行学习，以满足拥有不同能力及不同多元智能潜质的需要。①

（四）仁爱个别化教育课程主题的设计目标

在适性教育理念的指导下，仁爱个别化教育课程主题的设计是以培养特殊学生的核心素养与关键能力为主要目标，力求帮助特殊学生适应生活、适应社会，成为有情感、有能力的新时代好少年，成为家庭和社会的“好照顾、好家人、好帮手、好公民”。

1．“五常”并举，聚焦新时代特需学生的核心素养

在仁爱个别化教育课程主题中，将特殊学生需要培养的核心素养归纳为仁爱“五常”，分别是“仁”“义”“礼”“智”“信”，分别对应着“我有爱”“我会做”“我懂礼”“我爱学”“我能行”五项核心素养。仁爱“五常”关联着主题活动中“情感、态度和价值观”领域的目标。

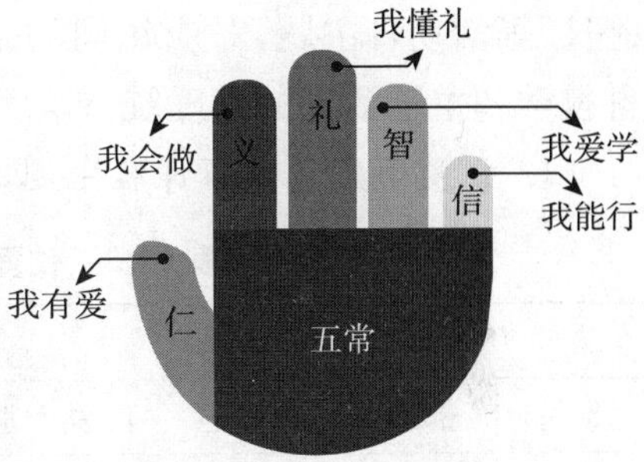

图 6-7　仁爱“五常”

2．“六艺”共生，聚焦新时代特殊学生的关键能力

在仁爱个别化教育课程主题中，将特殊学生需要培养的关键能力归纳为仁爱“新六艺”，分别是“礼艺”“乐艺”“射艺”“御艺”“书艺”“数艺”，分别对应着“交往”“审美”“健康”“生活”“休闲”“求知”六项关键能力。仁爱“新六艺”关联着主题活动中“知识与技能”“过程与方法”领域的目标。

① 蒋曦，曾晓洁．多元智力理论与主题教学[J]．比较教育研究，2005(4)：51－57．

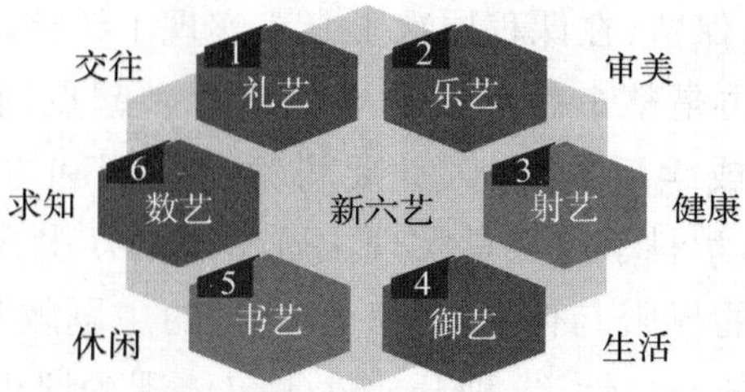

图 6－8　仁爱“新六艺”

（五）仁爱个别化教育课程主题的内容与架构

培智学校义务教育实验教科书（部编版培智教材）按单元设计了“学校生活”“个人生活”“家庭生活”和“社会生活”四大教学主题，它们紧紧围绕着学生的生活情境，贴合学生需要。这四大主题略显宽泛，不够具体，在课程实施的过程中，不易准确把握各科的具体情境设置，达到学科之间的统整。因此，仁爱学校在其基础上，进行了拓展、延伸和具体化，结合学生熟悉的生活经历、经验和爱好，设计了“季节”“衣食住行”“我长大了”等伙伴课程主题，分别对应各个教学月；接着，又继续细化，设计了“仪表日”“自理日”“技能日”等活动日主题，对应每周的主题活动日，层层递进，逐步具体，达到学科教学和主题活动的高度统一。

1. 仁爱个别化教育课程主题的具体内容

表 6－3　仁爱伙伴课程主题安排表

第一学期				
月份	部编版教材主题	仁爱个别化教育课程主题	周次	活动日主题
9 月	学校生活	季节	1	仪表日
			2	自理日
			3	技能日
			4	职业日
10 月	家庭生活	衣食住行	1	美食日
			2	购物日
			3	运动日
			4	出行日

续表

第一学期				
月份	部编版教材主题	仁爱个别化教育课程主题	周次	活动日主题
11月	个人生活	我长大了	1	成长日
			2	礼仪日
			3	感恩日
			4	爱心日
12月	社会生活	伙伴	1	共享日
			2	互助日
			3	伙伴日
			4	亲友日
第二学期				
月份	部编版教材主题	仁爱个别化教育课程主题	周次	活动日主题
3月	学校生活	美丽的大自然	1	探索日
			2	种植日
			3	劳动日
			4	环保日
4月	家庭生活	休闲	1	阅读日
			2	艺术日
			3	巧手日
			4	生活日
5月	个人生活	我能行	1	表达日
			2	交往日
			3	心理日
			4	自强日
6月	社会生活	节日	1	游戏日
			2	乐享日
			3	创意日
			4	科技日

2. 仁爱个别化教育课程主题的组织架构

仁爱个别化教育课程主题以“缺陷补偿”和“潜能开发”为理念支撑，它来源于学生的生活情境，发展于学生的生活需要，层层展开，呈树状网络结构，对接学生未来生活的方方面面。同时，仁爱伙伴课程主题的设置又能紧密结合各科的日常教学，使教学活动有的放矢，服务于主题活动，使学科教学与主题活动成为有机结合的和谐过程，促进特殊学生核心素养与关键能力的发展，使其融入生活、融入社会。

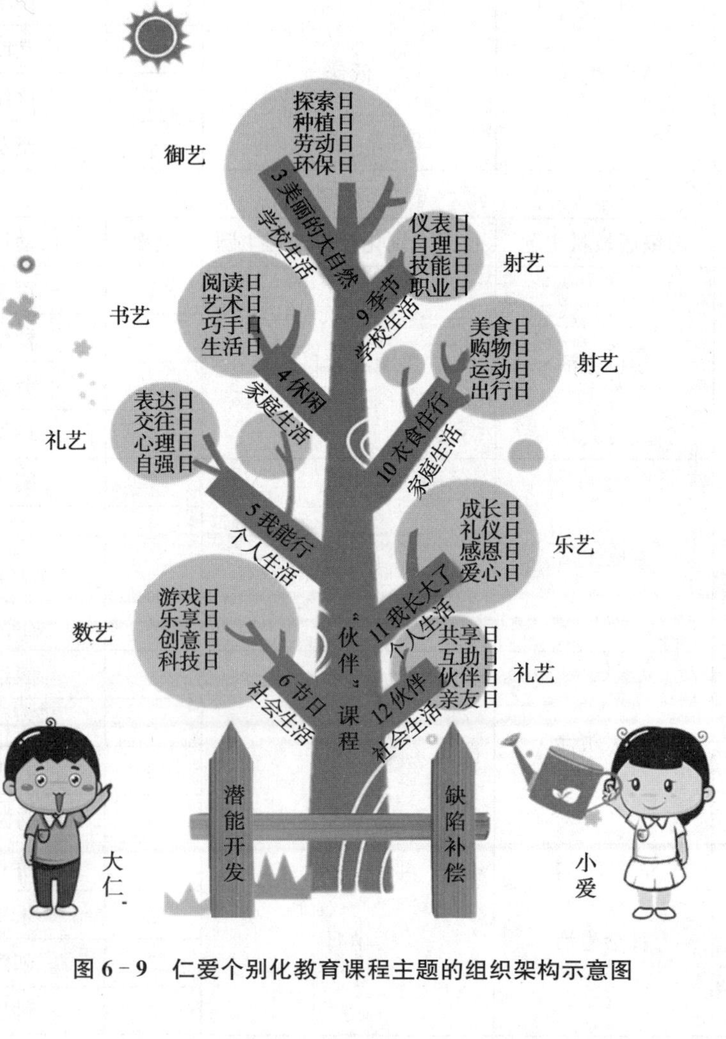

图6-9　仁爱个别化教育课程主题的组织架构示意图

二、教学计划

（一）仁爱个别化教育课程的教学计划概述

教学计划是指一段固定教学周期内学科教学目标、教学内容的分布，可以在该教学周期内给教学双方以教学方向指引，是教学设计的依据，是进行教学活动的首要条件，也是教学评价的重要参考。教学计划应体现每个学生的个别化教育计划，促进个别化教育计划的归依与落实；教学计划应是系统、全面的，涵盖本期所有活动，由师生双方共同执行，且具有弹性。制订学科教学计划，是教师备课工作的一个重要方面。“凡事预则立。”在学期初，对全学期的教学工作做一个完整、全面的计划，对提高教学质量有很大的帮助。①

（二）仁爱个别化教育课程的教学计划组成

仁爱个别化教育课程中的教学计划以学期为单位，由各科任课教师根据学生的个别化教育计划，参考伙伴课程主题、培智学校义务教育课程标准制订。具体来说，教学计划包含教材分析、学生情况分析、教学目标、教学重难点、主要措施和教学进度表等部分。

1. 教材分析

学科教学的具体目标和内容需要参考教材。在狭义的理解中，教材又称课本，它是依据课程标准编制的、系统反映学科内容的教学用书，教材是课程标准的具体化；在广义的理解中，教育过程中的教学内容和教学活动均称为教材。因学生发展的差异性及其认知规律和思维特点，培智学校的教材一般为自选教材和自编教材，是由教师根据学生的个别化教育计划，结合教学主题，在原有的固定教材基础上进行重组和建构而成的。

在确定教材后，就需要进行教材分析。教材分析本质上是以知识逻辑、教学逻辑、学习逻辑和认知逻辑为线索，对学科知识、教师教学、学生学习与认知评价进行分析和统整，实现准确理解教材和科学评估教材的目的。伙伴课程中，教材分析强调解决“是什么”“如何教”“如何学”“学得怎么样”四个基本问题。

---

① 龙宅俊.怎样制订全学期的学科教学计划[J].江西教育，1983(9)：40－41.

教材分析是教学系统中教学设计的基础性工作，是体现教育学、心理学理论与实践操作紧密结合的重要工程。它最重要的作用是为后续的教材处理提供依据，为教学设计做好铺垫。掌握恰当的教材分析方法能提高教学设计的成效，对实施有效教学具有奠基意义。①

2. 学生情况分析

学生情况分析是指立足该学科领域，对影响学生学习的各方面因素进行分析，以便为教学目标、内容、方法和策略的调整提供指导。如果能有效分析学情，并在教学中用好学情分析，教师就能根据学生的认知特点、思维发展特点及心理特点，有效地调整课堂教学，那么学生将会学得更轻松、更高效。

但是，在学生情况分析中，"学情"到底包含哪些因素目前尚无定论。有研究者认为，"学情分析是对学生的知识基础、学习方法、心理状态、理解能力、学习兴趣等进行分析"，"其主要内容包括教学设计时分析学生的特点、学生的差异、学习兴趣、学习风格、学生对本课内容的熟悉程度等；教学实施时主要分析学生的疑惑、学生的偶发状况等"。也有研究者认为，"学情分析包括两个方面，一个是学生情况，一个是学生的学习情况。第一种解读方式包括学生成长、发展的方方面面，如身体、心理、智力情感态度等；第二种解读方式只关注与学习某一些知识和技能相关的学生情况……第一种解读方式更适合于学期学情分析和班主任工作的学情分析，第二种解读方式则更适合科任教师对课时学情、单元学情的分析"。概括地说，它包含两个方面，即对影响课堂学习的学生自身内部因素和影响学生学习过程的外部因素进行分析。②

在伙伴课程中，教师会通过观察学生在教学情景中的学习表现和学习行为，了解学生特点与现状，对学生进行教育诊断，以及把握学生的学习需求。具体来说，教师会关注学生已有的经验、知识，学生的认知历程、认知成分、思维特点，学生的学习习惯、学习风格及学习动机、态度，必要时还需要了解学生的家庭环境、教养方式等因素，以便给予学生适切的教育内容和形式。

---

① 潘超，吴立宝. 教材分析的四条基本逻辑线——以人教版"单调性与最大(小)值"为例[J]. 中小学教师培训，2019(3)：51－56.

② 陈瑶. 论学情分析的三个阶段[J]. 当代教育理论与实践，2014(3)：6－8.

3. 教学目标

教学目标是学校教学的出发点和归宿，是教学的灵魂，支配着教学的全过程，并规定了教与学的方向。它是教学活动预期达到的学习效果和标准，是对完成教学活动后的学习者应达到的行为状态的具体描述。设计教学目标时，教师需要明确为什么要教这些内容，通过这些内容的学习，学生将获得什么。

教学目标是针对学生学习的最终结果设计的，是一个系统，由上而下细化展开，由下而上具体指导，构成一个层次分明、上下贯通、有机联系的课程目标体系。各学科的教学目标也有不同的层级：学期教学目标→单元教学目标→课时教学目标。由于上位目标决定下位目标，所以只有在清晰了解和准确把握上位目标的基础上，才能把握下位目标的基本定位。

仁爱个别化教育课程在设置教学目标时，除了集体学科目标和主题生成的活动目标外，还纳入学生的个别化目标，这是培智教育教学区别于普通教育的地方。它表达了个别化教育计划的操作性实践一环。以下是在学科教学中配入学生个别化教育计划目标的具体方法。

① 学科教学确定后，将学生 IEP 中适合此课程的短期目标选出，并排列、归类，分配至该学科。

② 在分配至该学科的目标归类完毕后，在设计教学计划时，依据该学科领域下学生适合的 IEP 目标再次进行考虑。

③ 将最终确定的学生 IEP 短期目标配入教学计划的具体活动安排中，形成一生一案的教学目标。

4. 教学重难点

教学重难点就是教学重点与教学难点的合称。教学重点是指学生必须掌握的基础知识与基本技能，是基本概念、基本规律及由内容所反映的思想方法，也可以称之为学科教学的核心知识。教学难点是指学生不易理解的知识，或不易掌握的技能技巧。难点不一定是重点，但也有些内容既是难点又是重点。

在仁爱个别化教育课程中，考量教学重难点通常要根据学生的实际情况来定。对于同一个活动或教学内容，对象不同，重难点也不相同。重难点的设置既要考虑学科知识本身的逻辑性和系统性，又要考虑学生的实际需要和生活经验。

另外，个别化教育课程的教学计划设置还讲究分散重点，突破难点。尤其是使用自选教材和自编教材时，安排具体教学内容时应注意分散教学重点，既让学生易于接受，又能减轻学生负担；教学难点的安排则应合理设置落差的距离，搭建合适的台阶，①从而达到“小步子、多循环”的教学效果。

5. 主要措施

这里的主要措施具体是指教学方法。教学方法是一种系统的、有目的的完成教学的程序、手段、办法或技术，用于刺激、指导、鼓励学生，引导其自主学习，提高其学习效率，最终达到教育目的，帮助学生发展能力，习得知识。

教学方法的运用是非常灵活的，常常在一个活动中会运用多种教学方法，故有“法无定法”的说法。但教学方法的选择具有一定的要求：首先，教学方法需要符合本学科的教学目标与内容，形成内在统一的体系结构；其次，教学方法需要符合课程主题，能够支撑相应的主题活动；最后，教学方法需要符合学生的兴趣特点和发展水平，是学生能积极参与的有效方法。

在仁爱个别化教育课程中，常用的教学方法有以下几种。

(1) 情境教学法

情境教学法指利用日常生活、学习、工作中的人、事、物实施教育教学。情境教学在诸多教学活动中被列为首选活动，最适宜用于以下活动：需要长期、持续训练的目标；需要在适当场所、时间、具体事件当中表现的活动；与生活密切相关的活动；与情意相适的一些行为培养目标；与生活认知有关的目标。情境教学可以分为有计划地利用情境、随机利用情境、创设情境三类。使用情境教学法的基本步骤是：调查情境，培养、调动情境，拟订计划，进行情境创设(或情境运用处理)，进入情境教学，效果评量。

(2) 单元教学法

单元教学法在培智教育中颇受教师注意，也是教学中常用的方法。人们总是将内容相关、性质特点相似或一定范围内的问题放在一起，并以此为中心组合成一个一个的单元，便于组织教学，也便于学生学习。单元活动内容结构应完整、有序，包含准备、发展、综合三段。准备活动为整个单元活动的预备、基础和铺垫阶段；发展活动为单元活动的主活动，将单元主题展开、深入；综合活动是对单元活动的清理、复习和整合。三段首尾相连，各段中又可分为数个小活动。单元教学活动的常规程序是：确定单元主题；分析单元主题；拟订活动的内容及课时；设计单元活动教案；拟订单元活动评量目

① 姜万智，鄢旭. 初中历史教学重难点问题突破方法探究[J]. 科技创新导报，2013(28)：140.

标;实施活动;评量修正活动。

(3) 工作分析法

概括而言,工作分析法是指对某一技能或工作(整体的工作目标)依其顺序或构成进行分解(分解为小阶段、小步骤、小目标),通过教学策略的实施,对各个小目标及最后目标进行评量至整体工作完成。它是一种化整为零、化繁为简,再化零为整的分析评量工作,也是一种训练方法。分析评量的项目与课程内容一致。培智教育中采用工作分析法较为广泛。工作分析法主要适用于两种情况:一为较复杂困难的工作;二为具有新的学习目标的工作。它既适合某种技能或能力的培养,又适合部分情境教学。工作分析法的步骤是:确定工作最后目标;分析工作最后目标(活动);排列目标(活动)序阶、梯次;叙写项目(目标);设计评量;实施教学。

(4) 直接教学法

直接教学法是指教师应用组织精密、层次分明的教材与有效的小组教学的方法,是直接预防与补救学生学业及其他技能缺失的教学模式。直接教学法源于美国教育学者波瑞特(Bereiter)和恩格尔曼(Engelmann)的学前哲学及经验,被应用到特殊儿童教材的编选及语文教学、数学教学、社会技能学习、生活技能学习等方面。直接教学法是非常结构化的,没有第二种答案。它要求教师有充分准备,一次只教一种新技能,所以容易成功;强调学生在教师引导下的较为充分的练习,将密集练习与分散练习结合,集体练习与个别练习结合,教师协助与独立操作练习结合,强化学生知识、能力的形成;养成学生操作、练习,特别是独立练习、工作的习惯。直接教学法教学过程分为三个阶段:① 介绍阶段,即教师示范,提供教材,注意焦点提示,示范解决问题的策略、步骤;② 协助练习阶段,教师协助学生做有组织、有系统的练习,学生在新的范例上应用所学,教师给予适当协助;③ 独立练习阶段,教师只给学生反应信号,学生独立应用所学的技能解决问题,这是学习迁移及独立操作习惯的培养。

(5) 协同教学法

协同教学法是一种异于传统班级教学的方法。它是由两个或两个以上教师及若干辅助人员组成一个教学团体(Teaching Team)来发挥个人才能,共同计划,在一项或数项学科中应用各种教学资源进行合作教学,重在改变教学形态的教学方法。协同教学不受传统包班制限制,能够打破班级界限。它能充分发挥教师的个别差异,即充分发挥各科教师的专长,让教师能够深入钻研，精心安排设计教学活动，全面执行教学，在教学中获得其他教师的支持和协助，确保教学成功。同时，行政琐碎事务还可交由辅助人员处理，教师能集中精力于教学设计与活动。另外，协同教学有较为广泛的支持，合作协同教学使教师个体变成了教师团体与其他辅助人员构成的教学团体，使参与教学的人员增多，教学能力增强，教学领域扩大，充分表明协同教学法最大的特点就是协作。开展协同教学需要做好三方面的工作：① 协同教学应发展教师协作的教学心态和能力，同时又必须考虑发展教师的个性；② 协同教学要让学生体会到在团体教学过程中如何与团体相处；③ 协同教学涉及的人员应在事前对工作内容进行交流与沟通，包括教学活动安排、教学空间的安排和运用等。

6. 教学进度表

教学进度是指以各门学科的每个课题的教学日程安排为主要内容的计划，是课堂教学的计划速度。它有助于教师掌握各章节的教学日期，避免教学赶进度或延误时间，也是进行教学管理的一种手段。周发增认为，长期的教学计划，包括整个学期的教学计划，也称之为教学进度；教学进度关系到一学期教学的实施。董远骞认为，教学进度是开学前所制订的学期（或学年）教学进度计划的一个组成部分；具体包括各章节或课题的教学时数的分配和教学的具体时间及考试（评估）的安排。耿福生认为，教学进度是学期教学计划的四个组成部分之一；教学进度一般列成表，以便于查看。①

在仁爱个别化教育课程中，教学进度表的编排一般注意以下几个方面。

① 教学进度要符合学科知识体系。分科教学强调学科自身的结构与逻辑顺序，因此在安排教学进度时，要遵循学科知识体系的脉络，不能违背该学科的科学性和逻辑性。

② 教学进度要符合学生发展规律。不同类型的特殊学生，其认知发展规律和思维方式也不尽相同，教学进度的安排需要适切学生的实际学习能力，做到“小步子、多循环”。

③ 教学进度要符合课程主题设置。在安排教学进度时，需要充分考虑其与课程主题的匹配度。尽量调整教学进度，将主题活动需要的、涉及的知识和技能的教学，与对应的活动主题时间安排重合，保证“主题引领学科，学科服务主题”。

---

① 冯东俊. 课堂教学进度合理性研究[D]. 开封：河南大学，2008.

（三）仁爱个别化教育课程的教学计划案例

2019—2020学年度 第一学期学科教学计划

执教教师：顾义寒

小学高年级 学段 某某 班级 生活数学 学科教学计划表

项目	内容	备注
教材分析	教材来源： 本学期生活数学使用自编教材，情境选自人民教育出版社《生活数学》一年级上册，内容选自江苏凤凰教育出版社《数学》一年级上册。 教材剖析： 本学期的四个教学主题分别为："校园生活""个人生活""家庭生活"和"社区生活"。围绕某某班学生的逻辑思维能力、数理能力和实际需要，我设计了围绕常见的量、数与运算、统计、综合与实践四个方面的教学内容，具体内容包括：数前概念、分类、数的认识、数的比较、加减法的计算、加减法应用题等	在实际教学过程中，教学主题和教学内容都要根据教学活动的具体进展和学生的掌握情况进行相应的调整
学生情况分析	班级共有9名同学，其中两名女生，7名男生。通过对课程本位评估的分析和对在校实际表现的观察，根据其逻辑思维和数理分析能力，分为4组。 A组。乐乐：智力障碍，能口算20以内进位加法和退位减法，但是不熟悉100以内加减法，尤其在进位和退位的时候容易出错，对在实际情境中的计算理解和运用能力不足。小艺：孤独症，能口算10以内的加减法，能列式计算求整体和部分的一步加减法应用题，能区分结算与找零问题，并进行计算和模拟购物，能认读电子钟和时钟上的时刻。 B组。秋秋：智力障碍，能口算10以内的加法，也能列式计算"求整体"的一步加法应用题，能理解商品结算问题，并进行计算和模拟付款，基本能认读电子钟和时钟上的时刻。小佳：智力障碍、注意缺陷与多动障碍（ADHD），能口算10以内的加法，也能列式计算"求整体"的一步加法应用题，能理解商品结算问题，并进行计算和模拟付款，基本能认读电子钟和时钟上的时刻。青青：智力障碍，有较清晰的数前概念，能进行数和量的一一对应，不能进行10以内加减法的计算，对计算情境的理解能力薄弱。 C组。豆豆：孤独症，能进行10以内数和量的相互对应，基本能进行10以内加法的记点计算，在提示下能根据10元以内的商品价格付款，能够在长短针的提示下认读时钟整点。西西：孤独症，能认读10以内的数字，能配对相同的数量，在提示下能根据10元以内的商品价格进行对应数量人民币的付款，能够在长短针的提示下认读时钟整点	学生数理能力的发展有快有慢，需要定期评估，以便及时调整教学计划和IEP目标。 根据能力分组和学生特点，有效结合个别教学和集体教学

续表

项目	内容	备注
学生情况分析	D组。小硕:孤独症,一定支持下,能进行数量的一一对应,能配对相同数量的物品,能配对与价格相同数量的1元人民币来完成付款,能初步理解时钟上指针和数字的对应关系。舟舟:智力障碍,一定支持下能进行数量的一一对应,能配对相同数量的物品,能配对与价格相同数量的1元人民币来完成付款,能初步理解时钟上指针和数字的对应关系。 综合来看,本班数理能力水平较低,且差异水平较高。通过评量发现,该班学生数理能力水平位于生活数学第一至第二学段。因此,本学期学科评量使用这两个学段的标准进行评量,学生的《生活数学》教学目标达成度也根据这两个学段的教学目标进行评量	
教学目标	A组: 1. 能计算100以内/20以内的加减法; 2. 能进行100以内/20以内的连加、连减和加减混合运算; 3. 能运用100以内/20以内的加减运算解决实际情境问题; 4. 认识数位,能够比较100以内数的大小。 B组: 1. 能计算10以内减法; 2. 能计算10以内的连加、连减和加减混合运算; 3. 能运用10以内的加减运算解决实际情境问题; 4. 认识20以内的数,能够比较大小。 C组: 1. 认识数1—3; 2. 能认识和比较有无、多少、大小; 3. 认识简单的图形; 4. 认识、区分白天和黑夜。 D组: 1. 能进行数量1—3的对应和区分; 2. 能区分有无、多少、大小; 3. 能进行简单图形的区分和配对; 4. 能区分白天和黑夜	需要结合分组目标,同时根据每位学生的发展特点和表现,及时调整其个人教学目标
教学重难点	教学重点。 A组:100以内/20以内的加减法的算法;加减法计算情境的应用题。 B组:10以内加减法的算法;加减法计算情境的应用题。 C组:1—3的数和量;常见的概念。 D组:数量1—3;简单的概念	根据组别不同,区别对待,同时兼顾智力因素

续表

项目	内容	备注
教学重难点	教学难点。 A组：100以内/20以内的加减法算法的认识和区分；加减法计算情境的理解。 B组：10以内加减法算法的认识和区分；计算情境的理解。 C组：1—3数和量的理解；常见概念的认识和比较。 D组：对应和区分数量1—3；区分简单概念	
主要措施	1. 游戏法：设计教学游戏，吸引学生兴趣，让学生在游戏中学习知识，在游戏中应用知识。 2. 多媒体教学法：运用多媒体教学技术，吸引学生的注意力，提高课堂教学的有效时间。 3. 讲授法：将内容分解为详细清晰的步骤，使用生动的语言，将知识讲解给学生听，让学生形成概念。 4. 分组教学法：根据学生能力的不同进行分组，切实培养每一个学生的不同能力。 5. 实践操作法：通过动手实践和操作，学生能够在操作中建立数理概念。 6. 阳性强化法：在学生做出正确选择或优秀表现时，及时给予阳性强化物，起到固定和强化的作用	教学措施会根据学生的特点、喜好、适用性等实际情况做出相应的调整

小学高年级　学段　某某　班级　生活数学　学科教学进度表

周次	教学内容	备注
1	期初评估	
2	校园生活：我的新班级（5以内的分解）	自编教材： 主题选自部编版《生活数学》一年级上册（第一章第一节）； 内容选自苏教版《数学》一年级上册（第七章）
3	校园生活：我的好朋友（8以内的分解）	自编教材： 主题选自部编版《生活数学》一年级上册（第一章第一节）； 内容选自苏教版《数学》一年级上册（第七章）
4	校园生活：我的老师（10以内的分解）	自编教材： 主题选自部编版《生活数学》一年级上册（第一章第二节）； 内容选自苏教版《数学》一年级上册（第七章）
5	校园生活：我是好学生（5以内的减法）	自编教材： 主题选自部编版《生活数学》一年级上册（第一章第二节）； 内容选自苏教版《数学》一年级上册（第八章）
6	校园生活：我是少先队员（8以内的减法）	自编教材： 主题选自部编版《生活数学》一年级上册（第一章第三节）； 内容选自苏教版《数学》一年级上册（第八章）

续表

周次	教学内容	备注
7	个人生活：常见的副食(10以内的减法)	自编教材： 主题选自部编版《生活数学》一年级上册(第一章第三节)； 内容选自苏教版《数学》一年级上册(第八章)
8	个人生活：常见的饮料(求整体或部分的应用题)	自编教材： 主题选自部编版《生活数学》一年级上册(第一章第四节)； 内容选自苏教版《数学》一年级上册(第八章)
9	个人生活：整理衣服(求增加或减少的应用题)	自编教材： 主题选自部编版《生活数学》一年级上册(第一章第四节)； 内容选自苏教版《数学》一年级上册(第八章)
10	个人生活：整理裤子(求"比……多"或"比……少"的应用题)	自编教材： 主题选自部编版《生活数学》一年级上册(第一章第五节)； 内容选自苏教版《数学》一年级上册(第八章)
11	家庭生活：爸爸和妈妈(10以内连加计算)	自编教材： 主题选自部编版《生活数学》一年级上册(第一章第五节)； 内容选自苏教版《数学》一年级上册(第八章)
12	家庭生活：我的一家(10以内连减计算)	自编教材： 主题选自部编版《生活数学》一年级上册(第一章第六节)； 内容选自苏教版《数学》一年级上册(第八章)
13	家庭生活：大家庭(10以内加减混合计算)	自编教材： 主题选自部编版《生活数学》一年级上册(第一章第六节)； 内容选自苏教版《数学》一年级上册(第八章)
14	家庭生活：我的房间真整洁(连加或连减应用题)	自编教材： 主题选自部编版《生活数学》一年级上册(第一章第七节)； 内容选自苏教版《数学》一年级上册(第八章)
15	家庭生活：我家客厅真整洁(加减混合应用题)	自编教材： 主题选自部编版《生活数学》一年级上册(第一章第七节)； 内容选自苏教版《数学》一年级上册(第八章)
16	社区生活：我生活的小区(十几的认识)	自编教材： 主题选自部编版《生活数学》一年级上册(第一章第八节)； 内容选自苏教版《数学》一年级上册(第九章)
17	社区生活：小区的游乐场(比较20以内数的大小)	自编教材： 主题选自部编版《生活数学》一年级上册(第一章第八节)； 内容选自苏教版《数学》一年级上册(第九章)
18	社区生活：社区的邻居(期末复习)	自编教材： 主题选自部编版《生活数学》一年级上册(第一章第九节)； 内容选自苏教版《数学》一年级上册(第九章)

三、单元目标

（一）单元目标概述

这里的单元目标是指在仁爱个别化教育课程中，以一个教学月为周期制订的有关课程主题和教学内容的目标设计，且包含相应的目标评鉴结果。当月的教学目标是单元目标的核心内容，具体来说包含长期目标和短期目标两个方面，长期目标是指较为抽象的、有指示性的，时间为一个教学月的目标；短期目标是指达成长期目标的细致、具体的步骤或内容，具体到每一课时的内容，是完成长期目标的保障，它以学生身心发展、知识能力掌握形成的顺序排列构成，内部联系较为严密的短期目标梯次，随着短期目标的依次完成，最后达到长期目标的实现。

单元目标是连接教学计划和教学设计的桥梁，它既是当月实施教学计划的细化安排，又是落实每一周教学设计的具体纲领。另外，单元目标也是进行月度教学安排、月度教学评价的重要参考。

（二）仁爱个别化教育课程的单元目标组成

1. 教学主题

教学主题是指对教学活动内容和结果的概述，可以是一个教学周期的活动题目或者主要方向，也可以是该活动的行为目标、学习目标、作业目标，或是主要问题明示。

（1）教学主题的来源

在伙伴课程中，教学主题主要来源于课程主题、教学大纲、课程标准、自选或自编教材呈现的标题；来源于学生的个别化教育计划、经验、兴趣等因素。

（2）教学主题的设计要求

伙伴课程对教学主题要求有两个方面：一是教学主题必须精确化，操作尽量可观察，含相关目标，可评价；二是教学主题必须明确教学双方共同的方向与结果，让教学双方清楚自己在教什么、学什么。

（3）教学主题的叙写方式

在伙伴课程中，教学主题可以用吸引学生的方式叙写，也可以用便于做主题分析的叙写方式叙写，还可以做功能性的主题叙写。

(4) 教学主题的分析

伙伴课程要求在主题内容和目标确定以后，对教学主题进行分析，即针对该主题包括的知识信息含量、相互关系、特点、规律来联系主题，进行辨析，为教学活动设计提供顺序、内容、方法、环境等具体的依据。

教学主题的内涵反映了知、情、意的要点，分析教学主题可在了解学生能力水平及需求基础上进行，明确主题中产生教学的内容、步骤，以及教学资源要求、活动时空要求等信息，便于教学活动设计。分析主题便于进行教学活动的总设计与分设计，丰富教学设计的整体性和充实性。

2. 教学目标

教学目标是关于教学将使学生发生何种变化的明确表述，是指在教学活动中所期待得到的学生的学习结果。教学活动以教学目标为导向，且始终围绕实现教学目标而进行。单元目标中的教学目标具体是指各个教学月中有关课程主题和教学内容的目标设计。因在概述部分已详细介绍，故此处不再赘述，下面重点介绍伙伴课程的单元目标中有关教学目标的选择和叙写。

(1) 目标选择

① 目标选择要为学生“所能”。遵循学生发展上可能的趋势，要在评量学生目前发展成熟度的基础上，依据学科体系脉络、学生的发展特点和规律，确定下期可以学会的技能，也就是在“已会”“已能”的基础上，建立学生“所能”学习的目标，循序渐进。

② 目标选择要为学生“所需”。选择学生在生活上所需要的能力，主要看目前生活环境的需要或未来环境的需求，依据课程标准、课程主题和学生发展需要，在“所能”范围内选择具有实用性的目标。

(2) 目标叙写

拟订个别化教育计划时，需要叙写目标，叙写时可能会出现目标不明确、难于评量等问题。叙写目标是设计教学安排的基本功之一。

① 目标叙写的原则。

简洁：目标叙写应以简明为本，不能啰唆。

具体：目标叙写应就某一能力、技能做具体描述，切忌空泛。

可操作评量：目标应可操作，便于评量。

② 目标叙写的标准范式。

叙写目标需要遵循一定的范式，标准的目标叙写标准范式为：谁在什么情况下以多少成功比率做什么。

3. 目标评鉴

单元目标中的目标评鉴是指以一个教学月为周期，针对学生学习目标进行评量鉴定，以检核学生在教学活动中各个预期目标的达到情况。目标评鉴能够衡量主题目标、主题分析、学生现状、目标设置、活动设计、教材选编、教学资源、教学设计的准确性、有效性和整体作用，是该教学活动从设计到实施的过程与效果检核，目标评鉴的结果对教学活动的设计有重要的指导意义。

(1) 评鉴形式

① 形成性评鉴：在教学过程中，为了完善教学活动，保证教学目标得以实现而进行的确定学生学习成果的评鉴。形成性评鉴的主要目的是改进、完善教学过程。

② 总结性评鉴：以预先设定的教学目标为基准，对评鉴对象达成目标的程度即教学效果做出评鉴。

(2) 评鉴流程

目标的评鉴流程一般有以下几个步骤：① 确定评鉴方案；② 选择评鉴工具；③ 收集评鉴资料；④ 分析并给出评鉴报告。

(三) 单元目标案例

2019—2020 学年第一学期生活数学学科单元目标安排表

课程：生活数学

学年：2019—2020 学年　学期：上学期　月份：9 月

执教教师：顾义寒　学段：小学高年级　班级：某某

时间安排：2019-9-2　到　2019-9-27

教学主题	第 1 周：期初评估。 第 2 周：校园生活——我的新班级。 第 3 周：校园生活——我的好朋友。 第 4 周：校园生活——我的老师
教学目标	第 1 周。 A 组(乐乐、小艺)：复习 10 以内加减法，评估 20 以内加减法的接受情况。 B 组(秋秋、小佳、青青)：复习 10 以内加法，评估 10 以内减法的接受情况。 C 组(豆豆、西西)：复习量和数的对应，评估数的理解、比较大小、多少等内容的接受情况。 D 组(舟舟、小硕)：复习相同物品的一一对应，评估关联物品对应的接受情况

续表

教学目标	第 2 周。 A 组(乐乐、小艺):20 以内进位加法的笔算。 B 组(秋秋、小佳、青青):5 以内的分解。 C 组(豆豆、西西):1 的对应、点数和认数。 D 组(舟舟、小硕):数量 1 的对应。 第 3 周。 A 组(乐乐、小艺):20 以内进位加法的口算。 B 组(秋秋、小佳、青青):8 以内的分解。 C 组(豆豆、西西):1 的写数、量的表示和按数取物。 D 组(舟舟、小硕):数字 1 的对应。 第 4 周。 A 组(乐乐、小艺):20 以内退位减法的笔算。 B 组(秋秋、小佳、青青):10 以内的分解。 C 组(豆豆、西西):认识和区分“有、没有”。 D 组(舟舟、小硕):区分“有、没有”	
目标评鉴	乐乐	主题方面:能认识班级的名称,能够认识教室的位置,对新环境能够较好地适应,但是在课堂纪律方面还比较散漫,缺乏自控意识;知道要听从老师的指令。 学科方面:能够理解竖式计算的规则,能够按步骤进行 100 以内不进位加法、不退位减法、进位加法、退位减法的竖式计算,其中退位减法的竖式计算还需要加强练习
	小艺	主题方面:认识新班级,知道名字是“某某班”,不理解好朋友的意义,但是对“朋友”有一定的反应,能够和要求的老师打招呼。 学科方面:能够按步骤笔算 20 以内的进位加法,熟练后,逐步撤销提示支持,最终完成口算;了解 20 以内退位减法的计算规则,能够按步骤提示进行笔算;尚不能口算
	秋秋	主题方面:认识新班级,知道名字是“某某班”;能够回答好朋友的名字,知道朋友需要相互礼让;能够主动与老师合作进行游戏。 学科方面:能够口算 10 以内的加法,能够操作计数棒,理解数量“分成”的概念,能够通过按格点图的方式,计算 10 以内数的分成
	小佳	主题方面:熟悉班级的位置、班级的同学和老师;理解班级的意思,知道班级的名称;能够帮助老师,为同学收发作业,能够帮老师传话。 学科方面:能够口算 10 以内的加法,逐步熟练;能够操作实物理解分成的过程和结果,能够按步骤按格点图,计算 10 以内的分解,对分解结果的记忆还有待加强

续表

目标评鉴	青青	主题方面：认识新班级，知道自己新班级叫“某某班”，知道班级的位置，理解班级是一个集体，由同学和老师组成，认识自己的新同学，能够有礼貌地和同学、老师相处。 学科方面：能够列式计算的方式，理解加法中过程和结果所代表的实际意义；能学习通过记点、格点组合的方式，计算10以内的加法，并且能逐渐熟练
	豆豆	主题方面：对班级的名称不是很熟悉，但是能找到班级的位置，认识班级的同学和老师；与班级同学和老师的主动沟通和交往能力有待加强，纪律意识和安全意识需要强化。 学科方面：能够进行数量1的对应，点数数量为1的物品，认读数字1，1的书写尚不端正，需要加强练习；能够进行数量1与数字1的对应，但是按数字1取数量为1的物品不熟练；能够区分有无，但表达尚不清晰
	西西	主题方面：对班级的老师和同学表示熟悉，但是不能说出老师和同学的名字；不认识班级的名称但是对班级的位置比较清楚；能够听老师的指令，对个别同学亲近。 学科方面：能熟练进行数量为1的物品的对应，能指、认、读出数字1，但是点数1不熟练，有时不能做到手口一致，因此在量和数的相互对应方面还存在困难，需要加强练习；能熟练区分有无
	小硕	主题方面：能够熟悉班级环境，对老师比较依赖，对同学的关注还比较少；能够认识自己的班级、自己的座位；能够逐步适应课堂环境，遵守课堂的纪律。 学科方面：能够进行数量为1的实物的对应，有1的意识，能够在少量言语提示下圈出数量为1的物品；能够区分有无，选择“有”的物品，但尚不能进行表达
	舟舟	主题方面：熟悉自己的班级，熟悉自己的每个同学和老师，能主动和他们打招呼；能够主动和自己的好朋友相处，喜欢集体活动，能够听从老师的指令。 学科方面：能够进行数量为1的实物的对应，但是抽象到计数棒还有一定的困难，需要加强练习；能够区分有无，按要求选择“有”的物品，圈出“有”的图案

课程：生活数学

学年：2019—2020 学年　学期：上学期　月份：10 月

执教教师：顾义寒　学段：小学高年级　班级：某某

时间安排：2019 - 9 - 30 到 2019 - 11 - 1

教学主题	第 5 周:国庆节假期。 第 6 周:校园生活——我是好学生。 第 7 周:个人生活——常见的副食。 第 8 周:个人生活——常见的饮料。 第 9 周:个人生活——整理衣服
教学目标	第 5 周:国庆节假期。 第 6 周。 A 组(乐乐、小艺):20 以内退位减法的口算/100 以内加减法的竖式计算。 B 组(秋秋、小佳、青青):口算 5 以内减法/10 以内加法。 C 组(豆豆、西西):认识和比较“1”和“多”。 D 组(舟舟、小硕):区分“1”和“多”。 第 7 周。 A 组(乐乐、小艺):100 以内加减法的口算/20 以内进位加法和退位减法的口算。 B 组(秋秋、小佳、青青):口算 10 以内减法。 C 组(豆豆、西西):认识球体,能够揉捏球体。 D 组(舟舟、小硕):能够区分和指认生活中的球体,能够揉捏球体。 第 8 周。 A 组(乐乐、小艺):理解和区分求整体和求部分的应用题情境,正确选择 100/20 以内加减法进行列式计算,理解计算的意义。 B 组(秋秋、小佳、青青):理解和区分求整体和求部分的应用题情境,正确选择 10 以内加减法进行列式计算,理解计算结果的意义。 C 组(豆豆、西西):认识大和小的相对概念,理解大和小的意义,正确比较大小。 D 组(舟舟、小硕):根据实物、图片,区分大和小的意义。 第 9 周。 A 组(乐乐、小艺):理解和区分求增加和求减少的应用题情境,正确选择 100/20 以内加减法进行列式计算,理解计算的意义。 B 组(秋秋、小佳、青青):理解和区分求增加和求减少的应用题情境,正确选择 10 以内加减法进行列式计算,理解计算结果的意义。 C 组(豆豆、西西):2 的对应、点数和认数。 D 组(舟舟、小硕):数量 2 的对应

续表

目标评鉴	乐乐	主题方面：能够说出常见的主食和副食，能选择自己喜欢的副食；能了解食物和饮料的区别，能说出自己喜欢的饮料；能够按种类整理、叠放衣服和裤子。 学科方面：能区分加减法，进行100以内加减法的竖式计算；逐步熟练后，能进行口算，但尚需要在进位和退位的地方做记号；对求整体或求部分、求增加或求减少的应用题情境理解尚不清晰，容易混乱，还有待加强
	小艺	主题方面：对主食和副食的区分还不够清晰，但能选择自己喜欢的主食和副食；能区分食物和饮料，知道自己喜欢的饮料种类；能了解叠放、整理衣服的步骤。 学科方面：能口算20以内的进位加法和退位减法，相对熟练，对求整体或求部分、求增加或求减少的情境区分有一定进步，能据此判断加减法，并列式计算求解，格式规范
	秋秋	主题方面：能区分主食和副食，知道常见的主食和副食；有自己喜欢的食物和饮料，能自己进行选择；能说出常见衣服和裤子的种类，能进行分类和整理。 学科方面：能操作格点计算10以内减法，口算不熟练；能认识求整体或求部分、求增加或求减少的应用题情境，区分依赖关键词，据此判断加减法，能自己列式计算求解，对单位名称的判断能力需要加强
	小佳	主题方面：能说出常见的主食和副食，能从中选择自己喜欢的副食；知道食物和饮料的区别，能表达自己喜欢的饮料；知道衣服和裤子的种类，能按类别进行整理和叠放。 学科方面：能按格点图计算10以内减法，尚不能进行口算；能在提示下理解应用题中求整体或求部分、求增加或求减少的情境，但是区分不清晰，需要借助关键词，据此选择加减法进行列式计算，能理解结果的意义
	青青	主题方面：能够说出常见的主食和副食，进行分类；能够区分食物和饮料，说出自己喜欢的饮料；能够根据衣服和裤子进行分类叠放，叠衣服的能力还需要加强练习。 学科方面：能根据格点图或扳手指，计算10以内的加减法；能够逐步理解求整体或求部分、求增加或求减少的应用题情境，但区分和判断能力不熟练，在提示下能列式计算；书写的格式逐步规范，单位名称的判断需要加强
	豆豆	长假。身体不适，回家就医、休养。课程补救方案通过在线教学开展
	西西	主题方面：能够根据图片，选择自己喜欢的副食，能够表达“我想吃什么”；知道饮料的作用，能够指认不同的饮料；叠衣服相对熟练，对衣服的分类整理还需要加强。 学科方面：能借助实物区分“1和多”“大和小”，但是不能很好地表达；能够指认生活中的球体，能够尝试搓小球；能进行数量是2的对应，认识数字2，但是2的点数和与数的对应还需要加强

续表

目标评鉴	小硕	主题方面：能够选择自己喜欢的副食，但对图片不熟悉，尚不能区分主食和副食；有自己喜欢的饮料，能自己进行选择；了解衣服和裤子的功能，能自己穿脱衣裤。 学科方面：能够对比实物的“大”和“小”，能区分“1”和“多”但是不能表达；能指认球体，知道球体可以翻滚的特点，能推球、踢球；能进行数量为 2 的对应，能尝试圈出数量为 2 的图片
	舟舟	主题方面：能够在餐桌上选择自己喜欢的副食，不挑食；能选择喜欢的饮料，能自己倒饮料喝；知道衣服和裤子的区别，能学做分类摆放衣服和裤子，但尚不能叠放。 学科方面：能比较差异较大的两个实物的“大和小”，对 1 和多的区分不熟练，缺乏对量的理解；认识球体，能够指认那个是常见的球；对量的认识相对模糊，2 的对应需要一定的支持，但能做到一一对应

课程：生活数学

学年：2019—2020 学年　学期：上学期　月份：11 月

执教教师：顾义寒　学段：小学高年级　班级：某某

时间安排：2019－11－4　到　2019－11－29

教学主题	第 10 周：个人生活——整理裤子。 第 11 周：家庭生活——爸爸和妈妈。 第 12 周：家庭生活——我的家人。 第 13 周：家庭生活——大家庭
教学目标	第 10 周。 A 组（乐乐、小艺）：理解和区分求“比……多”和求“比……少”的应用题情境，正确选择 100/20 以内加减法进行列式计算，理解计算的意义。 B 组（秋秋、小佳、青青）：理解和区分求“比…多”和求“比…少”的应用题情境，正确选择 10 以内加减法进行列式计算，理解计算结果的意义。 C 组（豆豆、西西）：2 的写数，理解数字 2 表示数量，按数字 2 取物。 D 组（舟舟、小硕）：数量 2 的认识。 第 11 周。 A 组（乐乐、小艺）：理解“从左往右，依次计算”的计算步骤，按顺序计算 100/20 以内的连加算式。 B 组（秋秋、小佳、青青）：理解“从左往右，依次计算”的计算步骤，按顺序计算 10 以内的连加算式。 C 组（豆豆、西西）：理解和区分“有、没有”。 D 组（舟舟、小硕）：区分“有、没有”

续表

教学目标	第 12 周。 A 组(乐乐、小艺):理解“从左往右,依次计算”的计算步骤,按顺序计算 100/20 以内的连减算式。 B 组(秋秋、小佳、青青):理解“从左往右,依次计算”的计算步骤,按顺序计算 10 以内的连减算式。 C 组(豆豆、西西):理解“多、少”的概念,区分图片中对象数量的“多、少”。 D 组(舟舟、小硕):区分实物数量的“多、少”。 第 13 周。 A 组(乐乐、小艺):理解“从左往右,依次计算”的计算步骤,按顺序计算 100/20 以内的加减混合算式。 B 组(秋秋、小佳、青青):理解“从左往右,依次计算”的计算步骤,按顺序计算 10 以内的加减混合算式。 C 组(豆豆、西西):理解“大、小”的概念,区分图片中对象的“大、小”。 D 组(舟舟、小硕):区分实物的“大、小”。 *因 12 周出差,12、13 周内容顺延,预计 14—15 周合并内容	
目标评鉴	乐乐	主题方面:能够说出爸爸和妈妈的姓名和职业,能说出自己的家庭成员有哪些,理解家庭的意义,能表达自己对家人的情感,如“我爱爸爸妈妈,因为……”。 学科方面:应用题方面,能够理解“比较”情境的应用题的题意,能够区分“比……多”和“比……少”,选择正确的计算方法解题;计算方面,理解复合式意义,知道运算顺序,能按步骤计算连加、连减算式
	小艺	主题方面:知道父母的姓名,能够说出他们是做什么的,能列举家庭成员,并知道自己和他们的家庭关系;能够说出自己爱他们的原因,如“妈妈陪我……”。 学科方面:应用题方面,能够初步理解情境,根据“比……多”情境判断加法解题,根据“比……少”判断减法解题;计算方面,理解“从左往右,依次计算”的运算顺序,能够按步骤计算连加算式和连减算式
	秋秋	主题方面:能够说出父母和弟弟的名字,知道家里还有爷爷和奶奶,理解家庭是由 5 口人组成的;知道家庭中的人际关系,如“我听爸爸妈妈的话,我和弟弟好好相处”。 学科方面:能够借助图示和关键词,区分“比……多”和“比……少”的情境,并判断使用加法还是减法解题;计算方面,能够认识符合算式,区分连加和连减的算式,能够从左往右,依次进行计算,减法的计算还不熟练

续表

目标评鉴	小佳	主题方面：能够向同学们介绍自己的家人，如爸爸、妈妈的名字、职业等，能介绍家庭的成员，理解对家人的情感，知道表达爱的方式，如“我帮妈妈洗碗”等。 学科方面：能够结合图示，理解“比……多”和“比……少”的应用题情境，并能进行区分，以及选择正确的算法进行列式计算；计算方面，能够认识符合算式及其代表的意义，知道“从左往右，依次计算”的计算顺序，能正确计算连加算式，连减算式相对不熟练
	青青	主题方面：知道主要家庭成员的名字，知道他们的职业，能够向同学介绍自己的家人，能够表达和家人的家庭关系和情感，比如“我喜欢妈妈，妈妈陪我看书”等。 学科方面：能够理解图示和应用题表达的情境，能够区分“比……多”和“比……少”的情境，据此能正确列式计算和解答，能独立写单位名称和答句；计算方面，能够按照“从左往右，依次计算”的顺序，计算连加和连减算式，其中连减需要借助格点卡片
	豆豆	长假。身体不适，回家就医、休养。课程补救方案通过在线教学开展
	西西	主题方面：能够仿说家人的名字，能熟练指认自己家人的照片，虽然不会表达对家人的情感，但是能从表现上反映对母亲的依赖，能回应妹妹。 学科方面：能够进行数字 2 的描红，运笔还需加强，能在提示下用数字 2 表示数量为 2 的物品，按数量为 2 取物易出错；能够区分图片对象中的“有、无”，能够说出“有什么”；能够比较实物的多少，对图片对象的多少区分不清
	小硕	主题方面：能够指认父母和弟弟的照片，虽然不能说话，但是能够通过动作或手势回应父母，对父母有依赖的情绪，能从行为上表现出对家庭的归属感。 学科方面：能够进行数量为 2 的实物数量的对应，能够操作实物，将两件物品与两件相同或相似物品进行对应；能够利用一一对应找“小尾巴”的方式，找到数量“多”的物品，有比“多少”的意识
	舟舟	主题方面：认识自己父母和姐姐的照片，有家庭的意识，能够通过手势表达自己对家人的情感，例如，拍拍胸口表示对姐姐的想念，指导帮家人做家务是情感的表达。 学科方面：能够在提示下，配对数量都是 2 的物品，能够操作计数棒，进行数量 2 的对应，对数量的意识增强；在少量言语提示下能够比较数量差异悬殊的两堆物体的多少，能够利用尝试一一对应找“小尾巴”的方式，找出“多”的数量

课程：生活数学

学年：2019—2020 学年　学期：上学期　月份：12 月

执教教师：顾义寒　学段：小学高年级　班级：某某

时间安排：2019-12-2 到 2019-12-27

教学主题	第 14 周:家庭生活——大家庭。 第 15 周:家庭生活——我的家里真整洁。 第 16 周:家庭生活——我的家人。 第 17 周:社区生活——我生活的小区
教学目标	第 14 周。 A 组(乐乐、小艺):理解"从左往右,依次计算"的计算步骤,按顺序计算 100/20 以内的加减混合算式。 B 组(秋秋、小佳、青青):理解"从左往右,依次计算"的计算步骤,按顺序计算 10 以内的加减混合算式。 C 组(豆豆、西西):理解"大、小"的概念,区分图片中对象数量的"大、小"。 D 组(舟舟、小硕):辨别实物数量的"大、小"。 第 15 周。 A 组(乐乐、小艺):理解和区分加减混合的应用题情境,正确选择 100/20 以内加减法进行列式计算,解题格式规范。 B 组(秋秋、小佳、青青):理解和区分加减混合的应用题情境,正确选择 10 以内加减法进行列式计算,解题格式规范。 C 组(豆豆、西西):掌握通过一一对应,判断多和少的方法。 D 组(舟舟、小硕):能够按要求进行物品的一一对应,在提示下根据剩余的"小尾巴"辨别多和少。 第 16 周。 A 组(乐乐、小艺):知道万/百以内数的顺序,能正确读写万/百以内各数,能理解万/百以内数的组成和意义。 B 组(秋秋、小佳、青青):知道 20 以内数的顺序,能正确读写 20 以内各数,能理解 20 以内数的组成和意义。 C 组(豆豆、西西):能手口一致点数数量 3,认识数字 3,能进行数字 3 和数量 3 的相互对应。 D 组(舟舟、小硕):能进行数量 3 的对应,尝试认识数量 3。 第 17 周。 A 组(乐乐、小艺):能结合数量、数序判断 10 以内数的大小,能判断万/百以内数的位数,能比较万/百以内数的大小。 B 组(秋秋、小佳、青青):能结合数量、数序判断 10 以内数的大小,能比较个位数和十位数的大小,能比较 11 至 19 各数的大小。 C 组(豆豆、西西):理解数量同样多的概念,能够通过一一对应的方法,比较两个数量同样多。 D 组(舟舟、小硕):通过一一对应的方法,配对同样多的数量,体验和尝试理解数量同样多的概念

续表

目标评鉴	乐乐	主题方面：能够认识主要的家庭成员；理解与家庭成员之间的亲子关系；能够体谅父母的辛劳，知道帮助爸爸和妈妈做一些力所能及的事，是对父母的爱；知道所在小区的名称。 学科方面：理解"从左往右，依次计算"的计算顺序，能笔算，熟练后口算100以内的连加、连减和加减混合计算；能理解应用题情境，独立列式来计算求解；能认识数位，理解万以内数的组成和意义，正确读写；能比较万以内数的大小
	小艺	主题方面：能够说出主要的家庭成员；能够知道称谓，体会与亲人的亲密关系；能够表达"爸爸妈妈，我爱你"，但主动性不足；认识家在小区的位置，并能说出小区的名称。 学科方面：能够理解连加、连减、加减混合运算的计算顺序，按步骤进行口算；能区分加减混合应用题的情境，选择正确的算法进行列式计算；认识个、十、百三个数位，能尝试理解100以内数的组成，正确认读三位数；能比较10以内数的大小
	秋秋	主题方面：知道主要的家庭成员有哪些，能说出自己家庭成员的称谓；知道和家人的亲子关系，知道帮助爸妈做小事可以表达爱；知道小区的名称和设施。 学科方面：能够正确计算连加、连减和加减混合计算，理解"从左往右，依次计算"的计算顺序，但是计算依赖格点图；能在提示下分析应用题情境，正确列式计算求解应用题；能正确读写20以内数，能利用格点图比较10以内数的大小
	小佳	主题方面：能够说出家庭成员的名字，知道自己和家庭成员之间的关系；能够通过语言表达对父母的爱；知道小区的名称，知道家在几幢几号。 学科方面：能够按照顺序，计算10以内的连加、连减和加减混合运算，但是减法还依赖格点图；能自己读应用题，判断算法，正确列式计算求解，但是书写还有待提高；能认读20以内数，对其组成还有待提高；能借助格点图和数轴判断10以内数的大小
	青青	主题方面：能够说出自己的家庭成员有哪些，自己和家庭成员的活动有哪些；能表达对家人的爱，知道要为父母做力所能及的事；知道小区的名称和家在小区的位置。 学科方面：能够正确计算10以内的连加、连减和加减混合计算，理解"从左往右，依次计算"的计算顺序；理解应用题情境，但是识字量不足，读题有一定困难，能正确列式计算求解；认识20以内数的组成和意义，能正确认读；能比较10以内数的大小
	豆豆	长假。身体不适，回家就医、休养。课程补救方案通过在线教学开展

续表

目标评鉴	西西	主题方面：能够说出奶奶、爷爷和妈妈这些家庭成员的称谓；能体会自己和家人之间的亲密关系；知道家在小区里的具体位置。 学科方面：能够区分物体的大小，将实物和图片按大小分类，能够进行数字 3 的认读，描红有待加强，3 的点数尚不熟练；能够通过一一对应，感受数量的多少和同样多的区别，但是尚不能明确指认
	小硕	主题方面：能够体验和父母的亲子关系；尚不能表达对父母的爱，但是会向父母表示依赖；熟悉小区环境，能够在小区中找到家的大致方向。 学科方面：能够通过触摸、操作，初步体验物品的大小区别，但是尚无法明确区分；能够按照物品的数量，进行一一对应摆放，初步体验数量的概念；能在现实情境中，感受物品多少的区别，但尚无法明确区分
	舟舟	主题方面：能够指认自己的家庭成员，能够用图片回答；能通过肢体语言表达对家人的爱，体现出依赖；认识小区的环境，知道家在小区里的具体位置。 学科方面：能够通过扦插、摆放等操作，初步体验大小的属性，对事物按大小进行分类需要一定提示；能够通过一一对应的方式，进行数量 3 的对应，初步理解数量；能够感受生活中物品多少的区别，但是尚无法明确表达

四、教学设计

（一）教学活动的内涵

要理解什么是教学设计，先要理解教学活动的内涵。

教学活动是指教师和学生之间一种特殊的交往过程，是教师的教与学生的学的统一活动。通过这个交往过程和活动，学生能够掌握一定的知识技能，形成一定的能力态度，人格获得一定的发展。教学活动具有教育性、互动性和发展性。

1. 教学活动的教育性

教学的教育性是一个教育学问题，那么教学论是如何对待这个问题的？无论是中国传统的文以载道或教书育人，还是赫尔巴特所谓的教学永远具有教育性，都诠释了它的重要意义，所以教学论必须重视教学的教育性。教学活动的教育性体现在学科知识具有教育性、教师具有教育示范性和教学活动具有教育性三个方面。国家的教育方针、各科教材内容、教学方法和教学组织形式、教师的品德和言行等因素，都使学生在教学过程中，不但增长了知识，发展了能力，而且其思想情感、精神面貌、道德品质也在接受着熏陶，发生着变化。

2. 教学活动的互动性

教学过程是由教师的教和学生的学所组成的双边活动过程。在教学的双边活动过程中，教和学都是能动的因素，教师和学生都在发挥着自己的主观能动作用。师生之间、学生之间互相影响、互相促进，构成多重双向性的平面、立体交织的关系，彼此进行着信息的交流传递和往来反馈，促进师生双方发挥积极性。可以说，师生的认知互动、交往与沟通，既是教学过程的本质所在，又是现代教学的突出特点。

3. 教学活动的发展性

教学过程是指在师生的互动和交往中发展学生认识能力的过程，但又不限于认识过程。因为教学是一种创造性的认识活动，这种认识活动是以学生的整体心理活动为基础的。当代教学理论研究表明，教学中的这种发展功能，包括促进学生的智能、情感、品德、个性和身体的发展，即促进学生的全面发展。

（二）教学设计概述

在仁爱个别化教育课程中，教学设计是教师根据教学计划、单元目标的安排，结合课程主题和学生的实际情况，将与教学活动有关的诸要素有序安排，经过周密策划而设计出来的关于教学活动的具体实施方案。教学设计既是备课成果的提炼和升华，又是备课的继续和深入。它是教师备课工作的最后一个环节，也是教师备课工作中最全面、系统、深入、具体的一步，是保证教师有计划、有步骤地上好课的必要手段，对提高教学质量有着重要意义。在伙伴课程中，教学设计以周为周期制订，设计每一课时的具体教学活动实施方案。

1. 仁爱个别化教育课程中教学设计的功能

① 教学设计是教学活动的记录。教学设计是将安排和设计教学活动的过程进行记录、整理、加工而成的，同时，教学设计也包含了对执行教学活动过程的记录。

② 教学设计是教学活动的依据。教学设计既是执行教学的依据，又提示了教学活动的顺序过程、内容、教材、教学资源、环境、评量等的准备与运行。

③ 教学设计是教学活动的评价指标。教学设计中的学情分析、形成性和总结性评量，反映了对教学过程与结果的关注，既是教学设计的整体呈现又是进行教学评价的指标。

2. 仁爱个别化教育课程中教学设计的基本原则

① 教学设计要有明确的目的

设计一项教学活动时，先要明确活动的目的，是要对所学知识进行操练还是进行运用？活动完成后学生应取得哪些进步？切忌只考虑活动的新颖性或独特性而忽略了活动的目的性。

② 教学设计要难易适中

如果难度过大，超越了学生的实际水平，活动就不可能开展。活动设计得过于容易，不具备挑战性，则不能引起学生的兴趣，也不利于学生的知识与能力的发展。活动设计中还要兼顾各个层次学生的需求。对那些不宜使用本活动的群体要采取补救措施。例如，原定的教学活动是讨论 3 个问题，适用于中等以上发展的学生，对于发展弱势的学生就要采取补救措施，要再增加两个更容易的问题使发展弱势的学生也能回答。

(3) 教学设计要有预备方案

为了避免教学设计在教学实践中的低效，教师要慎重设计教学活动。同时，教师应设计备用方案。备用方案在难易程度、活动形式上都要有别于第一套活动方案。课堂实践中，可以根据情况将两套活动方案混合使用。

(4) 合理利用多媒体

图文并茂、声像俱全的多媒体不但能为创造接近真实的生活情景提供有力支撑，给学生多种感官的冲击和刺激，而且能加强学习的密度、强度，节省教学时间，提高教学效率。但是，并不是一切教学活动都要使用多媒体。有些活动借助更直观、简洁的手段就能达到预期的结果，此时就不需要使用多媒体。教学活动设计中，教师要把如何合理使用多媒体优化活动设计列为重点考虑的层面之一。

(5) 教学活动量的设计不宜过多

学生能接受的一节课内容是有限的。教学活动内容量的设计要遵循认知规律，根据学习者的情况来合理设计。如果教学活动内容量过多，学生接受不了，活动的效果就会大打折扣。

(6) 教学设计要注重学生的参与

学生是学习的主人公，在教学活动中要充分认识学生的主体地位，充分激发学生的兴趣，注重学生的参与。

（三）仁爱个别化教育课程的教学设计组成

1. 课题名称

课题名称即本（系列）课时所授课的名称，它可能来源于教学主题，也可能来源于自选或自编教材的内容，还可能来源于本（系列）课时的活动、教学或训练目标。

2. 课时、学科

课时是教学内容的时间单位，一个课时就是指一节课所占用的时间，仁爱个别化教育课程中，一个课时一般为 35 分钟。学科是本次教学活动所属的科目，它可能是一次主题活动，由于主题活动是多学科、跨学科的整合活动，则没有明确的科目划分；它也可能是一节学科教学，则可能是生活语文、生活数学、劳动技能等科目。

3. 教材说明

教材说明是指针对本课时自选或自编的教材，以知识逻辑、教学逻辑、学习逻辑和认知逻辑为线索，将学科知识、教师教学、学生学习与认知评价进行分析和统整，说明对教材的理解和评估结果，以及使用教材的具体内容和方法。教材说明就是解决“是什么”“如何教”“如何学”“学得怎么样”四个基本问题。

4. 学情分析

学情分析是指立足本课时所涉及的主题活动和教学内容，对影响学生学习的各方面因素进行分析，以便为教学目标、内容、方法和策略的调整提供指导。教学设计中的学情分析更加关注学生与本课时有关的已有的经验、知识、技能，以及学生的认知规律、思维特点、学习习惯、学习动机等因素，必要时还会了解学生周边与本课时内容相关的环境因素，以便在实施时选择和使用最恰当的教学方式、方法和策略。

5. 教学目标

教学目标是教学活动的出发点和归宿，是教学活动的灵魂，支配着教学活动的全过程，并规定教与学的方向。它是教学活动预期达到的学习效果和标准，是对完成教学活动后学习者应达到的行为状态的具体描述。

在伙伴课程中，教学设计通常制订“三维”目标。知识与技能是基础性目标，重在智能的提升；情感态度与价值观是终极性目标，重在人格的塑造；过程与方法是关键性目标，是知识与技能、情感态度与价值观目标达成的途径。可以说，知识与技能是物质载体，情感态度与价值观是动力，过程与方法是策略，三者是相互渗透、密不可分的有机整体。

正确表述教学目标是实现教学目标的基础和前提。一个完整的教学目标的表述由四个部分组成：明确教学对象、表达学习结果的行为、表现行为的条件和学习程度。教学目标正确的表述应该具有以下特征。

① 外显性。教学目标是教师期望引起学生知识结构和行为的变化，因此，教学目标的表述必须是外显的，而不能是内隐的。

② 可操作性。教学目标的表述要能给学生指出具体的途径，而不是笼统地指出学会什么和掌握什么。

③ 可测性。教学目标是课程目标的进一步具体化，是指导、实施、评价教学的基本依据，其表述要便于教师检查验收，获得反馈信息。

6. 教学重难点

教学重难点是教学重点与教学难点的合称。教学重点是指学生本课时必须掌握的基础知识与基本技能，是基本概念、基本规律及由内容所反映的思想方法，也可以称之为学科教学的核心知识。教学难点是指学生本课时不易理解的知识，或不易掌握的技能技巧。

7. 教学准备

教学准备主要是指本课时中对教学资源的准备，包括教学设计中必须包含的人、事、物资源，一般侧重于物资，如教学场地及必需的用品、教具、学具、辅具、多媒体设备、设施等多种信息。

针对某一课时特定的学习任务和学生特点，只有准备有效的教学资源，才可能获得较好的教学效果。准备教学资源需要遵循以下原则。

① 依据教学活动设计确定教学资源的内容、数量，并决定是选用还是购买，或自己制作。

② 依据教学资源的功能、特性进行选择。

③ 依据学习者的特性和教学目标的类型进行选择(由教学情景确定资源，使教学资源适应学习者，适应学习任务)。

④ 不存在万能资源，应考虑资源的易得性与成本。

⑤ 应熟悉各种资源的操作技术，注意多种资源综合运用，提倡教学资源的再利用。

8. 教学过程

教学过程是指教师为了实现教学目标，完成教学任务而制订的具体的教学步骤和措施。教学过程是整个教案的核心和主体，编写时要根据教学目标及教学内容的具体情况，该详则详，该略则略，做到内容充实、重点突出、详略得当。具体来讲，一个完整的教学过程包括以下几个部分：① 导入；② 讲授新课；③ 巩固练习；④ 归纳小结。

9. 教学评价

教学设计中的教学评价是指以本课时的教学目标为依据，按照科学的标准，运用一切有效的技术手段，对教学过程及结果进行测量，并给予价值判断的过程。这里，我们主要针对学生的学习目标进行评价，检核学生在教学活动中各个预期目标的达到情况，以便改进、完善教学过程。

在伙伴课程中，教学设计里的教学评价分为课后评量和评价说明两个部分。

① 课后评量主要考量学生学习目标的完成情况和完成方式两个方面。完成情况采用五级评分：0 表示完全未达到；1 表示完成 25%；2 表示完成 50%；3 表示完成 75%；4 表示完成 100%。完成方式分为四种：P1 表示大量协助；P2 表示少量协助；M 表示示范协助；G 表示口头提示。两者结合，全面评量学生学习目标的达成情况。

② 评价说明用于描述课后评量的结果，同时补充课后评量无法说明的信息，包括学生情绪情感、行为习惯、意志思维等方面的表现或进步。另外，评价说明还可以记录教学反思，以及根据评量结果对后期教学设计做出的调整和优化等内容。

（四）仁爱个别化教育课程的教学设计案例

《大还是小》教学活动设计表

<table>
<tr><td>活动名称</td><td>大还是小</td><td>计划总课时</td><td>3</td><td>本课时</td><td>第 2 课时</td><td>学科</td><td>生活语文</td></tr>
<tr><td>主教老师</td><td colspan="2">项海林</td><td colspan="2">辅助教学</td><td colspan="3">张丹</td></tr>
<tr><td>选材说明</td><td colspan="7">在教育部 2016 年版培智学校义务教育《生活语文课程标准》的引领下，本自编教材着眼于学生的生活经验，按照学生的生活经验和生存需要，如自己“穿衣服”“穿鞋子”“回家”等，以实际生活需要为核心编写课程教学内容，注重语文知识与生活的联系，注重倾听与说话和书面语言学习的结合。本教材根据人民教育出版社一年级上册《大还是小》进行修改。部编版《大还是小》用简洁的语言描述了作者有时候觉得自己像个大人，有时候觉得自己很小，并举了一些具体的事例，让孩子们意识到自己的事情要自己做。相比部编版，自编教材在内容上更贴合智力障碍学生的实际生活</td></tr>
</table>

续表

集体教学目标

【知识与技能】

1. 词语教学。

A组、B组能够正确认读词语：衣服、穿衣服、鞋子、穿鞋子；C组能够将词语和图片配对；D组能够将词语的声音和图片配对(有一个学生可以听到,可以理解,但是不会说话)。

2. 句式教学。

A组在引导下说出："自己________,自己________,我觉得自己很________。"

B组在图片及语言提示下说出："自己________,我觉得自己很________。"

C组能够在图片及语言提示下说出："自己________。"

D组能够将图片和自己做的事情进行简单的配对和选择。

3. 课文教学。

A组能够正确朗读课文；B组能够在提示下读课文；C组能够跟读课文句式；D组能够找出课文中提到的词语(穿衣服、穿鞋子、打雷、喊妈妈)的图片。

【过程与方法】

1. 通过图片引导等方式,引导学生理解词语,正确、流利、有感情地认读词语、句式。(A组、B组)

2. 通过图片引导、观看视频等方式,帮助学生理解课文内容。

3. 通过制作绘本,A组学生能写关键词语,并能脱稿讲绘本；B组能够自主粘贴故事,并能够拿着绘本进行讲解；C组能够在指导下粘贴故事,在提示下说句式。D组能自己按照要求配对、指认自己会做的事情的图片。

【情感态度与价值观】

1. 感受到有时候,自己"很大",因为自己的事情自己做。(A组、B组)

2. 体验自己的事情自己做的乐趣,快乐地参与课堂。(A组、B组、C组、D组)

教学重点

1. 词语教学。

能够正确认读词语：衣服、穿衣服、鞋子、穿鞋子。

2. 句式教学。

A组在引导下说出："自己________,自己________,我觉得自己很________。"

B组在图片及语言提示下说出："自己________,我觉得自己很________。"

C组能够在图片及语言提示下说出："自己________。"

D组能够将图片和自己做的事情进行简单的配对和选择。

3. 课文教学。

A组能够正确朗读课文；B组能够在提示下读课文；C组能够跟读课文句式；D组能够找出课文中提到的词语(穿衣服、穿鞋子、打雷、喊妈妈)的图片。

教学难点

1. 句式教学。

A组在引导下说出："自己________,自己________,我觉得自己很________。"

B组在图片及语言提示下说出："自己________,我觉得自己很________。"

C组能够在图片及语言提示下说出："自己________。"

D组能够将图片和自己做的事情进行简单的配对和选择。

2. 根据自己制作的小绘本,进行《大还是小》的故事讲解,A组尝试脱稿讲故事

续表

学生基本情况分析及个人目标			
组别	姓名	生活语文(认知识字阅读)现状	(本节课)个人目标
绿队(A组)	露露、杰杰、西西	识字能力:2016年版培智学校义务教育《生活语文课程标准》识字水平三。 阅读能力:在指导下,能够阅读部编版1—3年级语文教材。 课堂规则:课堂规则较好	1. 能够正确认读词语:衣服、穿衣服、鞋子、穿鞋子。 2. 在引导下说出:"自己________,自己________,我觉得自己很________。" 3. 能够正确朗读课文
蓝队(B组)	程程、芳芳、珞珞	识字能力:2016年版培智学校义务教育《生活语文课程标准》识字水平二(100个简单常用字)。 阅读能力:在指导下,能够阅读简单的儿歌。 课堂规则:课堂规则较好	1. 能够正确认读词语:衣服、穿衣服、鞋子、穿鞋子。 2. 在引导下说出:"自己________,我觉得自己很________。" 3. 能够在提示下读课文
黄队(C组)	琪琪、婷婷、玉玉	识字能力:2016年版培智学校义务教育《生活语文课程标准》识字水平二(50个简单常用字)。 阅读能力:阅读简单的儿歌。 课堂规则:能够遵守一定的课堂规则	1. 能够将词语(衣服、穿衣服、鞋子、穿鞋子)和图片配对。 2. 能够在图片及语言提示下说出:"自己今天这节课老师给大家带来。" 3. 能够跟读课文的重点句式
红队(D组)	唐唐、瑞瑞、盛盛	识字能力和阅读能力:缺乏识字能力。 课堂规则:能够遵守最基本的课堂规则,会擅自走动	1. 能够找出课文中提到的词语(穿衣服、穿鞋子、打雷、喊妈妈)的图片。 2. 能够将图片和自己做的事情进行简单的配对和选择
教学准备:幻灯片、学生铅笔、水彩笔、奖励用的苹果及苹果树、词卡等			

活动流程及指导计划		
活动流程	教学关注点	教学预设时间
课前热身: 出示视频:《不再麻烦好妈妈》。 教师带领学生做动作、唱儿歌:穿衣服、穿鞋子、叠被子、梳头发。 **课前纪律讲解,大小苹果奖励规则告知** 1. 播放奥尔夫音乐"沙沙沙"。	1. 关注学生的情绪	课前5分钟

续表

活动流程及指导计划		
活动流程	教学关注点	教学预设时间
2. 带领学生坐端正。 3. 讲解奖励规则。 **引导语** 1. 师生问好。 2. 同学们，今天这节课老师给大家带来一个礼物，（指黑板上的大树贴图）认识吗？谁来说，你看到了什么？（指名 2—3 名学生回答） 预设 1：（如果学生说到“苹果”）对的，还有谁知道苹果，一起说一说：“苹——果——”。 预设 2：（如果学生说到“苹果树”）对的，这是一棵苹果树，（注意规范学生的语言，可以要求其学生说一遍。然后继续讲述。）你们看，树上结满了红红的苹果。我们来玩摘苹果的游戏，好不好？谁在课堂上回答正确，就能得到一个表示成功的苹果。结束的时候，我们来比一比谁摘的苹果最多！ 3. 继续播放奥尔夫音乐“沙沙沙”，指导坐姿，准备上课	2. 关注学生坐姿。 3. 注意激发学生的参与兴趣	课前 5 分钟
一、结合“大小”，直接入题 1. 师生问好。 2. 引出：这是一个大/小苹果。 (1)（摘下两个苹果贴图，一个大，一个小一些） 同学们看，这是两个苹果，哪一个大，哪一个小呢？（指名说，注意引导学生规范地表达，给予说话支架：这是一个________苹果。） (2) 出示汉字“大”（一手执大苹果，一手执汉字“大”），指名 3 位学生读“大”；按同样方法处理“小”。 (3) 识字游戏：将手中“大”和“小”打乱顺序，指名多位学生朗读，请学生猜猜老师手里即将出示的是“大”还是“小”？ 3. 出示全部课题：大还是小。 老师把“大”和“小”藏在这个题目中，你还会读吗？ (1) 老师范读。(2) 指名学生读。(3) 再次手执一大一小两个苹果，用“大还是小”依次追问。 4. 引出课文：有一位小朋友乐乐，在成长的过程中，他啊，一会儿大，一会儿小，这是怎么一回事情呢？乐乐究竟是大，还是小呢？	1. 每一位学生都要发言。 2. 虽然学生知道就这两张，猜测的过程其实就是朗读的过程。目的是训练两个字的正音，朗读。 3. 出示课题：《大还是小》。 4. 通过依次追问“大还是小”，强化朗读课题	5 分钟

续表

活动流程及指导计划		
活动流程	教学关注点	教学预设时间
5. 点明题目:今天我们就一起来学习一篇课文《大还是小》。 聆听老师读的要求。 ① 眼睛仔细看,耳朵认真听。眼睛随着声音走。 ② 思考问题要求:乐乐究竟是大,还是小? 乐乐会自己做什么	5. 对学生提出听读要求	5 分钟
二、步步渗透,层层展开 (一) 初读课文 1. 播放动画:教师范读。 2. 提问: 乐乐究竟是大,还是小? 乐乐会自己做什么	播放教师阅读课文的图文动画,激发学生的阅读兴趣	5 分钟
(二) 课文教学 过渡:通过听老师读课文,了解课文中的乐乐会做什么? 1. 第一小节词语、句式教学。 (1) "自己穿衣服"句式分解教学。 衣服(指名读:C 组、B 组);D 组拿出相应的图片;齐读。 出示学生自己穿衣服的图片。 穿衣服(C 组、B 组、A 组);D 组拿出相应的图片;齐读。 "自己穿衣服"(B 组、A 组);齐读。 (2) "自己穿鞋子"句式分解教学。 过渡:乐乐自己除了会穿衣服,还会做什么? 鞋子、穿鞋子、自己穿鞋子(教学方法同上)。 2. 请学生把两句连起来读一读。 3. 重点句式教学。 (1) 教学"自己________"。 出示 B 组、C 组学生图片,请学生用句式说出自己做什么? (2) 教学"自己________,自己________,我觉得自己很________"。 出示 B 组、A 组学生图片,老师引导学生规范地表达句式	1. 白板配对词语和图片,涉及"自己穿衣服"的句式,用学生自己的照片。 2. 板书:穿衣服。 3. "自己穿鞋子"句式教学同上,关注用学生自己的图片	15 分钟

续表

活动流程及指导计划		
活动流程	教学关注点	教学预设时间
4. 整体读第一小节。 过渡：自己会穿衣服、穿鞋子的把手举起来。相继采访多人：你真是自己穿衣服/穿鞋子的吗？大声告诉老师是不是？ 根据学生回答，老师相继夸奖。再次追问：听了老师的夸奖，你的心里是什么感觉啊？（估计学生会说很高兴、开心、骄傲。） 老师要求学生开心地读第一小节。 “有时候，我很大。 自己穿衣服， 自己穿鞋子。” 5. 第二小节词语、句式教学。 过渡：同学们自己穿衣服、自己穿鞋子、自己吃饭……自己的事情自己做，你们真的很“大”！那你们什么时候又会很“小”呢？ （1）与此同时，辅助教师关灯，教师播放打雷的视频。引导语：啊呀，怎么了？同学们，怎么了？啊，我很害怕！ （2）出示“打雷”，指名多人朗读。听过雷声吗？什么感觉？（观看视频。）学生说感受，老师相继点评：雷声很大，真得让人感觉害怕。你们害怕的时候，会喊谁帮忙？——妈妈 指名多位学生带着害怕的感觉读句子。 “打雷很害怕， 大声喊妈妈。” （3）还有什么时候很害怕？ （4）句式教学：________的时候，我很害怕，我觉得自己很小。 （5）整体读第二小节。 “有时候，我很小。 打雷很害怕， 大声喊妈妈。” 6. 齐读课文。 （1）按次序依次读。 （2）男女生分别读第一小节、第二小节。 （3）齐读课文	4. 板书：穿鞋子。 5. 分层出现学生自己做事情的图片，进行相机采访，教学句式：自己________，我觉得自己很________。 6. 板书：打雷。 7. 引导学生用“害怕”的感觉读句子。 8. 通过前两个小节细致的学习之后，此处就是简化到朗读全诗，让学生经历一个从整体到部分再回到整体的过程	15分钟

续表

活动流程及指导计划		
活动流程	教学关注点	教学预设时间
(三)巩固课文:制作绘本 过渡:今天我们学习了课文,学会了说长长的句子,你们真大!接下来,老师想请大家把我们的课文做成一个个小故事书,好吗? 1. 出示各组绘本,教师讲解要求。 如:找出“大”和“小”,贴在封面上。师示范封面、第一句“有时候,我很大,自己穿衣服,自己穿鞋子”;第二句“有时候,我很小。打雷很害怕,大声喊妈妈”。 2. 学生自由练习做绘本,教师相继指导。 3. 故事会: 请1—2组学生上台表演讲故事	1. 从D组到A组的顺序讲解,讲解好的组别就可以开始操作。 2. 用音乐邀请学生,给学生仪式感,这个环节主要评估学生掌握情况,重点关注独立讲故事的能力	7分钟
四、课堂放松再见及小结 1.(结合板书)今天我们一起学习了《大还是小》。自己穿衣服、自己穿鞋子的时候,我们自己的事情学会自己做,我们很大!我们还知道了,打雷的时候,很害怕,需要妈妈的帮助,这个时候,我们很小! 2. 同学们:当我们勇敢地挑战没有做过的事情、不敢做的事情,我们就长大了,就能从“小”变成“大”了。 3. 师生再见:同学们,今天我们一起学习了这么多知识,摘得了这么多苹果,老师祝贺你们,你们很大!我们今天摘苹果的活动结束了!谢谢大家!	1. 结合板书进行讲解。 2. 板书:“小”(写小一些)——“大”(写大一些)。 3. 借助苹果树奖励,带领学生进行快乐告别	3分钟
活动室场环境示意图 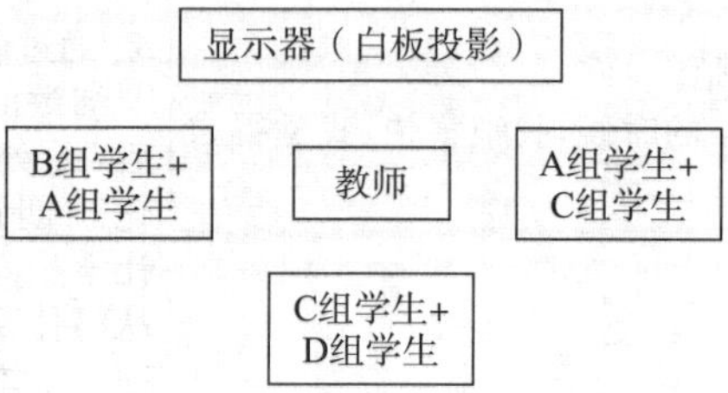 		

附：

教学活动设计说明

在省市领导的带领下，为探索基于教育部 2016 年版培智学校义务教育《生活语文课程标准》实施背景下的苏式培智课堂范式，要求生活语文课堂提升质量，我开设了这样一节公开展示课——《大还是小》。《大还是小》改编自部编版一年级上册第十课的《大还是小》，相比普通学生编撰的部编版本，本书改编内容更贴合智力障碍学生的实际生活。《大还是小》是一篇富有儿童情趣的文章，内容浅显易懂，同时富有教育意义。文章通过“有时候大”和“有时候小”的比较，使得学生感知成长，并在潜移默化中使学生懂得如何“变大”。生活语文课堂教学需要生活情境的加入、情感的投入，需要结合生活，营造学生熟悉的、轻松的课堂环境，为学生提供感知、体验、参与的学习方式，使学生获得所需要的基本语文素养。在教学设计中凸显以下三个方面。

一、以生活为核心，选择生活化教材

本教材以特殊儿童为主体，课文内容改编后更适合特殊儿童的实际生活情况，将语文与学生生活进行了很好的结合。在教育部 2016 年版培智学校义务教育《生活语文课程标准》的引领下，本教材着眼于学生的生活经验，按照学生的生活经验和生存需要，如自己“穿衣服”“穿鞋子”等，以实际生活需要为核心，编写课程教学内容，将学生的生活体验搬到教材上，用轻松、可爱、接地气的表达，反映儿童成长历程中的心理变化。本教材注重语文知识与生活的联系，注重倾听与说话和书面语言学习的结合。相比部编教材，本教材内容更贴合特殊学生的实际生活。

二、以生活为情境，选择教学重难点

《大还是小》是一篇富有儿童情趣的文章，内容浅显易懂，同时富有教育意义。文章通过“有时候大”和“有时候小”的比较，使学生感知成长，并在潜移默化中使学生懂得如何“变大”。本课为第二课时，课文基本的教学思路是：让学生通过教材与生活经验的关联，找到共鸣之处，准确地说出自己觉得“大”和“小”的时刻。重点教学内容为：激活学生的生活经验，将字词和学生的经验连接起来，进而把字词读正确，把句子读流利，把课文读通顺；基于学生的经验理解课文，并在课文学习和句式拓展中进一步丰富学生的经验，指导学生未来的生活。

三、基于特殊儿童特点，实施多元化教学策略

本班学生认知能力在1—3岁，A组、B组学生具有基本的倾听和说话能力，3名A组学生处于2016年版培智学校义务教育《生活语文课程标准》的识字水平三；3名B组学生处于识字水平二，即简单掌握100个简单常用字；C组学生在提示下具有基本的倾听能力，可以表达3—5个字的句式。但是，4名唐氏儿童均存在发音障碍，即说话口齿不清晰、声音响度不足等情况。

基于此，本文通过图片讲解、观看视频、参与游戏、动手做绘本等多种教学手段进行辅助教学，充分调动学生的视听觉、感知觉，积极引导学生以体验的方式参与课堂教学活动。同时，本文充分考虑培智学生身心特点，在教学中小步子、多循环，结合生活进行语言的丰富与拓展，如在教学重点“词句段”中为学生铺设循序渐进的学习台阶：第一，给予学生学会倾听的规范；第二，老师引导逐词、逐句读好课文；第三，引导学生结合生活认识“衣服”“穿衣服”，再到用学生自己的照片引出句式“我自己穿衣服”，融合教学重难点；第四，教师最后给出规范表达句式“自己……，我觉得自己真大”，引导学生将生活经验代入课堂，正确地读出并理解这个句式。

四、基于学情差异性，实施个别化教学策略

众所周知，在特殊教育学校，同一个班级里学生的差异非常大，本班也不例外。从低口语到口齿不清晰，再到可以说成段句式；从以动作思维为主的C组生，到形象思维的B组生，再到正处于从形象思维向抽象思维过渡的A组生，本班学生均需要不同程度、不同方式的教学支持。

根据皮亚杰认知发展理论，本班级 C 组学生处在感知运动阶段（0—2 岁）。这个阶段的学生的主要认知结构是感知运动图式，蒙特梭利也曾说过：“我听见了，就忘了；我看见了，就记住了，我做了，就理解了！”因此在教学中，我让助教老师辅助 C 组学生通过“找”出与教师配对的图片来感知教学重点，通过“做”穿衣服、穿鞋子的动作来辅助识记的内容，通过“贴”绘本来巩固教学内容，从而达到将“感”与“知”有效结合。

此外，A 组、B 组学生处于感知运动阶段向前运算阶段过渡的时期（2—3 岁），针对这种特殊情况，教学中从整体感知课文，到部分重点突破学习，再到整体巩固认知，我为这类学生提供生活化的教学情境、简洁的语言指导、分步骤的学习指导，如从根据字词学习到课文学习，再到绘本制作和展示等分阶段为这类学生搭设学习活动的阶梯，循序渐进，一步步引导他们将简单的语言文字转化为自己的语言技能。

综上所述，根据特殊学生的身心特点，选择难易恰当的自编教材，到结合本班特殊学生身心的差异性，对教学内容做多层次、多梯度的设计，再到弹性化、个性化的教学实施，我在不断尝试，不断突破，将简单的语言文字教学转化为形式多样、寓教于乐的课堂学习活动，期待本次的生活语文课堂能够为一线特教教师提供启示。

第七章　个别化教育计划综合评鉴

第一节　综合评鉴概述

一、综合评鉴的概念

综合评鉴是指教师为学生做 IEP 的目标评分鉴定，并定期评估学生的能力。当了解学生的学习、生活需求，拟定了相应的教学目标后，我们便为学生提供各种支援、辅助及教学资源，整个团队便围绕学生的个别化目标而努力，以期达到要求。同时，团队人员也需要对学生的目标达成情况按阶段进行评估，以监控并检测是否达到了相应标准。①

综合评鉴是 IEP 执行的最后一个环节，IEP 的综合评鉴主要以定期评估的方式进行。一般在每学期期末，学校会组织行政领导、学科教师、个别化康复师、评估师、家长及学生本人参与，其主要内容包括 IEP 目标评鉴、学科能力评鉴、课程本位评估分析、功能性发展评鉴及评估结果与反馈建议等。评鉴通过主、客观相结合的方式进行。教师的观察是较主观的方式，而考试或实践操作则是较为客观的方式。

通过 IEP 的综合评鉴，一方面可以评价学生的学习成果、教师的教学成效，为下一阶段的教学指引方向；另一方面，通过目标执行过程中的品质管理，比较学生的学习表现与 IEP 目标的符合程度，检核 IEP 改善情形的标准，找出需要改善之处，并提出改进计划。通过评鉴，若达到标准，则表示所

① 黄瑞珍，等. 优质 IEP——以特教学生需求为本位的设计与目标管理[M]. 台北：心理出版社股份有限公司，2013.

设定的目标是合理的、可执行的；若未达到，则需要对目标进行调整和改进。①

二、法律规定

IEP 的成效评估，在部分国家是有明文法律的规定项目，也是检验 IEP 是否能发挥其功能、学生是否能得到适应性教育的一种措施，实施 IEP 的国家大多通过法律规范 IEP 的目标达成率。

在美国《IDEA 2004》法案中规定，IEP 的年度目标是以一年评鉴一次为准则，可以根据具体情况，进行次数增加。在评鉴过程中，不仅要关注学生的学习情况也要强调学生的年度目标是否达成。根据 IEP 目标的执行情况，在整个过程中，需要及时修订 IEP 的内容。美国的法律还特别强调，要让家长及时了解孩子在校的学习、生活表现。因此，在美国的学校里，学校必须定期向学生家长报告学生在校的进步情形。

目前，我国 IEP 的制订尚未有明确的法律条文规定，但目前我国大部分学校都会将学生每学期的成绩以素质报告单、成绩报告等形式向家长反馈。学校的教师通过收集学生各个学科的成绩评鉴、学生家庭的反馈及观察报告等，对学生的 IEP 执行情况进行系统、综合的评鉴。

三、评鉴标准

在进行 IEP 目标评鉴时，为了强调评鉴的客观性，除了评鉴结果外，还要有评鉴日期、评鉴方法和评鉴标准。

评鉴标准的制订可以方便教师对学生的进步情况进行直观的测量。评鉴标准的制订要强调量化，以方便对比学生的进步程度，其中比较常用的方法包括百分比法、次数法、时间长短法、五点量表法、图示法等。在使用百分比法时，应该根据 IEP 的性质进行调整，不是所有的 IEP 目标都适用于百分比的标准，如生活适应教育或者职业教育等有技能的目标更适合使用次数或时间的方式，而生活语文、生活数学等领域可使用百分比法。

评鉴标准主要指量化标准，常见的评鉴方式如下。

---

① 李翠玲. 个别化教育计划的理念与实施[M]. 台北：心理出版社股份有限公司，2007.

1. 百分比法

(1) 按独立完成程度

代号分数	完成程度
1	完全协助
2	25%独立完成
3	50%独立完成
4	75%独立完成
5	100%独立完成

(2) 按熟练程度

代号分数	完成程度
1	不超过 50%精熟
2	60%精熟
3	80%精熟
4	100%精熟

(3) 按达成度

代号分数	完成程度
O	达成 80%以上
△	达成 60%—80%
X	未达成 60%

2. 五点量表法

代号分数	完成程度
5	独立完成
4	口语提示下完成
3	少量辅助下完成
2	半辅助下完成
1	有意识进行活动①

① 李翠玲. 个别化教育计划的理念与实施[M]. 台北:心理出版社股份有限公司,2007.

假如学生学习了3年以上仍然无法达成IEP目标，则应停止当前IEP，用其他的目标和教学方式加以替代。因此在执行IEP目标时，应根据学生的表现情况进行及时修正，或考虑放弃该目标。当目标无法达成时，可以尝试思考以下问题。

① 评鉴标准是否修订得太严格，超过学生的能力？

② 评鉴方法是否不恰当？

③ 是否学习的时间不够，就进行了评鉴？

④ 所确定的目标是否符合实际？

⑤ 所设计的教学活动是否不恰当？

⑥ 教学资源及相关服务是否不够？

四、评鉴方法

评鉴的方法可以分为主观评鉴和客观评鉴，在评鉴过程中，应遵循主客观相结合的原则，既有质性结果，又有量化结果。

一般评鉴的方法包括以下几种，即"笔试、口头测试、操作、作业、观察、作品"等，也可以同时使用一种或几种评鉴方式。在评鉴过程中，避免使用"听出、说出、念出、做出、交出、写出、画出"等不够明确与量化的评鉴方法。评鉴的结果一般为通过(P)、继续执行(C)、补充目标(E)、简化目标(S)、放弃目标(D)等。①

如何知道学生具体的进步程度呢？下列七种方式能为学生的进步程度提供资料来源。

① 符合的短期目标数目。

② 符合的长期目标数目。

③ 学生的学习成长档案。

④ 期中考试、期末考试结果。

⑤ 每周、每日的作业情况和进步情况。

⑥ 评估前测、后测结果。

⑦ 地方性考试结果等。

以上七种方式可以反映学生的学习情况，对于评鉴的结果，也需要定期

---

① 黄瑞珍，等. 优质IEP——以特教学生需求为本位的设计与目标管理[M]. 台北：心理出版社股份有限公司，2013.

通知家长，具体方式如下。

① IEP 报告。IEP 报告发给家长的时间应与普通教育发给家长的时间一样，且在报告中，必须指明学生 IEP 目标的进展情况，如学生素质发展报告单。

② 家校座谈会。

③ 通过定期打电话、发微信等方式，告知学生进步情况。①

IEP 目标的评鉴除了可以对教师的教学能力与教学方法进行评鉴，还可以对学生本身的能力及所处环境进行评鉴。在执行 IEP 的过程中，要不断修正 IEP 目标与教学方法，因此这是一个反复评鉴的过程。如果在一个学期告一段落后，学生的 IEP 目标得以达成，学生也获得进步，则这份 IEP 的设计就具备价值；但如果 IEP 目标达成率较低，则要及时反省是否目标的制订存在问题，并进行 IEP 目标的修订，以达到教学的目的。

第二节　定期评估分析

定期评估分析是指班主任、任课教师等对学生的学习情况、目标达成度等进行定期评估与总结分析。定期评估分析每学期末进行一次，主要内容包括 IEP 目标评鉴、学科能力评鉴、课程本位评估分析、功能性发展评鉴、评估结果与反馈建议等。在进行定期评估分析时，为了强调客观性，除了评鉴结果外，还要有评鉴日期、评鉴方法、评鉴标准等。

一、目标评鉴

目标评鉴是指 IEP 目标的评鉴，包括长期目标评鉴和短期目标评鉴。目标评鉴根据学科进行，一般来说，长期目标评鉴时间为 1—3 年，短期目标评鉴为一个学期。

在学年或学期目标执行结束时，评鉴者可依据原先设定的评鉴方式实施评鉴，一学期以上的目标评量一般采用总结性评鉴。总结性评鉴的主要目的是评鉴学生的终点行为是否达到了预期效果，评鉴方式及评量结果的撰写详见第七章第三节。

① 李翠玲.个别化教育计划的理念与实施[M].台北:心理出版社股份有限公司,2007.

二、学科能力评鉴

学科能力评鉴是评估学生在各个学科领域的知识结构和体系中所掌握知识的具体情况。2016 版培智学校课程标准将学科分为生活语文、生活数学、生活适应、劳动技能、运动康复等，因此在评鉴过程中，也应按照不同学科进行精准评鉴。

由于学科课程强调训练和系统、理论的教学，知识结构呈网络状，因此学科能力的评鉴也应为定量化评估，有明显的评估标准。在评鉴过程中，应详细列举学生习得的能力、达成的百分比、完成的速度等。例如生活语文学科，本学期习得了多少个词语、会背几首古诗；口语表达句长在 6—8 个字，正确率达 70％等。

三、课程本位评估分析

课程本位评估分析是指运用某一学科的课程评量标准，对该课程所涉及的领域、项目进行广义的评估与鉴定，从而得到学生的动态发展变化过程。课程本位评估分析的目的在于检查学生个别化教育计划的短期目标是否达到，检查教育介入的情况，然后拟订后续的个别化教育计划。具体内容详见第五章第二节第四小节。

课程本位评估分析是教育评估的重要环节。评鉴过程主要从以下几个方面进行。

第一，了解学生不同学科目前所处的发展阶段。通过课程评量结果折线图可以看出学生处于学段一、学段二、学段三的具体水平，评估学生目前的学习阶段。

第二，了解同一学科不同领域的发展阶段。在课程评量过程中，可以通过折线图分析学生在各个领域的得分情况，从而明确学生在学科学习中的优、劣势，评鉴教学效果。

第三，前后测对比学生的学习变化趋势。在课程本位评估分析中，可以通过将期初的前测评量结果与期末的后测评量结果进行对比分析，了解学生本学期的目标达成情况、教育介入情况；同时可以对比多年测量结果，了解学生近些年的长期发展变化趋势，评估教学的有效性。

四、功能性发展评鉴

功能性发展评鉴是指由评估师每隔 1—3 年，对学生的功能性发展进行评估。其主要内容包括粗大动作、精细动作、言语语言能力、社会适应能力、职业能力和智力测试等。其评鉴结果主要反映了学生日常生活中所用到或习得的技能与所处环境相互作用的成果。

通过对比前测功能性评估和期末后测功能性发展评估，可以评鉴学生在日常学习、生活环境下适应性的发展结果。例如，学生语言能力评估为“能够理解简单的词语”，在功能性发展评鉴过程中则可对该表现列举一二，从而更好地指导 IEP 课堂教学、生活服务目标的制订。

中国台湾所谓的“特殊教育法施行细则”中第 19 条规定：“个别化教育计划，学校应于身心障碍学生开学后的一个月内修订，每学期至少一次。”评鉴的目的是对学生 IEP 目标的达成情况进行探讨，以指导下一阶段的教学。在第 18 条第 9 款有关 IEP 应包括的事项中，包含“学期教学目标是否达成之评鉴日期及评鉴标准”，这一条目规范了评鉴的期限。

五、评估结果与建议反馈

在综合评鉴的最后，应对学生的目标管理进行综合概述，以形成本学期学生的学习成果总评。一般来说，评估结果是对学生本学期 IEP 目标、课程目标的达成度，以及目标制订的合理性的总评。除此之外，还可以将学生目前的主要问题、主要需求、教育重点及需要提供的相关服务进行简单阐述，为下一阶段的评估、IEP 会议及目标的制订提供参考依据。

第三节　典型案例

一、智力障碍学生案例

小青，男，智力障碍，能够理解常用指令，认读简单汉字，能够进行简单汉字的描摹和书写，能够进行 10 以内的加减法列式计算，但对数的抽象意义理解不足，具备简单的生活自理能力，粗大动作和精细动作发展受限，动作的协调性不足，喜欢老师的表扬和关注。

根据该生情况，我们制订了一学期的个别化教育项目，并在学期末进行定期评估分析，以下是该生在个别化教育目标评鉴、学科能力、课程本位评估分析等方面评估表现和结果呈现与反馈建议，以生活语文、生活适应学科为例，如表 7-1、表 7-2 所示。

表 7-1　生活语文学期综合评鉴表

<table>
<tr><td>姓名</td><td>小青</td><td>性别</td><td>男</td><td>年龄</td><td>8 岁</td><td>时间</td><td>2017—2018 学年度第一学期</td></tr>
<tr><td>长期目标</td><td colspan="7">1. 能模仿运用生活中的常用语言；
2. 能认读生活常用汉字 50—100 个；
3. 能够掌握正确的握笔姿势；
4. 能阅读背景简单的图画，了解大意</td></tr>
<tr><td>短期目标</td><td colspan="7">1-1. 能用 1—2 句话表达自己的生活需求；
2-1. 能认识常见的蔬菜名 10 个；
3-1. 认识汉字的笔画、部首 10 个；
3-2. 能独立进行 3 个笔画以内的汉字描写；
4-1. 能大致看懂 5 幅背景简单的图，并说出大意</td></tr>
<tr><td>评鉴项目</td><td colspan="7">评鉴结果</td></tr>
<tr><td rowspan="3">目标评鉴</td><td colspan="2">长期目标</td><td colspan="5">评鉴方法：笔试、口头测试、观察、操作。
评鉴结果：继续执行(C)</td></tr>
<tr><td colspan="2">短期目标</td><td colspan="5">评鉴方法：纸、笔、作业单、观察。
评鉴结果：通过(P)</td></tr>
<tr><td colspan="7">建议：该生本学期短期目标全部达到，下学期应继续在长期目标下选择制订适合的短期目标进行教学，提升学生能力</td></tr>
<tr><td>学科能力评鉴</td><td colspan="7">1. 该生在向老师表达自己吃饭、如厕、喝水等生活常用需求时，能够用 1 句话表达清楚，基本不会出现偏差；
2. 能独立读出西红柿、白菜等 10 个蔬菜词语，达到目标；
3. 认识汉字的笔画“丶、一、丨、丿”，部首“亻、氵”，达成率 70%；能够独立进行 3 个笔画以内的汉字描写，如“二、三、个、丁、大、小”，达成率 100%；
4. 能大致看懂 5 幅背景简单的图，能够简单说出图中人物在做什么，偶尔需要提示，达成率 90%</td></tr>
</table>

续表

课程本位评估分析	1. 由每学期末的能力评估数据表格可知，该生目前处于生活语文学段一的水平。 2. 通过该生在生活语文各领域的数据可以看出该生在语文课程中的优劣势(如图 7-1 所示)。 优势：该生在倾听与说话、识字与写字方面存在优势，且即将达成学段一的要求，可以继续发扬优势能力，提高学生识字和书写水平，促进学生达成学段一的要求。 劣势：该生在阅读、综合性学习上存在劣势，说明该生对语文知识的运用较为生疏，语文知识的记忆属于机械识记，不能绝对理解，可以进行看图说话练习、表达练习。 3. 通过对比该生上一学期的语文领域得分情况(如图 7-2 所示)可以发现：本学期结束后，该生在各个领域得分情况均有上升，说明本学期语文学科目标设定较为合理，教育介入达到了一定效果，对学生的教学是有效的
功能性发展评鉴	该生属于重度智力障碍，能够听从成人教导，情绪稳定，能够听懂常用指令，在言语语言能力方面，该生能认读简单汉字，能够进行简单汉字的描摹和书写，机械记忆占优势，但是在看图说话和理解短文上有困难
评估结果与反馈建议	在本学期的生活语文领域，学生基本能够达成 IEP 目标和学科学习目标，并且相对上一学期取得了一些进步，这是对本学期教育目标制订的合理性的肯定，下一阶段需要针对学生在生活表达、看图说话、识字写字等方面的能力制订目标，教学中经常表扬学生取得的进步，增加识字教学的趣味性和学习内容的生活性，以提高学生在实际生活中运用语文知识的能力

生活语文课程本位评估分析。

图 7-1 小青生活语文课程本位评估分析结果

生活语文课程本位评估分析结果对比。

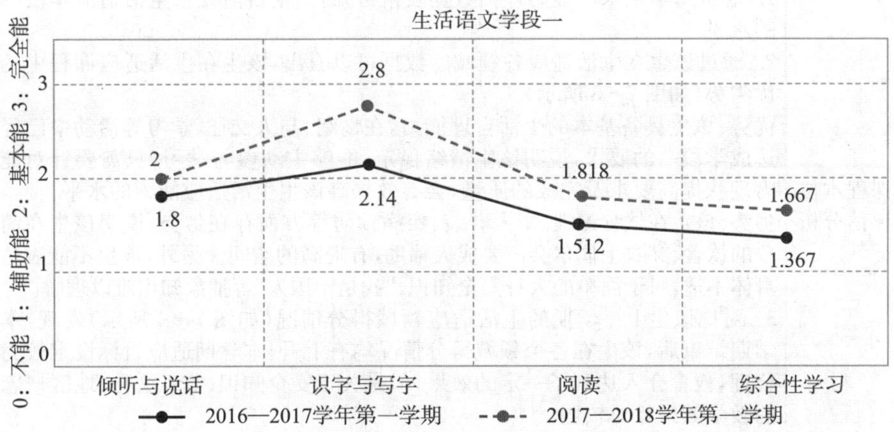

图 7-2 生活语文课程本位评估分析结果对比折线图

表 7-2 生活适应学期综合评鉴表

姓名	小青	性别	男	年龄	8 岁	时间	2017—2018 学年度第一学期
长期目标	1. 愿意分担力所能及的家务劳动； 2. 认识和爱护自己的学习用品； 3. 养成健康的饮食习惯； 4. 愿意和老师、同学交往，会使用礼貌用语						
短期目标	1-1. 能掌握洗袜子的步骤，正确率达到 80%； 2-1. 能在语言提示下整理自己的文具，将其放入篮子； 3-1. 知道腐烂的水果不能吃，能自己剥橘子和香蕉； 4-1. 能在上、下学情境中主动和老师、同学打招呼、说再见						
评鉴项目	评鉴结果						
目标评鉴	长期目标	评鉴方法：口头测试、观察、操作。 评鉴结果：继续执行(C)					
	短期目标	评鉴方法：观察、操作。 评鉴结果：通过(P)					
	建议：该生本学期短期目标全部达到，下学期应继续在长期目标下选择制订适合的短期目标进行教学，提升学生能力						
学科能力评鉴	1. 能掌握洗袜子的步骤，正确率达到 80%； 2. 能在语言提示下整理自己的文具，将其放入篮子，学期末可以主动放好自己的文具，偶尔需要提示，达成率为 95%； 3. 知道腐烂的水果不能吃，能自己独立剥橘子香蕉，偶尔向成人求助，完成率为 95%； 4. 能在上、下学情境中主动和老师、同学打招呼、说再见，偶尔需要提示，完成率为 90%						

续表

课程本位评估分析	1. 通过每学期末的能力评估数据表格可知，该生目前处于生活适应学段一的水平。 2. 通过该生在生活适应各领域的数据可以看出，该生在生活适应课程中的优劣势（如图 7－3 所示）。 优势：该生具备基本的生活自理能力，在情绪、与人交往、学习等活动中已经达成学段一的要求，说明该生情绪稳定，能够主动参与学习，只需要针对能力现状提高要求及完成的质量，会有效提高该生生活适应能力的水平。 劣势：该生在饮食习惯、个人着装、疾病预防等方面存在劣势，说明该生在简单的饮食、穿衣上偶尔会需要成人辅助，有提高的空间。另外，该生不能表达身体不适，对于简单的人身安全知识、"我是中国人"等抽象知识难以理解。 3. 对比该生上一学期的生活适应领域得分情况（如图 7－4 所示）发现：本学期结束后，该生在各个领域得分情况均有上升，本学期适应目标设定较为合理，教育介入达到了一定的效果，但是关于安全知识、节日文化、地区概念的教学效果相对较弱
功能性发展评鉴	该生能够听从成人教导，情绪稳定，具备一定的自理基础，能够主动参与学习，已有能力完成质量不高，偶尔需要成人的提示和辅助，在身体不适的时候不能清楚表达，喜欢形象、操作类的学习，对于抽象知识的兴趣较低
评估结果与反馈建议	生活适应领域：本学期学生能够基本达成 IEP 目标和学科学习目标，并且相对上一学期取得了一些进步，下一阶段需要使学生在饮食、卫生、着装等技能的学习及完成质量上有所提高，帮助学生达成学段一的目标。同时，下学期需增加关于家庭、社区等知识的教学，加强和家长的合作，提高学生的安全意识，并渗透关于节日、国家等知识的教学

生活适应课程本位评估分析。

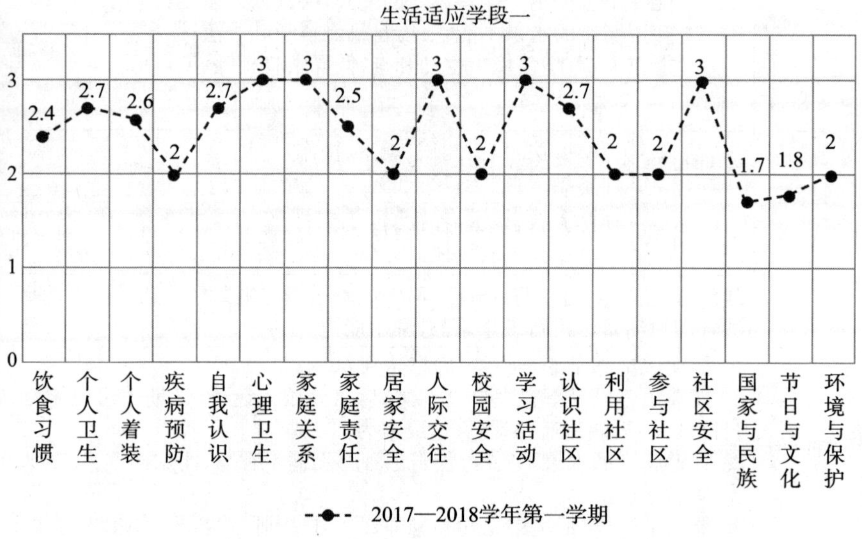

图 7－3　小青生活适应课程本位评估分析结果

生活适应课程本位评估分析结果对比。

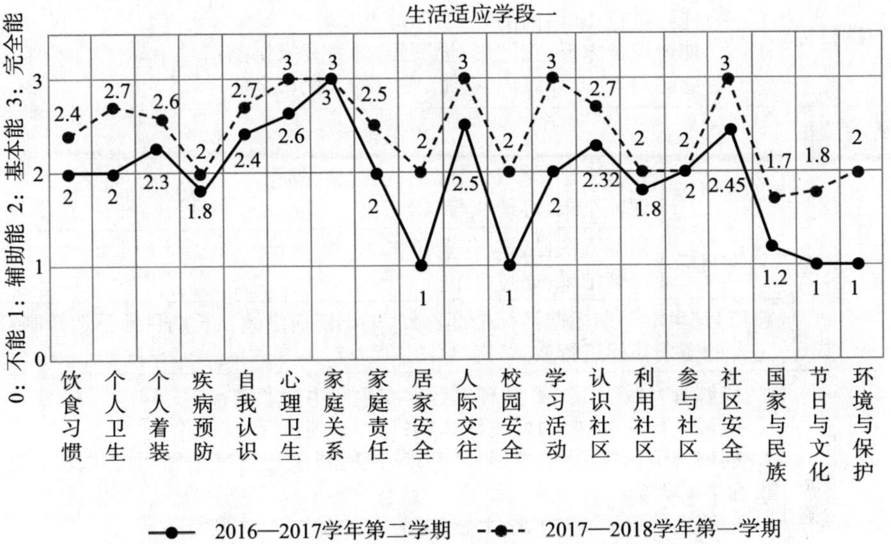

图 7－4　生活适应课程本位评估分析结果对比折线图

二、肢体障碍学生案例

小天，男，肢体障碍二级，能够理解常用指令，认读简单汉字，能够进行框内涂色、两个笔画以内的汉字描红任务，能够进行 10 以内的数和量的配对，了解加减法运算法则，认识时钟和电子钟的整点，具备简单的生活自理能力，行走受限，手部力量不足，精细动作发展受限。

根据该生情况，我们制订了一学期的个别化教育项目，并在学期末进行定期评估分析，以下是该生在个别化教育目标评鉴、学科能力、课程本位评估分析等方面的评估表现、结果呈现与反馈建议，以生活数学学科为例，如表 7－3 所示。

表 7－3　小天的生活数学学期综合评鉴表

姓名	小天	性别	男	年龄	11 岁	时间	2018—2019 学年度第二学期
长期目标	1. 在现实情境中，理解 10 以内数的含义，能认、读、写； 2. 能够借助实际情境和操作，了解“加”和“减”的意义； 3. 能够通过实物和图片，初步认识长方形等平面图形； 4. 在现实情境中，认识“元”，会进行换算						

续表

短期目标	1-1. 能够听写数字并理解其实际意义； 2-1. 能够进行 10 以内的列式计算(书写)； 3-1. 能辨识长方形、正方形、半圆形，能按要求拼图； 4-1. 能够点数 15 元以内、整十、整百的人民币金额	
评鉴项目	评鉴结果	
目标评鉴	长期目标	评鉴方法：笔试、口头测试、观察、操作。 评鉴结果：继续执行(C)
	短期目标	评鉴方法：纸笔、作业单。 评鉴结果：通过(P)
	建议：该生本学期短期目标全部达到，下学期应继续在长期目标下选择制订适合的短期目标进行教学，提升学生能力	
学科能力评鉴	1. 能够听写数字 1—10 并理解数字在生活中的意义； 2. 能够进行 10 以内的列式计算(书写)，达到目标； 3. 能够辨识长方形、正方形、半圆形，能完成关于这三个图形的拼图任务，正确率 100%； 4. 能够点数 15 元以内、整十、整百的人民币金额，达到目标	
课程本位评估分析	1. 由每学期末的能力评估数据表格可知，该生目前处于生活数学学段一的水平。 2. 通过该生在生活数学各领域的数据可以看出，该生在数学课程中的优劣势(如图 7-5 所示)。 优势：该生在图形几何与统计方面的发展相对处于优势，表现在能够辨识简单的图形，能够认识常见的颜色；能够按照给定的标准(形状、颜色)，对实物或图片进行简单的分类。 劣势：该生在数的运算方面的发展相对处于劣势，表现在对增加或减少的概念的认识模糊，能模拟列式计算的过程，但不能准确理解加减法算式的意义。 3. 对比该生上一学期的数学领域得分情况可以发现：本学期结束后，该生在数学各个领域的得分有所上升，其中在图形、位置、统计方面已经达到学段一的要求，在数的计算方面仍存在弱势，本学期目标设定有效，如图 7-6 所示	
功能性发展评鉴	该生属于肢体障碍并伴有智力障碍，能够听从成人教导，情绪稳定，但容易自卑受挫；受数理能力发展水平的限制，对数量的变化、算式的意义缺乏认识和理解；受精细动作发展较差的影响，握笔书写上存在困难，影响该生数字书写和列式计算的学习	
评估结果与反馈建议	生活数学领域：本学期学生基本能够达成 IEP 目标和学科学习目标，并且相对上一学期取得了一些进步，该生在常见的量、图形与几何、空间位置、统计等方面发展较好，但在数的认识、数的运算等方面存在弱势，下学期目标制订应继续增加对数的认识与运算方面的目标设定，通过操作实物进一步理解数量变化的过程，通过点数学习列式计算的过程，最后尝试书写和笔算，并对结果进行记录。同时，在该生发展较好的领域，可以提高要求，向下一学段靠近	

生活数学课程本位评估分析。

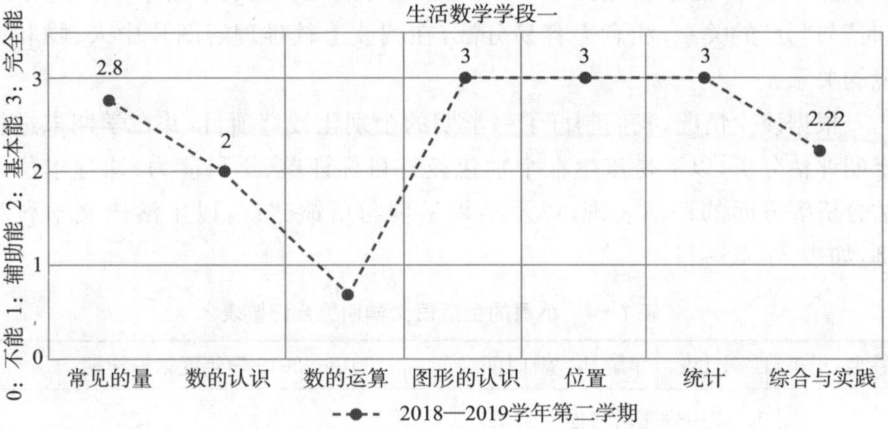

图 7－5　小天生活数学课程本位评估分析结果

生活数学课程本位评估分析结果对比。

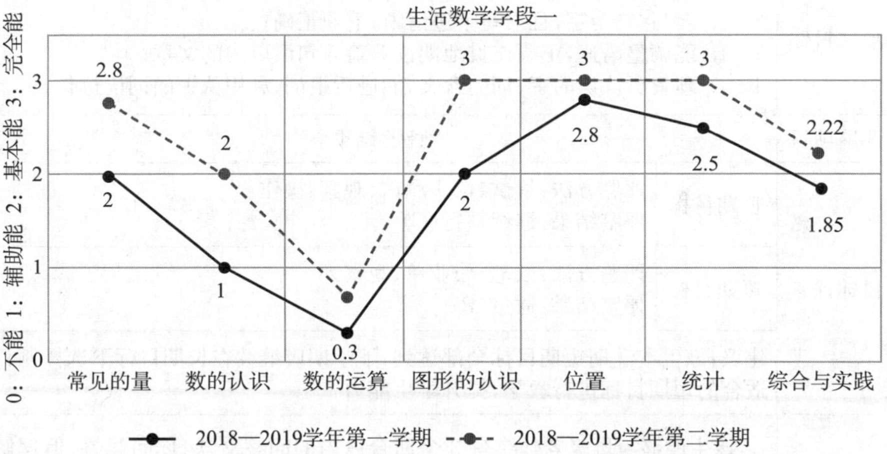

图 7－6　生活数学课程本位评估分析结果对比折线图

三、孤独症学生案例

小勇，女，孤独症，课堂中视觉注意较差，但能注意到他人的语言和声音，能给予指令积极的回应。汉字认读和书写能力较好，但书写习惯有待提高，能仿写句子，但不能创造性地用词语造句；能正确认识常见的平面图形和立体图形，并能正确计算出平面图形的周长；正确认识几点几分，并了解“时”与“分”的关系；注意力容易分散，在阅读上较难理解图片中人、物和情境的关系。

根据该生情况，我们制订了一学期的个别化教育项目，并在学期末进行定期评估分析，以下是该生在个别化教育目标评鉴、学科能力、课程本位评估分析等方面的评估表现，以及结果呈现与反馈建议，以生活语文学科为例，如表 7－4。

表 7－4　小勇的生活语文学期综合评鉴表

<table>
<tr><td>姓名</td><td>小勇</td><td>性别</td><td>女</td><td>年龄</td><td>13 岁</td><td>时间</td><td colspan="2">2018—2019 学年度第一学期</td></tr>
<tr><td>长期目标</td><td colspan="8">1. 能用普通话与他人交谈；
2. 累计会写常用汉字 50—100 个；
3. 能用普通话正确、连贯地朗读一段话；
4. 能用词语造句</td></tr>
<tr><td>短期目标</td><td colspan="8">1－1. 能与他人维持 3 个回合关于日常生活的交谈；
2－1. 会写 20 个字，且书写字迹清晰，笔顺正确；
3－1. 能调整语速，正确连贯地朗读 5 篇 5 句话以内的文章；
4－1. 理解所认识的字、词的含义，能进行组词，利用认识的词语造句</td></tr>
<tr><td>评鉴项目</td><td colspan="8">评鉴结果</td></tr>
<tr><td rowspan="3">目标评鉴</td><td colspan="3">长期目标</td><td colspan="5">评鉴方法：笔试、口头测试、观察、操作。
评鉴结果：继续执行(C)</td></tr>
<tr><td colspan="3">短期目标</td><td colspan="5">评鉴方法：纸笔、作业单、观察。
评鉴结果：通过(P)</td></tr>
<tr><td colspan="8">建议：该生本学期短期目标全部达到，下学期应继续在长期目标下选择制订适合的短期目标进行教学，提升学生能力</td></tr>
<tr><td>学科能力评鉴</td><td colspan="8">1. 该生能够与班级老师维持 3 个回合以内的问答交谈，你问我答，但理解和运用人称代词有困难；
2. 汉字书写能力发展较好，能够完成 20 个字的书写任务，笔顺正确率达到 80％以上；
3. 能够大声朗读课文，朗读课文比较流畅，并能够阅读简单的说明书、购物清单等；
4. 能够利用汉字组词，利用所学词语造句，但造句需要提示，能完成目标的 70％</td></tr>
</table>

续表

课程本位评估分析	1. 由每学期末的能力评估数据表格可知，该生目前处于生活语文学段二的水平。 2. 通过该生在生活语文各领域的数据可以看出该生在语文课程中的优劣势(如图7-7所示)。 优势：字词认读量大，能够顺畅地阅读、朗读，能够结合图片或者上下文理解字词含义，在生活中能将字词的学习运用泛化到情境中。 劣势：概括表达能力较弱，表达方式刻板单一，不能很好地维持有效对话内容，书面习作能力意识不足。 3. 对比该生上一学期的语文领域得分情况可以发现：本学期结束后，学生的识字能力提升较快，对词语的运用能力也有提高，但在倾听与说话、阅读、综合学习上仍处于弱势。总体而言，本学期的教育目标达成，下学期应继续保持优势，并提高弱势领域的能力，如图7-8所示
功能性发展评鉴	该生属于孤独症，能够听从成人教导，无情绪行为，具有孤独症刻板行为，如咬手、行为作息刻板，自我管理、自我学习的主动性较差，依恋关系缺失，有自我情感表露，喜欢与熟悉的人互动，语速快，语调单一
评估结果与反馈建议	生活语文领域：本学期学生能够基本达成IEP目标和学科学习目标，相对上一学期取得了一些进步。该生的语文识记能力较强，但在语文知识的运用上表现欠佳，在对话、阅读理解和利用语文知识解决生活中的问题等方面的能力都比较薄弱。因此，该生的学期目标设定应提高该生对语文知识的运用能力，培养看图说话能力的主动性、准确性和完成性；看图写话方面，可先从看图填空开始，过渡到独立写话

生活语文课程本位评估分析。

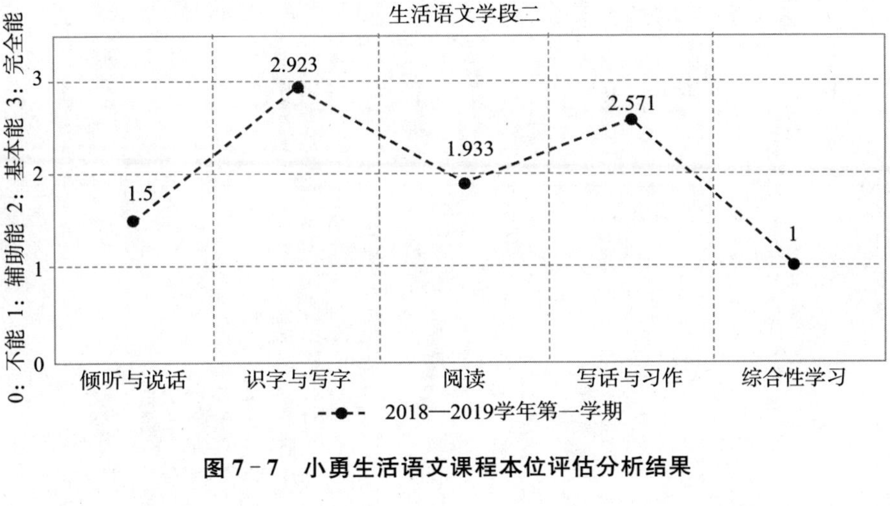

图7-7　小勇生活语文课程本位评估分析结果

生活语文课程本位评估分析结果对比。

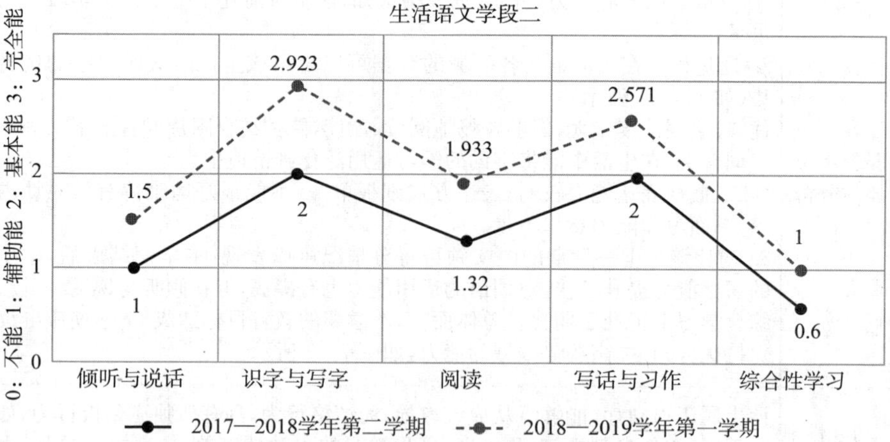

图 7-8 生活语文课程本位评估分析结果对比折线图

主要参考文献

[1] 北京市朝阳区培智教育课程编写组. 特殊儿童学前教育与康复课程标准[M]. 天津:天津教育出版社,2011.

[2] 北京市朝阳区培智教育课程编写组. 义务教育课程目标网络手册[M]. 天津:天津教育出版社,2011.

[3] 陈科华. 孔子思想研究[M]. 北京:人民日报出版社,2002.

[4] 陈李绸. 青年生活适应量表[M]. 台北:台湾地区行政管理机构办公场所青少年辅导委员会,1996.

[5] 陈云英. 智力落后心理、教育、康复[M]. 北京:高等教育出版社,2007.

[6] 程书肖. 教育评价方法技术[M]. 北京:北京师范大学出版社,2004.

[7] [加]黛安娜·J. 拉塞尔,等. 粗大运动功能测量(GMFM-66 和 GMFM-88)使用手册[M]. 吴卫红,等译. 北京:华夏出版社,2015.

[8] 方俊明主编. 特殊需要婴幼儿评估的实践指导[M]. 上海:华东师范大学出版社. 2005. 11.

[9] 方展画. 罗杰斯"学生为中心"教学理论评述[M]. 北京:教育科学出版社,1990.

[10] [美]菲威尔(Fewell·R·R),李明,黄真,[美](M·R)福利奥(Folio). Peabody 运动发育量表(第二版—上下两册)[M]. 北京:北京大学医学出版社,2006.

[11] 顾明远. 教育大辞典[M]. 上海:上海教育出版社,1986.

[12] 贺国庆,于洪波,朱文富. 外国教育史[M]. 北京:高等教育出版社,2009.

[13] 黄建行,雷江华. 特殊教育学校校本课程开发[M]. 北京:北京大学出版社,2012.

[14] 黄昭鸣,朱群怡,卢红云. 言语治疗学[M]. 上海:华东师范大学出版社,2017.

[15] 金良年.论语译注[M].上海:上海古籍出版社,1995.
[16] [古罗马]昆体良.昆体良教育论著选[M].任钟印选译.北京:人民教育出版社,1989.
[17] 李翠玲.个别化教育计划理念与实施[M].台北:心理出版社股份有限公司,2007.
[18] 李森,陈晓端.课程与教学论[M].北京:北京师范大学出版社, 2015.
[19] 李胜利.言语治疗学[M].北京:华夏出版社,2004.
[20] 李晓捷.实用小儿脑性瘫痪康复治疗技术[M].北京:人民卫生出版社,2009.
[21] 林焘,王理嘉.语音学教程[M].北京:北京大学出版社,1992.
[22] 林素贞.个别化教育计划之实施[M].台北:五南图书出版股份有限公司,2007.
[23] 刘全礼.个别化教育计划的理论与实践[M].北京:中国妇女出版社,1999.
[24] 卢红云,黄昭鸣.口部运动治疗学[M].上海:华东师范大学出版社,2010.
[25] [美]马斯洛.人类动机的理论[M].许金声,等译.北京:中国人民大学出版社,2007.
[26] (清)王夫之.张子正蒙注·序论[M].北京:中华书局,1975.
[27] 王梅,等.孤独症儿童课程与教学设计:兼论特殊教育的课程[M].北京:北京大学出版社,2014.
[28] 王天一,等.外国教育史 上下[M].北京:北京师范大学出版社,2007.
[29] 王燕华,付传彩.融合幼儿园中个别化教育计划的制订及实施[M].北京:北京大学出版社,2017.
[30] 吴端文.解放聪明的笨小孩[M].北京:中国发展出版社,2014.
[31] 闫守轩.课程与教学论 基础、原理与变革[M].北京:北京师范大学出版社,2015.
[32] 余文武.王阳明教育思想研究[M].成都:西南交通大学出版社,2008.
[33] 张福娟,马红英,杜晓新.特殊教育史[M].上海:华东师范大学出版社,2000.
[34] 张文京,严小琴.特殊儿童个别化教育:理论、计划、实施[M].重庆:重庆大学出版社,2015.

[35] 张文京. 弱智儿童个别化教育与教学[M]. 重庆:重庆出版社,2005.
[36] 郑日昌. 大学生心理诊断[M]. 济南:山东教育出版社,1999.
[37] 中国大百科全书出版社编辑部. 中国大百科全书—教育[M]. 北京:中国大百科全书出版社,1985.
[38] 钟启泉,崔允漷,等. 为了中华民族的复兴为了每位学生的发展《基础教育课程改革纲要(试行)》解读[M]. 上海:华东师范大学出版社,2001.
[39] 钟启泉. 课程的逻辑[M]. 上海:华东师范大学出版社,2008.
[40] 左启华,等. 婴儿—初中学生社会生活能力量表[M]. 北京:华夏出版社,2016.
[41] 陈军. 新一轮课改背景下的聋校数学课程改革[J]. 现代特殊教育,2003(6).
[42] 陈丽. 远程学习中的教学交互原理与策略[J]. 中国远程教育,2016(9).
[43] 陈琳. 培智学校成功实施个别化教育计划探析[J]. 绥化学院学报,2013(7).
[44] 陈瑶. 论学情分析的三个阶段[J]. 当代教育理论与实践,2014(3).
[45] 但瑰丽. 洪仁玕的特殊教育思想述评[J]. 华中师范大学研究生学报,2007(14).
[46] 邓猛,郭玲. 西方个别化教育计划的理论反思及其对我国特殊教育发展的启示[J]. 中国特殊教育,2010(6).
[47] 邓志伟. 策略教学:一种新型个别化教学[J]. 比较教育研究,1995(6).
[48] 董瑞雪. 教师对个别化教育计划实施态度的调查研究:以某市特殊教育中心为例[J]. 南京特教学院学报,2013(3).
[49] 国务院. 残疾人教育条例[J]. 人民教育,1994(10).
[50] 黄晓琳,包振觅. 论个性化培养及教学[J]. 大观周刊,2012(9).
[51] 黄远静. 美国特殊教育立法探究[J]. 价值工程,2010(15).
[52] 姜万智,鄢旭. 初中历史教学重难点问题突破方法探究[J]. 科技创新导报,2013(28).
[53] 蒋曦,曾晓洁. 多元智力理论与主题教学[J]. 比较教育研究,2005(4).
[54] 刘明,邓赐平. 美英特殊儿童评估现状及启示[J]. 中国特殊教育,2009(9).

[55] 刘明清.对特殊儿童个别化教育过程中两个问题的探讨[J].文教资料,2009(7).
[56] 刘锡辰.张载的教育思想[J].河南大学学报(哲学社会科学版),1986(6).
[57] 龙宅俊.怎样制订全学期的学科教学计划[J].江西教育,1983(9).
[58] 陆莎,孙颖.新课标背景下培智学校课程实施路径探析——以北京市为例[J].现代特殊教育,2019(23).
[59] 牟映雪.中国特殊教育演进历程及启示[J].中国特殊教育,2006(5).
[60] 潘超,吴立宝.教材分析的四条基本逻辑线——以人教版“单调性与最大(小)值”为例[J].中小学教师培训,2019(3).
[61] 任俊华,王奕琳.孟子教育思想探析[J].理论学习与探索,2011(5).
[62] 盛永进.个别化教学理念的应然追问[J].中国特殊教育,2005(10).
[63] 盛永进.个别化教育计划的撰写[J].现代特殊教育,2015(3).
[64] 盛永进.特殊教育课程范式的演进及其转向[J].中国特殊教育,2011(12).
[65] 孙爱青,陈庆.蒙特梭利教育法在特殊教育中的运用研究[J].中国现代教育装备,2012(2).
[66] 孙园园.美国《所有残疾儿童教育法》的出台及其影响[J].教育观察,2018(14).
[67] 唐殿强.关于王夫之教育思想的全面述评[J].廊坊师范学院学报,2001(2).
[68] 特殊教育专题评估组.《国家中长期教育改革和发展规划纲要》中期评估特殊教育专题评估报告(摘要)[J].现代特殊教育,2015(12).
[69] 田健荣.试论张载的儿童教育思想[J].湖南师范大学教育科学学报,2013(2).
[70] 田明山.学科本位与能力本位之异同及其转变[J].石家庄铁路工程职业技术学院学报,2002(1).
[71] 田友谊.多元智能理论视野中的特殊教育[J].中国特殊教育,2004(1).
[72] 王鹤.感觉统合训练与知觉—动作训练比较分析[J].绥化学院学报,2019,39(10).
[73] 王璐颖.孟子教育思想探微[J].社科纵横(新理论版),2011(2).
[74] 王姗姗,韩梅,韩同振.从生态评估视角探讨随班就读质量的提升[J].

绥化学院学报,2015(10).
[75] 王永丽,林崇德,俞国良.儿童社会生活适应量表的编制与应用[J].心理发展与教育,2005(1).
[76] 王振洲.知觉—动作训练提升自闭症儿童学校适应能力个案研究[J].绥化学院学报,2017(7).
[77] 魏欣,曹琳.知觉动作训练对自闭症儿童自我刺激行为干预的个案研究[J].乐山师范学院学报,2019,34(6).
[78] 肖非.关于个别化教育计划几个问题的思考[J].中国特殊教育,2005(2).
[79] 谢明.对智障儿童发展性评估与功能性评估的思考[J].现代特殊教育,2014(1).
[80] 严冰等.面向残疾人的远程教育实践探索与思考[J].中国远程教育(上半月),2007(10).
[81] 杨汉麟,李贤智.近代特殊教育的开路先锋——依塔德驯化野孩教育实验的历史回顾[J].华中师范大学学报(人文社会科学版),2007(4).
[82] 杨明全.课程综合化实施的理论旨趣与实践路径[J].教育学报,2018(6).
[83] 姚向煜.随班就读学生IEP制订与实施现状的调查—以南京、常熟为例[J].南京特教学院学报,2012(2).
[84] 俞林亚.培智学校综合主题教学的实践与思考[J].现代特殊教育,2016(12).
[85] 张机华.浅谈知觉—动作训练对自闭症个案静坐能力的提升[J].课程教育研究:学法教法研究,2019(2).
[86] 张立昌,南纪稳."走出个案":含义、逻辑和策略[J].教育研究,2015(12).
[87] 张文京.促进课程评量,完善弱智儿童教育诊断[J].中国特殊教育,1999(2).
[88] 李毓秋.适应行为评定量表第二版(ABAS-Ⅱ)中文版(儿童版)的修订[C].第9届北京国际康复论坛.2014.
[89] 冯东俊.课堂教学进度合理性研究[D].开封:河南大学,2008.
[90] 欧阳慧霖.创意美术活动在幼儿园的主题教学研究[D].信阳:信阳师范学院,2015.

[91] 王雅如.知觉动作训练提升发育迟缓儿童注意力的行动研究[D].重庆:重庆师范大学,2019.
[92] 袁媛.培智学校个别化教育计划拟定现状研究[D].沈阳:辽宁师范大学,2015.

后 记

苏州工业园区仁爱学校创建8年以来，各项事业快速发展，一举实现了“3年出形象，5年有影响，8年创品牌”的战略目标，现已成为江苏省特殊教育品牌学校，在国内外具有较大影响力，在当地具有较高知名度和信誉度，成为老百姓家门口的好学校。

仁爱学校快速且优质的发展，得益于一个非常重要的因素，那就是重视教育科研。2013年3月，学校刚成立半年，就申报了江苏省教育科学规划“十二五”重点资助课题“提升孤独症学生社会化发展水平的途径和方法的探索性研究”，并获得了立项。其中，“孤独症学生个别化教育计划管理平台的研发与应用”被作为此课题的重要子课题进行立项研究。可以说，这项课题的立项与研究正式开启了教育界对特殊学生个别化教育的高度关注与深入研究。

个别化教育是对特殊学生个性的尊重，将以教师为中心的教育变成以特殊需要学生为中心，真切地关照每个特殊学生个性化发展的新型教育。这样的新型教育是尊重特殊学生生理、心理发展的巨大差异的人文体现。个别化教育计划(IEP)是一个舶来品，但这个舶来品却成功地在苏州工业园区这块土壤上生根发芽。这是一块新开垦的土地，改革与发展、融合与创新是这里的主旋律，仁爱学校顺应了这个潮流。该课题立项后，仁爱学校的10名教师满怀信心和教育理想，开始了个别化教育计划(IEP)管理支持系统软件的研究与开发。此后，一批又一批教师不断充实研究队伍，增强研究力量，不断更新个别化教育理念，丰富个别化教育资源，拓展个别化教育的策略与手段。同时，大部分教师在日常教学中能够有意识地运用个别化教育的理念、策略与手段，并且结合实践，总结并且发表了数篇有关个别化教育主题的研究论文。该课题自立项以来，课题研究成果丰硕，2018年，该课题研究成果获得了江苏省教育科研成果一等奖的好成绩。

现在，课题研究已顺利结题。为了更好地总结研究成果，我们决定整合资源，出版这本书。这是一件颇费心力的事情，单是书的名字我们就讨论了很多次，考虑本书的主体内容及其与学校实践的关联度，最终我们决定将题目定为《个别化教育的计划与实施——以仁爱学校数字化实践为例》。在内容体例上，我们遵循理论与实践相结合的原则，既进行了理论阐述，又包含了操作指导，还展示了在学校日常教育教学中的实践运用，为以后的实践者提供尽可能多的参考借鉴。

在本书的编撰过程中，首先得到了特殊教育专家，尤其是特殊儿童个别化教育及特殊学校课程建设领域中各位专家教授的积极肯定与支持。其中，南京特殊教育师范学院的盛永进教授自始至终非常关心本书的编写进程，不仅为我们的编写提供了最新的国际主流理念，还和我们一起讨论各章节的框架结构、目录编排等细节问题，并为本书撰写了前言。南京邮电大学的杨庚教授团队为研发个别化教育管理支持系统提供了很多技术支持与帮助。江苏省特级教师、正高级教师郑权博士也提供了很多实用的指导，帮助我们总结近年来学校组织与实施特殊学生个别化教育课程的经验。

其次，本书是集体合作的产物。葛增国和范里负责书稿的整体思路和结构设计，制订每章的写作框架和具体要求。书稿的撰写分工如下：第一章《个别化教育概述》由姚丹珺、牛智慧老师完成，第二章《个别化教育管理支持系统》由葛增国、吴晨一老师完成，第三章《个别化教育诊断评估》由唐妍、薛婷老师完成，第四章《个别化教育课程》由葛增国、张群超和吴军老师完成，第五章《个别化教育计划制定》由张梦凡、刘春芳老师完成，第六章《个别化教育课程实施》由顾义寒、项海林老师完成，第七章《个别化教育计划综合评鉴》由肖皓月、杨靖老师完成。最后，葛增国和范里对全书进行了统稿。感谢以上各位老师！他们在繁忙的工作之余，特别是在“新冠”疫情防控期间，花费了大量时间整理资料、思考交流、撰写修改，把仁爱学校多年来在特殊学生个别化教育课程建设方面的研究与实践总结提炼，不仅是为了给特教同行在特殊学生个别化教育领域提供交流研讨的“仁爱样本”，更是为了给特殊学生提供更加适合的教育。

最后，感谢仁爱学校大家庭中的每一位成员，感谢你们为本书的奉献！

编者

2020 年 4 月